孟钟捷 〔德〕苏珊·波普 〔德〕米歇埃尔·沃布林 主编

大夏世界史研究

德国工作站文集

WORLD HISTORY and INTERNATIONAL RELATIONS STUDIES

東方出版中心

图书在版编目（CIP）数据

大夏世界史研究. 德国工作站文集 / 孟钟捷, (德)苏珊·波普, (德) 米歇埃尔·沃布林主编. 一上海：东方出版中心, 2021.5
ISBN 978-7-5473-1794-5

Ⅰ. ①大… Ⅱ. ①孟… ②苏… ③米… Ⅲ. ①德国-历史-文集 Ⅳ. ①K107-53

中国版本图书馆CIP数据核字（2021）第036544号

大夏世界史研究：德国工作站文集

主　　编　孟钟捷　[德] 苏珊·波普　[德] 米歇埃尔·沃布林
策划编辑　张爱民
责任编辑　肖　月
装帧设计　钟　颖

出版发行　东方出版中心
地　　址　上海市仙霞路345号
邮政编码　200336
电　　话　021-62417400
印 刷 者　合肥图腾数字快印有限公司

开　　本　710mm×1000mm　1/16
印　　张　20
字　　数　260千字
版　　次　2021年5月第1版
印　　次　2021年5月第1次印刷
定　　价　99.00元

目　录

叁　中国学生在德国工作站

肆　德国学生在中国工作站

附录Ⅰ　暑期学校讲座概览

附录Ⅱ　暑期学校剪影

前言

一

中国哲学社会科学的新发展体现在“走出去”的意识、方式和成果。在这一领域，华东师范大学世界史学科经过几年摸索，初步形成了一些经验，尤其体现为根据学科优势和特点，在重要国家，选择合适伙伴，成立“海外工作站”。这些工作站基于双方教师之间的长期合作，重点凸显某一领域的研究成果，但覆盖双方师生的研究兴趣，并为互访创造各种有利条件。目前，华东师范大学世界史学科的海外工作站共有5个：美国伍德罗·威尔逊国际学者中心（重点是国际冷战史）、坦桑尼亚达累斯萨拉姆大学（重点是非洲史）、德国奥格斯堡大学（重点是国际历史教育比较）、日本早稻田大学（重点是东亚地区史）、越南河内国家大学所属社会科学与人文大学（重点是中国与周边关系史）。华东师范大学历史学系和世界历史研究院作为对应的国内工作站，为来自上述学校的师生提供各种支持。每个工作站均有中外专家共同担任站长，每年通过选拔方式为双方师生提供邀请函、预备办公空间，并满足其他访学需求。访学师生在工作站期间，均应完成计划中的研究任务。每个工作站还根据自身优势，举行不同的学术活动，如研讨会、暑期学校等。本次工作站论文集丛书，正是这些研究成果与学术活动的集中展示。

二

作为德国工作站的负责人之一，我有必要对它的来龙去脉与未来展望作一个简单的梳理。

2010 年 10 月，刚上任国际历史教育学会（International Society of History Didactic, ISHN）主席、德国奥格斯堡大学人文历史系的波普教授正在为召开一次国际历史教科书比较研究大会寻找中国合作者。经同济大学德国研究所李乐曾教授介绍，她和助手尤塔·舒曼博士（Jutta Schumann）决定来找华东师范大学历史学系。时任历史学系主任余伟民教授便让我这个研究德国史的青年学者来接待。那次会面已过去十年了，但当时的情景历历在目。我们很快敲定了合作方式、会议时间、成果使用途径。这便是 2011 年召开的“全球化进程中的历史教育：亚欧教科书叙事特征比较”国际研讨会。来自中、德、韩三国的历史学家和历史教育学家济济一堂。同名成果后于 2012 年出版（上海三联书店）。

在此之后，我以国家留学基金委访问学者的名义在德国奥格斯堡大学驻留一年（2012—2013），深入了解了“奥格斯堡学派”的教育思想与研究方法。2014 年，我把自己的硕士研究生沈辰成专门送到了那里，跟随波普教授攻读历史教育学的博士学位。同年 8 月，沐涛教授参加柏林有关中非关系会议时，专程南下与正在奥格斯堡大学短期访问的我见面。在他的提议下，我和波普教授于 2015 年共同组织了第一届历史教育海外暑期学校，为相关学科的本科生、硕士生及在职教师打开一扇短期研修大门。我们也邀请波普的另一位助手米歇埃尔·沃布林博士（Michael Wobring）到上海为历史教育硕士授课。

这些活动是双赢的。对于我们而言，中外历史教育学的桥梁得以搭建起来。为此，华东师范大学成立了历史教育比较研究中心。我们陆续把国际历史教育学界关注的重大问题，如公众史学、寓教于乐、反殖民主义的历史传授等，引入国内。更为重要的是，我们由此进入国际历史教育学会，我当选为学术委员会委员，能够更好地表达中国学者的声音。反之，对于德方而言，他们从中国历史教科书中发现了全球史的教育模式，也得到了许多历史教育理念付诸实践的机会，如利用博物馆进行历史教育的方法和手段等。

正是在上述实践的基础上，也得益于上海市高峰计划对世界史学科的支持，2017 年，德国工作站成立了。波普教授为工作站争取了办公空间，沃布林博士亲自设计了工作站的标识。在此之后，我们互派学者和学生，继续共同举办暑期学校与学术研讨会。目前，我们还在构想共同申请课题，编写历史教育读本。

三

这本论文集分为六部分。

第一部分、第二部分是中德学者利用互访机会完成的学术论文。自2011年起，我几乎每年都在奥格斯堡大学驻留1—2个月。典型的南方生活和巴伐利亚氛围，让我对德意志历史的另一面有了更深理解，特别是对普鲁士之外的德意志地区产生了浓厚兴趣。有关19世纪上半叶德意志地区城镇化发展的论文，正是这一研究转向的成果之一。王琼颖博士在做世界史学科的博士后期间，应波普教授之邀，前往奥格斯堡大学人文历史系担任客座讲师。她参加了德方的科研项目，也延续着我有关德意志城镇发展多元化的基本思路，对巴伐利亚城镇化历程进行了更为深入的梳理。杨彪教授是本系最早融入欧美历史教育学界的学者之一，多次参加国际会议，对当代欧盟的历史教育发展动向颇有心得。李月琴副教授与其弟子合作，通过在德国工作站的收集，完成了新西兰历史教科书中的中国形象之分析。波普教授和沃布林博士也曾多次访问上海，并在我们的安排下，为上海及周边地区的历史教育学者与教师们做过多次讲座。此处收录的这一篇基本反映了“奥格斯堡学派”的基本观点，即“转变视角”如何推进历史教育的多元化认知培育。

第三部分、第四部分是中德学生互访后的成果。到2019年底为止，华东师范大学世界史学科前往奥格斯堡大学访学的硕博士生有11人，其中1人在德国攻读博士学位。除此之外，通过暑期学校到访工作站的本科生和其他方向的研究生也有将近20人。德国来访上海的硕士生有2人。这里仅仅收录了部分访学生的研究成果。这些文章或许有些稚嫩，但能够反映出工作站对他们的学术研究已经产生的部分作用。无论史料还是观点，这些小文章多少都流露出一些新意。

第五部分收录了暑期学校部分讲座的译文。从第一期开始，波普教授亲自确定演讲嘉宾，沃布林博士负责统筹安排，德国工作站的中方学生（王琼颖、沈辰成、黄肖昱、任小奇、王炎坤、吴郑洋）进行摘译和现场支持。这里提供了部分讲座的摘要翻译。

当然，暑期学校不仅仅是课堂教学。它还包括了访问博物馆、重要城市与建筑物以及中学走访听课等活动。第六部分展示了几期报道，可供读者作进一步了解。

本书由我以及博士生任小奇主持完成。若有疏漏，还请联系我们。特此说明。

孟钟捷

2020年初秋于沪上三省居

壹　中国教师在德国工作站

刍议 19 世纪上半叶德意志地区城镇化的“起步”*

孟钟捷

“城镇化”[1] 是 19 世纪以来德意志发展的重要现象。一般认为，该过程可分为四个阶段：第一阶段从 19 世纪初到 1840 年，城镇化完成了“起步”准备；第二阶段从 1840 年到 1871 年，在工业化的推动下，城镇化出现加速和全面启动；第三阶段从 1871 年到第一次世界大战，城镇化进入飞速发展期；第四阶段自 1918 年至今，

---

* 本文系 2014 年度教育部哲学社会科学研究重大课题攻关项目《欧洲农村城镇化及其借鉴意义研究》（项目批准号：14JZD038）的阶段性研究成果。

1 关于“城镇化”，德语中有三个专业词汇加以表述：Urbanisierung、Urbanisation 和 Verstäderung。前两者来自英语，后一个源自德语“Stadt”。中文依字面统译为“城市化”，不妥。虽然它们都包含人口变化、地理结构变化乃至社会变迁等整体进程，但从词源来看，德语表述还存在着其特殊性，包容着一定的历史内涵。实际上，德语“Stadt”与英语“city”或“town”无关，而是从“coufstat”中派生出来的，即“讨价还价的地方或集市”。再者，从 1871 年德意志帝国统计署的年表上来看，人口超过 2 000 人以上的居住点（Gemeinde），便可归类为“Stadt”，以便同“Land”（农村）区分开来。由此，考虑到中文语义学中对“集市”及其规模的理解，本文一律把“Stadt”译为“城镇”，把“Verstäderung”译为“城镇化”，特此说明。关于“urbanisierung”的意义，可参见 G. 邓肯・米切尔主编：《新社会学辞典》，蔡振扬等译，上海：上海译文出版社，1987 年，第 394 页；上述三个专业词汇在德语语义学中的使用及辨析，可参见 Hans Jürgen Teuteberg, “Historische Aspekte der Urbanisierung: Forschungsstand und Probleme”, in: ders (Hrsg.), *Urbanisierung im 19. und 20. Jahrhundert: historische und geographische Aspekte*, Köln, Wien: Böhlau, 1983, S.2−34, 此处是 S.2−3，以及 Wolfgang R. Krabbe, *Die deutsche Stadt im 19. und 20. Jahrhundert eine Einführung,* Göttingen: Vandenhoeck & Ruprecht, 1989, S.69；关于“Stadt”的词源，引自埃里希・卡勒尔：《德意志人》，黄正柏等译，北京：商务印书馆，1999 年，第 110 页；关于 1871 年德意志帝国统计署的表述，可参见 Wolfgang R. Krabbe, *Die deutsche Stadt im 19. und 20. Jahrhundert eine Einführung,* S.28。.

城镇化步入平缓与完善期，甚至出现了郊区化的现象。[1]

为什么会出现城镇化？与英法等国相比，德意志地区的城镇化道路呈现出哪些异同性？大规模的城镇化运动对德意志社会变迁产生了哪些影响？这些问题构成了19世纪以来德国城镇化研究的基本指向。本文针对第一阶段的“起步”准备，试图呈现德意志地区早期城镇化进程中的延续性、多样性与复杂性等特征。以下首先从中世纪德意志地区的城镇发展中发现历史延续性，其次关注19世纪初包括普鲁士和南德地区在内的多种城镇化现象，第三部分讨论城镇化与工业化、城镇化与农业改革、城镇化与社会变迁之间的复杂互动关系，最后进一步在德国城镇化研究的“特殊论”与“普遍论”之争议中，寻找“起步”阶段的恰当历史定位。

一

德意志不是欧洲首批诞生城镇的地区，甚至在进入中世纪后，它还极度排斥城镇，以防罗马帝国的奢靡生活影响到德意志人的斗志。但自11世纪晚期起，它却在400年中成为欧洲“最杰出的市民国家”。[2]到1500年左右，德意志地区已拥有大小城镇4 000多座。

一些城镇的确是在罗马帝国边戍城堡废墟上重建的，如科隆、雷根斯堡，但正如卡勒尔所言，大部分城镇实际上“与过去没有明显的联系”，它们只是在“13世纪后半叶才具有了重要性”。[3]之所以会兴起这股城镇化浪潮，德国史学界的经典回答是：（1）远程贸易所需，德意志恰好处于欧洲经济大通道的东西走向与南北走向的交叉点上，由此促成了不少城镇的兴起与繁荣，典型例证如纽伦堡；（2）需求拉动，特别是区域贸易的发展，让一些集市（Markt）逐步升级为城镇；（3）农耕技

---

1 关于德意志地区“城镇化”的阶段划分，此处综合了德国史学界的主流观点。参见 Horst Matzerath, “Die Urbanisierung Deutschlands im 19. Jahrhundert”, in: Bernhard Sicken (Hrsg.), *Stadt und Militär 1815–1914. Wirtschaftliche Impulse, infrastrukturelle Beziehungen, sicherheitspolitische Aspekte,* Paderborn: Ferdinand Schöningh, 1998, S.11–26。

2 汤普逊：《中世纪晚期欧洲经济社会史》，徐家玲等译，北京：商务印书馆，1992年，第172页。

3 埃里希·卡勒尔：《德意志人》，黄正柏等译，北京：商务印书馆，1999年，第102—103页。

术的提高，保证可以供应周边崛起的城镇；（4）新生城镇在政治和法律上拥有特殊的自由空间，即一方面它们在皇帝与贵族的斗争中获得了特许状，出现了拥有自治权的帝国城镇（Reichstadt），如汉堡、奥格斯堡等，另一方面邦君为显示权力，也着意建设一批邦都，如慕尼黑、不伦瑞克等。[1]

中世纪的德意志城镇曾被视作“自治的乐园”，如同谚语“城镇的空气使人自由”一般，这一点特别适用于仅占城镇数量2%左右的“帝国城镇”。它们从帝国管辖地中产生，并被邦君认可，如雷根斯堡、康斯坦茨、斯特拉斯堡、施佩耶尔、沃尔姆斯等。它们拥有相对自主权，对内由贵族或显贵推行寡头统治，对外相互结成同盟关系，如汉撒同盟、莱茵同盟及施瓦本同盟。15世纪末，它们在神圣罗马帝国的等级议会中也拥有自己的代表团。另一些大型城镇虽未获得“帝国城镇”的法律地位，但其自治权并未受到邦君限制。它们被称为“半帝国城镇”，如明斯特、奥斯纳布吕克、不伦瑞克、希尔德斯海姆、马格德堡等。[2]

然而，事实上，中小城镇才是德意志乃至整个中欧地区常见的城镇形态。据统计，在15世纪末，中欧的2 500个中小城镇聚集了140万人，大约占到当时城镇人口总量的87.5%。[3]在德意志，人口不到500的中小城镇数量也占总数的90%—95%。[4]即便在帝国城镇中，也不乏只有800人的布赫霍伦（Buchhorn）这样的小城镇。[5]正因如此，所谓德意志城镇的传统，我们并不能仅仅聚焦于大城镇。

中小城镇明显依赖于传统的政治结构与经济形态，其自治性是有限的。一些邦君继续在城镇中拥有最高审判权，并以收税等方式介入城镇生活中。就这一点而

---

1 Hans-Ulrich Wehler, *Deutsche Gesellschaftsgeschichte,* B.1, Muenchen: C. H. Beck, 1987, S.102–108.

2 Volker Press, “Stadt-und Dorfgemeinden im territorialstaatlichen Gefüge des Spätmittelalters und der frühen Neuzeit”, in: *Historische Zeitschrift,* New Series, Vol. 13, Landgemeinde und Stadtgemeinde in Mitteleuropa. Ein struktureller Vergleich (1991), S.425–454, 此处是 S.428。

3 Henryk Samsonowicz, “Die kleinen Städte im Zentraleuropa des Spätmittelalters. Versuch eines Modells”, in: Antoni Macak und Christopher Smout (Hrsg.), *Gründung und Bedeutung kleinerer Städte im nördlichen Europa der frühen Neuzeit*, Wiesbaden: In Kommission bei Otto Harrassowity, 1991, S.205–217，此处是 S.209.

4 Volker Press, “Stadt-und Dorfgemeinden im territorialstaatlichen Gefüge des Spätmittelalters und der frühen Neuzeit”, S.430.

5 彼得·克劳斯·哈特曼：《神圣罗马帝国文化史：帝国法、宗教和文化》，刘新利等译，北京：东方出版社，2005年，第20页。

言，即便在大型城镇中，情况也无二致，因为统治家族之间的更迭与斗争，往往也不可避免地把皇帝或邦君的影响力带入城镇中。当然，城镇之所以区别于乡村，仍然体现在它所拥有的法人身份、以商贸为中心的经济活动以及独特的城镇文化。

在德意志，大航海时代与三十年战争是城镇衰落的起点。前者在一个世纪内改变了地中海贸易格局，让德意志城镇的地理优势逐渐丧失。后者洗劫了大部分德意志城镇，特别是南部帝国城镇，如沃勒斯坦所言："最严厉的打击首先是西班牙王国政府无力偿付债务，其次是政府宣布破产，不仅富格尔家族而且南德意志大部分大商人银行家的私人财产全部被一扫而光。"[1] 部分帝国城镇由于受到帝国的过重负担而发展停滞，如美因河畔的法兰克福与科隆直到 19 世纪初都没有超出中世纪城墙，吕贝克的人口数量在 300 年间毫无发展，而纽伦堡人口甚至不及此前的一半！一些邦君使用各种手段进一步介入城镇的内部事务，如不伦瑞克公爵便强行占领了"半帝国城镇"不伦瑞克。[2] 尽管如此，城镇内部的社会结构并没有发生根本性变化：在纽伦堡，市议会继续由该地掌权长达 500 年之久的 22 个家族控制；在科隆等地，1800 年城镇上层的比例几乎类似于 1500 年。[3]

自然，我们不可忘记的是，即便在城镇经济发展最风光的时刻，德意志经济的主体仍然在乡村，那里才是中世纪庄园经济的焦点所在。在随后 3 个世纪，德意志的整体面貌并未发生根本性变化：它依然以碎裂化的邦国分立体制存在。

或因如此，从 15 世纪城镇发展热潮中远离的德意志地区，城镇中的正向变化依然存在：（1）但泽与汉堡仍然保持继续发展的态势，前者人口翻了三番，汉堡作为北欧贸易门户的身份未曾改变；[4]（2）城镇数量继续增加，到 1800 年，大约比 16 世纪多 400 座，其中大部分是邦君为抵制帝国城镇而在其周围新建起来的"竞争性城镇"，如科隆附近的缪尔海姆（Mülheim）、亚琛附近的施陶尔堡（Stolberg）以及纽伦堡附近的富尔特（Fürth）；[5]（3）更为重要的是，在寻求绝对王权的邦君支持

---

1 伊曼努埃尔·沃勒斯坦：《现代世界体系》，第 1 卷，尤来寅等译，北京：高等教育出版社，1998 年，第 228 页。

2 Eda Sagarra, *A social history of Germany 1648–1914,* London: Methuen & Co Ltd, 1977, pp.56–57.

3 可参见 Hans-Ulrich Wehler, *Deutsche Gesellschaftsgeschichte,* B.1, pp.188–193 上的三张统计表格。

4 Eda Sagarra, *A social history of Germany 1648–1914,* pp.57–59.

5 Hans-Ulrich Wehler, *Deutsche Gesellschaftsgeschichte,* B.1, S.180.

下，不少邦都出现了明显发展，如波恩、维也纳、柏林、慕尼黑、海德堡、曼海姆、萨尔布吕肯等。[1]（4）在少数受到启蒙思想影响的地区，如石勒苏益格-荷尔施泰因，早在法国大革命之前（1780）便推行了农民解放令。当地农民也愿意投身到农业改革中，并作为剩余劳动力进入附近城镇。[2]

总而言之，当德意志地区踏入19世纪的门槛时，仍有1/3左右的德意志人居住在大小不一的4 000多座城镇中。在这些城镇里，人口在1万以下的中小城镇容纳着700万人，占总人口的1/4。未来重要的工业城市哈根（Hagen）此时只有2 000居民。人口在1万以上的“大城镇”有64座，其中35座在1万—2万之间（如巴门），15座在2万—3万之间（如慕尼黑），7座在3万—5万之间（如美茵河畔法兰克福），5座在5万—10万之间（德累斯顿、布雷斯劳、柯尼斯堡、汉堡、布拉格），2座超过10万（维也纳20.7万、柏林17.3万）。[3]

19世纪初的德意志城镇并未远离“第一次城镇化浪潮”所带来的成果——从某种意义上而言，这些成果同样是马上开启的“第二次城镇化浪潮”的原初条件：

从经济上而言，这些城镇的经贸意识继续存在，它们在等待地中海贸易的复兴，同时也做好了未来进入全球经济体系的准备。这一点既反映在城镇的商业和手工业传统未曾消失上，也体现在18世纪后半叶已经出现的早期工业化迹象中，例如在克莱菲尔德（Krefeld）、索林根（Solingen）或沃普塔尔（Wuppertal）这些城镇正拥有着日益火红的工场。[4]

从政治上来看，这些城镇的自治意识继续存在，它们在等待资产阶级革命之后从“市民城镇”（Bürgergemeinde）向“居民城镇”（Einwohnergemeinde）的转向。前者带着中世纪等级社会的烙印，后者却是近代民族国家市民社会的写照。[5]当然，

1 Wilhelm Ribhegge, *Stadt und Nation in Deutschland vom Mittelalter bis zur Gegenwart. Die Entstehung der Zivilgesellschaft aus der Tradition der Städte,* Münster, u.s.w.: Waxmann, 2002, S.32.

2 Eda Sagarra, *A social history of Germany 1648–1914,* p.339.

3 Hans-Ulrich Wehler, *Deutsche Gesellschaftsgeschichte,* B.1, S.180; Hermann Aubin und Wolfgang Zorn (Hrsg.), *Handbuch der Deutschen Wirtschafts-und Sozialgeschichte,* Stuttgart: Ernst Klett Verlag, 1976, S.10.

4 Helmut Böhme, *An Introduction to the Social and Economic History of Germany. Politics and Economic Change in the Nineteenth and Twentieth Centuries,* translated by W. R. Lee, Oxford: Basil Blackwell, 1978, p.4.

5 Wolfgang R. Krabbe, *Die deutsche Stadt im 19. und 20. Jahrhundert eine Einführung,* S.51.

这一过程由于德意志地区的碎裂化而必然呈现多样性的色彩：在绝对主义王权已经推行的普鲁士、萨克森等邦国，这种转向其实只剩下一个合适契机（拿破仑战争恰好扮演了这种角色）；而在中世纪帝国城镇相对较多的南德地区（到 1800 年，在吕贝克-诺德豪森-雷根斯堡一线的东部，帝国城镇已经不复存在），[1] 它们则还需要首先完成现代国家建构的使命。

二

19 世纪上半叶，德意志地区的第二波城镇化浪潮出现了“起步”迹象。与中世纪的第一波浪潮以及 19 世纪下半叶的城镇化高潮不同，该时期的城镇化主要体现出政治领域的推动力，特别是拿破仑战争后法国城镇制度的模板效应迅速在莱茵同盟中扩散、1803 年后神圣罗马帝国结构调整所导致的城镇法人地位的变动、1808 年起普鲁士通过《城镇规程》(Stadtordnung，又译“城镇条例”）所推动的改革运动及其铺展、1815 年维也纳会议后德意志联盟成立及其对城镇法人地位的影响等四大因素。

早在法国大革命前，重农主义者便建议重组城镇，以便在国家监督下，通过一个自行选举产生的政治组织，来推行自治。这一想法后来收录到 1789 年法国《城市法》(Munizipalgesetz）中。此类城市自治的实验曾在大革命时期推行过，但到 1800 年便转型为《管理规程》(Verwaltungsordnung)，即市长—城镇政府—城镇议会的管理体制：市长由国家派出，掌握实权；后两者由当地市民选举产生，仅拥有咨询权。这套体制很快伴随拿破仑战争传到莱茵同盟和威斯特法伦等邦国，成为那里城镇改革的参照物。[2] 如在巴伐利亚，1808 年的《城镇令》(Gemeindeedikt）便是完全照搬法国经验的产物，特别是把城镇的自治权（其中包括审判权、警察权、收税权、管理财产权）等收回国有，市镇委员会（Munizipalrat）在政府的监督下

1 Hans-Ulrich Wehler, *Deutsche Gesellschaftsgeschichte,* B.1, S.181.

2 Wolfgang R. Krabbe, *Die deutsche Stadt im 19. und 20. Jahrhundert eine Einführung,* S.15.

重新选举产生，其他部门则接受“国家监督”（staatliche Kuratel）。[1]

由于莱茵同盟退出神圣罗马帝国，迫使后者不得不在 1803 年召开全帝国代表团会议，重新调整行政管理体系。根据 2 月 25 日通过的主决议，45 个帝国城镇失去了原有的法人地位，被归并到大邦中；另一些邦国被取缔，其邦都也随之地位下降。在此影响下，城镇发展也出现了不少变数。

1808 年 11 月 19 日，普鲁士发布《城镇规程》，宣布把城镇从国家监护中解放出来，拥有完整的自治权。市议会由市民选举产生，而市民权的获取则不再根据等级出身或是否属于行会成员来决定，而是与居住年限、住房拥有、教育程度及财产情况联系在一起。市议会任命市政府成员。[2] 类似做法很快得到了萨克森等北方邦国的复制。

1815 年维也纳会议再次重组了德意志地区，特别重要的是把莱茵和威斯特法伦两个西部省份划给普鲁士。于是，普鲁士的城镇改革随后进入当地，与那里已经运行数年已久的法国式城镇体制相融合。与此类似，巴伐利亚的改革方案也在 1815 年后才进入到施瓦本地区（如奥格斯堡）和法兰克尼亚地区（如纽伦堡）。

具体来看，从 1800—1840 年间，德意志地区的城镇化发展大致表现在以下四个方面：

第一，从外在形态来看，除了汉堡、不莱梅和吕贝克这 3 个汉撒城镇与美茵河畔的法兰克福这一帝国城镇[3]外，大部分城镇都或多或少出现了一些变化：

（1）吞并郊区。19 世纪上半叶的吞并行动基本上与经济目的无关，而是与两次帝国行政管理体制的结构调整相关，如 1808 年普鲁士的《城镇规程》便把郊区也包含在内，甚至到 1831 年《城镇规程修正案》中把城镇区域延伸到城外田地中；1819 年多特蒙德城在普鲁士的支持下，吞并了郊外的多特蒙德伯爵领地，1825 年巴伐利亚让纽伦堡与郊区合并。这种趋势在 1840 年后继续存在，而且愈

---

1 Alois Schmid (Hrsg.), *Handbuch der Bayerischen Geschichte,* B.4, Das neue Bayern. Von 1800 bis zur Gegenwart, München: C. H. Beck, 2003, S.73−74.

2 吴友法、黄正柏：《德国资本主义发展史》，武汉：湖北大学出版社，2000 年，第 64—65 页。

3 参见 Wolfgang R. Krabbe, *Die deutsche Stadt im 19. und 20. Jahrhundert eine Einführung,* S.48−49. 其中，美茵河畔的法兰克福最终仍然在 1866 年被普鲁士吞并，并接受后者于 1867 年 3 月 25 日颁布的《法兰克福城镇组织法》，推行普鲁士的三级选举制。

演愈烈。40 年代后马格德堡和不莱梅的统计数据已经把城镇及其周边的郊区计算在内。[1]

（2）转变定位。在帝国管理体制变动的大背景下，一些帝国城镇被迫转变为一般性邦国城镇，如林道（Lindau）和诺德林（Nördling）这两座帝国城镇在被巴伐利亚吞并后，迅速与周边地区实现合并，成为当地的贸易枢纽；[2]科隆这座帝国城镇则因地处普法边界，在并入普鲁士后，其经济功能不得不让位于防卫功能。[3]

（3）扩大升格。在一些大城镇周边，陆续出现了一些小的附属区域，如科隆、波鸿、哈根、汉诺威周边出现了 10 平方公里的延伸区，汉堡、卡尔斯鲁尔、明斯特周边出现了 5 平方公里的延伸区。[4]在巴伐利亚，还出现了由市镇（Markt）升格为城镇（Stadt）的现象，如 1814 年的福斯滕菲尔德布鲁克（Fürstenfeldbruck）、1818 年的富尔特和奈拉（Naila）、1819 年的马克特布莱特（Marktbreit）和马克特施特福特（Marktsteft）等。[5]这些变化是同当地商贸形势的变动及邦国政府的决策息息相关的。

第二，从内部结构来看，除奥地利和不伦瑞克等外，多数邦国都加大了重塑城镇社会结构的力度，在总趋势上都促进了城镇从私法属性向公法地位的转型，推行城镇自治和国家干预的双轨体制，但手段各不相同。在普鲁士，1808 年的城镇改革直到 1815 年后才进入西部新省份（莱茵和威斯特法伦），其主要方针是取消绝对王权的控制，培养城镇居民的责任意识与自治能力。在巴伐利亚、符腾堡和巴登，城镇改革同样是以阶段性推进的方式普及到新吞并的地区，但其主要方针是首先建立王权至上的思想，消除城镇原有的等级自治意识，随后再逐步推行城镇自治。在汉

---

1 Jürgen Reulecke (Hrsg.), *Die deutsche Stadt im Industriezeitalter. Beitraege zur modernen deutschen Stadtgeschichte,* Wuppertal: Peter Hammer Verlag, 1978, S.71、69.

2 Christian Michael Greiner, *Die wirtschaftliche Entwicklung ehemaliger Reichsstädte und Residenzstädte in Bayern 1803–1848,* 奥格斯堡大学人文历史系博士论文，2010 年未刊本，S.37–39。

3 Horst Matzerath, "Die Urbanisierung Deutschlands im 19. Jahrhundert", S.13.

4 Jürgen Reulecke (Hrsg.), *Die deutsche Stadt im Industriezeitalter. Beitraege zur modernen deutschen Stadtgeschichte,* S.73.

5 Max Spindler (Hrsg.), *Handbuch der Bayerischen Geschichte,* Band 4, Das Neue Bayern, 1800–1970, München: C. H. Beck, 1975, S.681.

诺威、黑森等邦国，模仿普鲁士的改革方案直到 19 世纪 30 年代初才得以推行。[1]

第三，从城乡关系和城镇之间的关系来看，该时段出现了少许变化。一方面，尽管各邦出台过解放农民令，但并未随即出现大量农业剩余劳动力进入城镇的现象；另一方面，19 世纪的前 20 年，农业人口的出生率要高于死亡率，由此造成农业人口继续高于城镇人口的结果，而后者在总人口的比重也没有超过 1/3。尽管如此，现有研究已发现，东部城镇的人数呈明显上升趋势。这表明，周边农业人口流入的数量较多。与此同时，在 19 世纪 20—30 年代的纽伦堡，人们也发现了不少来自农村的下层农民。[2]

该时期，10 万居民以上的大城镇只有维也纳和柏林两座，但如慕尼黑这样的邦都仍然出现了从 1800 年的 3 万人增加到 1840 年的 9.55 万人的快速发展。这一现象或许可用 20 世纪德国城市地理学家沃尔特·克里斯塔勒（Walter Christaller, 1893—1969）的“中心地原理”加以解释。1815 年前后，巴伐利亚调整城镇管理体制的同时，实际上也旨在重新排列邦内城镇的重要性。纽伦堡这一长期占据南德经贸头排交椅的帝国城镇，在 1800 年的人口数量与慕尼黑大致持平，但自并入巴伐利亚后，便一直落后于慕尼黑，因为“一个完整的中心地体系”的“所有固定点都取决于这一中心首府”。其结果是，慕尼黑的中心性指数高达 2 825，成为南德城市之首，而纽伦堡却只有 1 346，还不到慕尼黑的一半。[3] 当然，这种中心地体系并不是城镇化的终结。在随后进程中，伴随铁路系统的开通运作，它仍会发生变化。

第四，从城镇的政治文化来看，从“市民城镇”向“居民城镇”的转型固然

---

1 Wolfgang R. Krabbe, *Die deutsche Stadt im 19. und 20. Jahrhundert eine Einführung,* S.10–14; Alois Schmid (Hrsg.), *Handbuch der Bayerischen Geschichte,* B.4, Das neue Bayern. Von 1800 bis zur Gegenwart, S.73–75; Hans-Ulrich Wehler, *Deutsche Gesellschaftsgeschichte,* B.1, S.371–375; Karl Bosl (Hrsg.), *Dokumente zur Geschichte von Staat und Gesellschaft in Bayrn,* Abteilung III. Bayern im 19. und 20. Jahrhundert, Band 3, München: C. H. Beck, 1977, S.110.

2 Werner K. Blessing, “‘Stadt-Mission’ — Disakonissen in der Urbanisierung des 19. Jahrhunderts am Beispiel Nuernbergs”, in: Helmut Flachenecke und Rolf Kiessling, *Urbanisierung und Der Beitrag der kirchlichen Institutionen zur Stadtenwicklung in Bayern,* München: Beck, 2008, S.313–336，此处是 S.313.

3 沃尔特·克里斯塔勒：《德国南部中心地原理》，常正文、王兴中等译，北京：商务印书馆，2010 年，第 162、224—225 页。

是一种值得肯定的民主化结果，但伴随“三级选举制”（Dreiklassenwahlrecht）[1] 而来的社会新结构，继续营造城镇内部的不平等态势。据统计，在纽伦堡，城镇改革前，拥有市民权的人只有 10%，而到 30 年代改革完成时，拥有投票权的人也不到 30%；在科隆，到 1832 年，选民资格为年收入不少于 400 塔勒的 25 岁以上者，由此，8.5 万人口中只有 4 000 人才拥有选举权。[2] 在文化保守派威廉·海因里希·里尔（Wilhelm Heinrich Riehl, 1823—1897）看来，城镇化将使“传统的等级世界和现存的社会转换力量之间产生越来越大的矛盾”，最终引发社会危机。为此，他对城镇化的未来颇为悲观。[3]

三

霍尔斯特·马茨拉特（Horst Matzerath, 1937— ）在其论文中曾对 19 世纪初德意志地区城镇化“起步”做出过三点结论：（1）中世纪类型的城镇发展走到终点；（2）城镇类型发生了一些转换，城市空间有所增加，但整体上没有发生根本性变化；（3）尚未出现大城镇。[4] 事实上，除此之外，我们还可以围绕多样性与互动性两个问题，继续推进我们对于该“起步”阶段诸多特征的认识。

首先，德意志地区的多样性决定了其城镇化进程的多样性。这里牵涉到工业化“拉力”与农民解放“推力”的多重显现。在普鲁士（老邦），这组动力或许奠定了

---

1 “三级选举制”指的是一种按照纳税额度分成三种选民团体的选举制。不同邦国、不同城镇各有具体规定。它虽然取消了城镇内部的等级体制，但仍然以一种以财产为基础的、不平等的间接选举取而代之。参见 Gerhard Taddey (Hrsg.), *Lexikon der deutschen Geschichte*, Stuttgart: Alfred Kröner Verlag, 1983, S.288。

2 Friedrich Lenger, “Städtisches Bürgertum und kommunale Selbstverwaltung im 19. Jahrhundert: Die größeren Städte der preußischen Westprovinzen und Bayerns im Vergleich”, in: Bernhard Sicken (Hrsg.), *Stadt und Militär 1815–1914. Wirtschaftliche Impulse, infrastrukturelle Beziehungen, sicherheitspolitische Aspekte,* Paderborn: Ferdinand Schöningh, 1998, S.27–59, 此处是 S.32、39。

3 Wolfgang Köllmann, “Von der Bürgerstadt zur Regional-Stadt. Über einige Formwandlungen der Stadt in der deutschen Geschichte”, in: Juergen Reulecke (Hrsg.), *Die deutsche Stadt im Industriezeitalter. Beitraege zur modernen deutschen Stadtgeschichte,* Wuppertal: Peter Hammer Verlag, 1978, S.15–30, 此处是 S.23。

4 参见 Horst Matzerath, “Die Urbanisierung Deutschlands im 19. Jahrhundert”, S.12–14。

此后城镇快速发展的基础，但在南德地区，甚至普鲁士的西部新省（莱茵和威斯特伐伦），情况更为复杂。

一方面，城镇化为工业化提供了舞台。在18世纪末，小的制造业分布在整个德意志地区，工厂主除少数贵族外，大多是来自市民与资产阶级的结合，如在巴伐利亚，1740—1833年间，在100个工厂主中，包含34位商人、25位手工业者和5位出版商，比例超过2/3。[1]而19世纪初的城镇改革，让大量工厂主取代传统显贵家族，成为城镇领导者，如在科隆，到19世纪20年代中叶，工厂主已经成为城镇代表会中仅次于商人阶层的第二大利益集团。[2]

另一方面，工业化仅在部分层面上开始对城镇化产生影响，例如针对城镇贫困等问题，新近崛起的工厂主得以发挥作用，予以干涉。在巴门，恩格斯家族便曾介入当地市政管理，一位工厂主在30年代也提出过限制童工的立法草案。[3]1835年新出现的铁路尚在巴伐利亚试运行，并未产生实际效益。

再者，在大多数情况下，工业化或许与城镇化并无直接联系，如在萨克森、西里西亚、威斯特法伦和下莱茵地区，小钢厂和纺织业的发展的确推动了周边居民点人数的增加，但这些居民点最终发展成为"乡镇"（Landgemeinde），而非"城镇"（Stadtgemeinde）。[4]矿业等重工业生产尽管出现在城镇之外，但基本上是由邦国政府直接控制的，而与城镇财政无关。如在多特蒙德，1815年便成立了矿区管理局，由普鲁士邦国政府直辖管理。[5]

在农民解放令的评估中，问题同样复杂。如前所述，除了1780年石勒苏益格-荷尔施坦因所解放的农民愿意成为产业工人而进入城镇外，巴伐利亚与萨克森等邦的情况远非如此。巴伐利亚农民从18世纪50年代起便从事多种经营，对19世纪初的一系列农业改革有所抵制，且此地农产量不减反增，以至于他们对城镇化不感兴趣；萨克森农民则因在改革中获得了平等权，使之失去了进入城镇的政治动

---

1 Hans-Ulrich Wehler, *Deutsche Gesellschaftsgeschichte,* B.1, S.206.

2 Friedrich Lenger, "Städtisches Bürgertum und kommunale Selbstverwaltung im 19. Jahrhundert: Die größeren Städte der preußischen Westprovinzen und Bayerns im Vergleich", S.38.

3 Eda Sagarra, *A social history of Germany 1648–1914,* p.293.

4 Horst Matzerath, "Die Urbanisierung Deutschlands im 19. Jahrhundert", S.13.

5 Hans-Ulrich Wehler, *Deutsche Gesellschaftsgeschichte,* B.2, Muenchen: C. H. Beck, 1987, S.73.

力。[1] 正因如此，越来越多的研究表明，在包括普鲁士在内的大多数德意志邦国中，真正促成被解放的农民涌入城镇、充当产业工人的动力，乃是 19 世纪 20、40 年代的两次大规模旱灾，而非改革本身。[2]

其次，在德意志地区城镇化的“起步”阶段，城镇化与社会结构变迁之间的互动性几乎无处不在，所谓城镇改革的单向度影响力或许只是一种过于看重普鲁士经验的反映。在有关“城镇自治”的方案中，普鲁士改革家施坦因（Heinrich Friedrich Karl vom und zum Stein, 1757—1831）不仅仅参照了英法模式，也曾对南德地区帝国城镇的多年自治体制加以研究。反之，巴伐利亚、符腾堡和巴登的城镇改革在最初复制法国模式后，也在修正案中以普鲁士经验为参照。在“三级选举制”的普及中，巴登首先于 1837 年推行，此后才影响到普鲁士的选择。[3]

更有意思的是有关“自治”思想的推进。如前文所述，普鲁士和南德的两个方案殊途同归，最终目标是以“居民城镇”取代“市民城镇”，在强化国家控制的前提下，培养国民意识。但自 19 世纪 30 年代起，弗莱堡大学的国家法学家卡尔·冯·罗泰克（Karl von Rotteck, 1775—1840）却从中推导出“自由城镇理论”，即把城镇自治视作社会抵抗国家的平衡器。在他看来，城镇比国家更为古老，城镇组合才形成了国家。这种想法后来成为 19 世纪后半叶城镇自治运动的理论基础。[4]

最后，让我们回到有关“城镇”一词的语义学。19 世纪上半叶的城镇化运动在确定城镇的外延方面走出了具有决定性的一步。在 19 世纪初的邦国立法中，关于“城镇”的法律术语要么用“Stadt”，要么用“Gemeinde”，前者意为“城镇”，后者意为“居住点”（既可以是城镇，也可以是农村）。而到 40 年代，区

---

1 Hans-Ulrich Wehler, *Deutsche Gesellschaftsgeschichte,* B.2, Muenchen: C. H. Beck, 1987, S.34，48.

2 Eda Sagarra, *A social history of Germany 1648－1914,* pp.344－347; Alois Schmid (Hrsg.), *Handbuch der Bayerischen Geschichte,* B.4, Das neue Bayern. Von 1800 bis zur Gegenwart, S.51、61; Helmut Böhme, *An Introduction to the Social and Economic History of Germany. Politics and Economic Change in the Nineteenth and Twentieth Centuries,* p.22.

3 Wolfgang R. Krabbe, *Die deutsche Stadt im 19. und 20. Jahrhundert eine Einführung*, S.11、13、54－55、58; Alois Schmid (Hrsg.), *Handbuch der Bayerischen Geschichte,* B.4, Das neue Bayern. Von 1800 bis zur Gegenwart, S.45.

4 Wolfgang R. Krabbe, *Die deutsche Stadt im 19. und 20. Jahrhundert eine Einführung,* S.16－18; Wilhelm Ribhegge, *Stadt und Nation in Deutschland vom Mittelalter bis zur Gegenwart. Die Entstehung der Zivilgesellschaft aus der Tradition der Städte,* S.51.

分城乡的努力已经出现了：1841 年，普鲁士的威斯特法伦省推出了《乡村规程》（Landgemeindeordnung），以此与《城镇规程修正案》相区别；此后，这种表述出现在荷尔施泰因、汉诺威、黑森-拿骚等地；1869 年，巴伐利亚的新规程还特别区分了“城镇”（Stadtgemeinde）和“农村”（Landgemeinde），指出前者拥有市政府和城镇代表大会，后者只需建立一个统一的乡村联合会（Gemeindeausschuss）。[1] 这种变化至少表明，此前半个世纪的城镇化运动已经产生了一定影响力，以至于从法学术语角度必须对城乡权利加以区分。

四

在有关德意志地区城镇化进程的讨论中，两种研究范式占据主流。[2] 它们各自对“起步”阶段有所界定。

一种可被称作“特殊论”。其论者大多以政治学与法学的研究方法入手，试图在城镇化历史中强调德意志特性，即“城镇自治”的传统（而不仅仅工业化）也是城镇化的动力，城镇化问题必须借助政府手段才能加以消除。

19 世纪初，历史法学派首先举起了“特殊论”的大旗。他们利用一批法律史学者的研究成果，从中世纪德意志城镇的自治传统出发，批判肇始于启蒙运动的自然法理论。如卡尔·弗里德里希·艾希霍恩（Karl Friedrich Eichhorn, 1781—1854）为首的学者们对刚刚启动的城镇改革极为不满，认为改革割裂了传统，而他们则“期待在一个迅速混乱变化的世界中，来创造一种完整的社会和政治建构”。这种浪漫主义的城镇研究很快得到了前述保守派学者里尔的积极回应。他在四卷本的巨

1　Wolfgang R. Krabbe, *Die deutsche Stadt im 19. und 20. Jahrhundert eine Einführung*, S.26–27.

2　以下部分若无特别注明，均引自下列经典研究综述：Jürgen Reulecke, Gerhard Huck and Anthony Sutcliffe, “Urban history research in Germany: its development and present condition”, in: *Urban History*, Vol. 8 (1981), pp.39 –54; Hans Jürgen Teuteberg, “Historische Aspekte der Urbanisierung: Forschungsstand und Probleme” ; Horst Matzerath, “Lokalgeschichte, Stadtgeschichte, Historische Urbanisierungsforschung”, in: *Geschichte und Gesellschaft*, Vol. 15 (1989), S.62–88; Adelheid von Saldern, “Die Stadt in der Zeitgeschichte. Überlegungen zur neueren Lokalgeschichtsforschung”, in: *Die alte Stadt,* 2 (1991), S.127–153。

著中，严厉斥责城镇化运动，认为它破坏了“家庭”这一基本元素，进而影响到“自然”。

颇有意思的是，随着19世纪后半叶城镇化的加速，当资产阶级议会民主制相继出现在德意志各城镇后，19世纪初的城镇改革在历史学家的笔下居然逐渐转变为继承德意志特性之举的形象，如奥托·辛策（Otto Hintze, 1861—1940）与弗里茨·哈尔滕（Fritz Hartung, 1883—1967）在有关1806年《城镇规程》以来普鲁士的城镇自治史中便是如此表述的。除此之外，地方史着意渲染“城镇自治”的延续性，以满足正在崛起的城市中产阶层们的心理诉求。到魏玛共和国成立后，为抵制财政部长埃茨贝格尔（Matthias Erzberger, 1875—1921）力推的“财政改革”（即把中央与地方的税收比例调高），保障所谓“地方利益”，一批历史学家们配合右翼政客的鼓噪，以城镇自治的传统，来批判魏玛国家的“集中化趋势”。

纳粹上台后，里尔的“反城镇主义”得到了官方支持。纳粹历史学家们以“鲜血与土壤”理论，颂扬农民是“北欧种族的生命来源”，贬斥城镇。当时出现了大量持悲观主义色彩的论著。

到20世纪后半叶，特别是70年代后，“特殊论”再次兴起，但意识形态已让位于学术导向。沃尔夫冈·克拉贝（Wolfgang Krabbe, 1942—　）的经典著作《19—20世纪德国城镇史引论》（*Die deutsche Stadt im 19. und 20. Jahrhundert eine Einführung*，1989年）主要从城镇内部权力变革与行政体制现代化的角度，展示德意志城镇化运动中的延续性特征。类似选题同样出现在当时急剧增加的博士论文中，尤其得到了地方史学家的拥护。后者以南德历史为例，批评城镇化研究中的普鲁士倾向，强调多样性。

另一种范式可称作“普遍论”。其支持者大多使用社会经济史的研究视角，引进欧美统计分类方法，强调德意志城镇化进程所拥有的普遍性特征，亦即工业化是城镇化的主要推动力、城镇化是现代社会的基本导向（即成就大于问题）。

德意志帝国成立后，国民经济学派使用分类统计数据，关注现代城镇问题，例如移民浪潮、住房短缺等。古斯塔夫·施默勒（Gustav Schmoller, 1838—1917）直截了当地批评历史法学派以“人为建构”的方式来叙述城镇史，且“不提供一幅完整画面”，“所有人都让他们的委托人和中意的话题围绕在城镇史的广阔空间中撒欢”。此后，来自社会政策学会的一批学者开创了现代城镇研究的基本路径，特别是韦伯（Max Weber, 1864—1920）、桑巴特（Werner Sombart, 1863—1941）、滕尼斯（Ferdinand Tönnis, 1855—1936）和齐美尔（Georg Simmel, 1858—1918）四人作出了重要贡献。前两人强调了城镇发展中的经济与市场功能，后两人关注到“大城市的精神生活”。

第二次世界大战结束后，“普遍论”的研究首先在年鉴学派和维尔纳·康策（Werner Conze, 1910—1986）提出的“结构史”的影响下，把城镇史置于现代社会结构变迁的框架中加以反思，其中最出名的著作要数沃尔夫冈·科尔曼（Wolfgang Köllmann, 1925—1997）的《19世纪巴门社会史》（*Sozialgeschichte der Stadt Barmen im 19. Jahrhundert*, 1960年）。20世纪70年代后，东德历史学界也开始关注这一方面的问题意识。其次，在反省纳粹历史的基础上，把城镇自治史作为西方社会民主化进程的普遍经验，如海因里希·黑福特尔（Heinrich Heffter, 1903—1975）的巨著《19世纪的德意志自治：观念与制度的历史》（*Die deutsche Selbstverwaltung im 19. Jahrhundert. Geschichte der Ideen und Institutionen*，1950年）。最后，在美国实证社会学、特别是60年代末所谓“新城市史”（New Urban History）的量化浪潮推动下，德国学界在三个方面作出了探索：（1）城镇规划史；（2）城镇日常生活史；（3）比较城镇史。中国史学界基本上沿循“普遍论”的范式。[1]

纵观“特殊论”和“普遍论”两种研究范式，除却研究方法上的差异外，它们的主要争论点其实集中在三个问题上：第一，19世纪初启动的城镇化浪潮究竟是德意志城镇历史的延续，还是断裂？第二，起步于19世纪中叶前后的工业化与城

1 中国学界的主要研究成果有：肖辉英：《德国的城市化、人口流动与经济发展》，《世界历史》1997年第5期；邢来顺：《迅速工业化进程中的德意志帝国人口状况》，《世界历史》1996年第4期；邢来顺：《德国工业化时期的城市化及其特点》，《首都师范大学学报》2005年第6期；吴友法、黄正柏主编：《德国资本主义发展史》，武汉：湖北大学出版社，2000年，第150—151页；邢来顺：《德国工业化经济—社会史》，武汉：湖北人民出版社2004年版，第382—389页；申晓英：《城市化与社会变迁——以19世纪初至一战前的德国为例》，《德国研究》2004年第2期；姜丽丽：《德国工业革命时期的城市化研究》，华中师范大学硕士学位论文，2008年；徐旭华：《德意志帝国城市化影响因素分析》，西北师范大学硕士学位论文，2012年；徐继承：《德意志帝国时期城市化研究——以普鲁士为研究视角（1871—1910）》，北京：中国社会科学出版社，2013年。

镇化之间究竟形成了怎样一种关联性？第三，目前为人们所熟知的德意志城镇化是否仅仅是普鲁士城镇化的写照，而忽视了德意志历史的多样性特征？

由此来看上文所描述的“起步”阶段，我们或许可以得出的结论是：两种范式不过是“硬币的两个面”而已。从中世纪到 19 世纪初的城镇发展固然显示出一种历史延续性，但倘若没有拿破仑战争及其激发的邦国改革，当下德意志城镇的公法性质以及现代社会结构都不会出现。尽管各邦所推行的城镇化运动各有千秋，且与工业化之间的关系复杂，不过它们最终导向的目标却有着惊人一致性，即城镇作为未来国家生活的最重要空间，注定要承担起政治、经济与文化发展的主要责任——为此，它必须先于农村而获得自我管理的训练，并有别于农村而大规模推行工业生产，并尽快适应社会转型带来的各种变化。在这一过程中，德意志地区既显示出其邦国分治所带来的特殊性，甚至包括邦国内部因整合程度不一而暴露的各地多样性，也多少与英法城镇化道路逐渐趋同，成为共同构成西方城镇化经验的组成部分。

尽管如此，截至 1840 年，德意志地区的城镇化运动也不过是完成了“起步”的使命。它既没有奠定城镇的绝对优势，更没有实现社会结构的完全转型。这一切不得不等待稍后时期快速工业化与铁路网络形成所带来的新冲击。

原文刊于《经济社会史评论》2015 年第 4 期。作者孟钟捷，华东师范大学历史学系教授，曾在 2011—2019 年间多次访问德国奥格斯堡大学。

现代德国城市化进程中的另一种道路？
——19、20世纪的巴伐利亚城镇化发展

王琼颖

“后发赶超”与“迅速推进”一直以来被视为19世纪德国城市化进程的最重要特征。[1]这一点当然毋庸置疑，特别是在德意志帝国成立后的高速工业化阶段（即1871—1910年），德国城市化进程明显表现为一种跃迁式的变化：城市人口[2]占全国总人口的比重从1871年的40.9%增加至60.1%，其中生活在人口超过十万大城市的居民更是从过去的4.8%增至21.3%，即超过1 000万人。[3]这期间全德先后形

1　以于尔根·罗勒伊特、霍斯特·马策拉特、沃尔夫冈·克拉贝为代表的德国城市史学界前辈早在20世纪70—80年代就开始对德国工业化时代城市化历史进程的系统研究：Jürgen Reulecke (Hg.): *Die deutsche Stadt im Industriezeitalter. Beiträge zur modernen deutschen Stadtgeschichte,* Wuppertal: 1978; Horst Matzerath, *Urbanisierung in Preußen 1815－1914*, Stuttgart: 1984; Jürgen Reulecke, *Geschichte der Urbanisierung in Deutschland*, Frankfurt a. M.: 1985; Wolfgang R. Krabbe, *Die deutsche Stadt im 19. und 20. Jahrhundert. Eine Einführung*, Göttingen: 1989。国内学界有关这一时期德国城市化进程的研究也早在20世纪90年代便已启动，其中重要的论述列举如下：邢来顺：《迅速工业化进程中的德意志帝国人口状况》，《世界历史》1996年第4期，第68—76页；《德国工业化时期的城市化及其特点》，《首都师范大学学报》2005年第6期，第15—19页；肖辉英：《德国的城市化、人口流动与经济发展》，《世界历史》1997年第5期，第62—71页；申晓英：《城市化与社会变迁——以19世纪至一战前的德国为例》，《德国研究》2004年第2期，第32—36页；徐继承：《德意志帝国时期城市化研究（1871—1910）——基于以普鲁士为研究视角》，华中师范大学2012年世界史博士论文。

2　德意志帝国统计署在19世纪70年代前后将所有居民超过2 000人的行政区（无论其是否拥有法律意义上的“城市权”）视作具备“城市”地位。但直到1887年在罗马召开的第一届国际统计学家大会才首度明确居民人口在10万以上为大城市，2万—10万人口为中小城镇（涵盖了从非农乡镇一直到中等城市的不同类型），而少于2 000人的人口聚集地则为乡村。

3　数据来源于 Wolfgang R. Krabbe, *Die deutsche Stadt im 19. und 20. Jahrhundert. Eine Einführung*, S.71f; Jürgen Reulecke, *Geschichte der Urbanisierung in Deutschland*, Tabelle 2, S.202。

成了48座人口超过10万的大城市。但如果仔细分析以上数据，则不难发现德国的城市化进程内部明显存在发展的不同步性，尤其巴伐利亚和普鲁士存在显著发展差距——事实上，我们一般提及的正是以普鲁士为代表的北德城市化进程。

从时段来看，巴伐利亚在工业化时代的城市发展大体上与普鲁士城市化各阶段[1]重合，然而迟至1910年前后，它无论是发展规模还是速度均不能与普鲁士相提并论。作为帝国第二大邦的巴伐利亚仅有3座人口超十万的大城市，分别是慕尼黑、纽伦堡和奥格斯堡，且后两者分别于1880年和1905年才进入十万人口“俱乐部”；与之形成对比的是作为北德重镇的柏林与汉堡，两者早在1840年前后就已达到41.2万人和17.5万人的规模。不仅是大城市率相差悬殊，当普鲁士乡村人口在1910年已降至38.5%时，仍有超过55%的巴伐利亚人生活在农村。显然，巴伐利亚并未能在19世纪这个被认为是欧洲城市普遍高歌猛进的时代进入城市化发展的快车道；相反，缓慢的发展甚至一直持续到20世纪上半叶。但恰恰又是这个曾经城市化进程中的“后进生”，今天脱胎换骨成为德国最发达、也最富经济活力的联邦州，全面实现地区内城乡均衡发展。而这一根本转变的时机出现在第二次世界大战终结后。尽管无可否认，战后德国的特殊国内外形势为巴伐利亚赢得了经济转型与发展的机遇，在最终实现所谓“在乡村土地上的工业化”（“Industrialisierung auf dem Land”）的同时，也带起一波无论规模还是强度均前所未有的城镇化浪潮。但除了偶然因素之外，这一20世纪中叶之后才集中出现的“后发赶超”与可持续发展，是否仍可以从内在发展动力的角度加以分析，从而得出德国城市化进程的确存在蹊径独辟的“巴伐利亚道路”的结论？

一 “缓慢”的城市化进程

导致巴伐利亚城市化进程缓慢的根本原因，是这个德意志南部邦国在19世纪

---

1 有关普鲁士城市化进程分期，主要参考：Horst Matzearath, *Urbanisierung in Preußen 1815–1914*, S.259f。

发展“缓慢”甚至“低下”的工业化进程。[1]众所周知，德国工业革命从铁路和重工业发端，以普鲁士莱茵－鲁尔地区为代表的德意志西部地区（也包括东部部分地区）凭借着自身矿产资源优势，通过铁路实现包括煤矿业、冶金与机械制造业在内的上下游产业联动——走上了今天人们耳熟能详的普鲁士工业化道路；同时，一个个原本封闭的工业人口聚居区（或乡镇）也凭借铁路的便利相互联动，现代意义上的普鲁士城市化进程也由此开启。尽管德国第一条铁路诞生于巴伐利亚（纽伦堡至菲尔特，1835年），但普鲁士的高速发展并未能在巴伐利亚重演：直到20世纪20年代之前，巴伐利亚的工业化进程仍明显表现为发展缓慢且未能在整个地区铺开的态势，“很大程度上是一种被分散、但单一工业产业发展程度极高的小城镇所组成的工业‘岛屿’环绕，渐进式的大城市工业化进程”。[2]巴伐利亚的工业发达地区仅限于围绕纽伦堡和奥格斯堡两座大城市的周边地区，以及豪夫（Hof）周边、福格特兰（Vogtland）的巴伐利亚部分及普法尔茨地区——也就是所谓“新巴伐利亚地区”，集中了不少工业企业。[3]但与德国西部和东部地区以重工业为主不同，巴伐利亚的支柱产业直到19世纪末仍是棉纺织业与消费品生产，这也决定了巴伐利亚在整个德国工业化进程中处于较靠后的位置，1900年时在巴伐利亚50万手工业及工业从业人员中，在真正意义上的“企业”工作的产业工人仅有30万。[4]直到20世纪初，它的产业结构才因为电气工业与化工产业的后来居上[5]而出现重大转变。在

1　有关巴伐利亚在19世纪工业化发展水平“低下”的论点主要参见：Karl Bosl, Die “geminderte” Industrialisierung in Bayern, in: Claus Grimm (Hg.), *Aufbruch ins Industriezeitalter,* Bd.1, München: 1985, S.22–39; Manfred Krapf, *Entwicklung und Verwaltung bayerischer Städte zwischen 1870 und 1914*, München: 1998, S.46f.. 另可参考：Klaus Tenfelde, Stadt und Land in Krisenzeiten. München und das Münchner Umland zwischen Revolution und Inflation 1918 bis 1923, in: Wolfgang Hardtwig/Klaus Tenfelde (Hg.): *Soziale Räume in der Urbanisierung. Studien zur Geschichte München im Vergleich 1850 bis 1933*, Oldenbourg: 1990, S.37–58, S.42f。

2　Paul Erker, Keine Sehnsucht nach der Ruhr. Grundzüge der Industrialisierung in Bayern 1900–1970, in: *Geschichte und Gesellschaft*, Jg. 17, 4 (1991), S.480–511.

3　Hans Fehn, Das Land Bayern und seine Bevölkerung seit 1800, in: Max Spindler (Hg.), *Handbuch der bayerischen Geschichte*, Bd. 2, München: 1975, S.647–707, hier: S.805.

4　K. Tenfelde, Bayerische Wirtschaft und Gesellschaft im 19. Und frühen 20. Jahrhundert, in: Harmut Mehringer (Hg.), *Von der Klassenbewegung zur Volkspartei. Wegmarken der bayerischen Sozialdemokratie 1892–1992*, München/London/New York/ Paris: 1992, S.9–19, hier: S.13f.

5　1865年巴斯夫（BASF）在当时还属于巴伐利亚路德维希港（Ludwighafen）成立，1903年西门子－舒克特（Siemens-Schuckert）在纽伦堡设立工厂，标志着化工工业和电气工业开始扎根巴伐利亚并出现迅速发展，至1907年时，由这两家公司雇佣员工就超过13 000名。

这样一种产业结构影响下，一方面巴伐利亚的城市率自然迟迟未无法显著提高，除大城市稀少外，至 1910 年时仍有超过 381 万人生活在农村；另一方面巴伐利亚邦内的城镇化水平也参差不齐：巴伐利亚的大型工业企业主要集中于上巴伐利亚和中法兰克地区，1890—1910 年这里的城镇化率分别达到 58.0% 和 58.5%（已超过普鲁士城镇化率的中位数）；但与之形成对比的是下巴伐利亚地区，一直到 1910 年仍有近 80% 的地区为农村或乡镇地带。[1] 大城市如奥格斯堡和纽伦堡，几乎与德国其他大城市同步迈入工业化时代，并逐步建立均衡发展的现代工业产业结构；然而更多的小城镇则仍依托从传统行业转变而来的单一行业，例如“啤酒酿造之城”——库尔姆巴赫（Kulmbach），罗森塔尔瓷器的出产地塞尔布（Selb），“玻璃之城”茨维泽（Zwiesel）等。

“底子薄，基础差”是造成巴伐利亚工业发展缓慢的主要原因。首先，在以铁煤资源导向的重工业发展时代，巴伐利亚的矿产资源有限：铁矿石质量不佳，煤炭储量又无法与鲁尔地区相提并论；同时多山的地理环境也严重限制大宗货物运输的发展。其次是缺乏工业发展亟须的大量自由劳动力。早在 19 世纪初，当德意志东部与北部地区人口开始出现强劲增长，东南部以及巴伐利亚的阿尔卑斯地区的人口增长就呈现缓慢乃至停滞的状态：从 1818 年至 1871 年超过半个世纪的时间里，巴伐利亚的总人口仅增加约 115 万[2]——德意志联盟（Deutscher Bund, 1815—1865）数据显示，巴伐利亚的人口增长率居全部成员邦中的末席。[3] 除自然人口增长停滞不前之外，19 世纪上半叶的婚姻法及南德意志地区兄弟平分遗产的传统继承制度一定程度上也阻碍了流动人口的增加。第三，巴伐利亚传统农村社会结构制约了工业的发展。一直以来巴伐利亚拥有全德最庞大的农业人口。一方面是传统继承制度的存续，另一方面是教产世俗化与农奴制的废除并未在巴伐利亚取得广泛影

1 Hermann Beckstein, *Städtische Interessenpolitik. Organisation und Politik der Städtetage in Bayern, Preußen und im Deutschen Reich 1896–1923*, Düsseldorf: 1991, S.53f., Tabelle 7 & 8.

2 数据来源于 Hans Fehn, Das Land Bayern und seine Bevölkerung seit 1800, S.680。

3 Manfred Krapf, *Entwicklung und Verwaltung bayerischer Städte zwischen 1870 und 1914*, S.33. 德意志联盟即维也纳会议成立的由德意志各邦（也包括领有德意志领土的外国君主国）组成的联盟组织。其成员由 37 个由君主统治的邦国和 4 座自由市组成；其中奥地利和普鲁士仅以其过去从属于帝国的领土加入联盟。

响，农民的土地不仅鲜有被大量兼并，相反“中小地块耕作的传统模式依然保持稳定”[1]——这与 1807—1808 年哈登贝格农业改革之于普鲁士社会经济结构的革命性影响完全不能同日而语，甚至在曼弗雷德·科拉普夫看来，巴伐利亚“大量中等规模的农村经济体”对于工业进一步发展的压力持续存在。也正是由于农业社会结构的相对稳定，类似北德各邦从 18 世纪开始不断增长的市民阶层，在南德影响力仍相对有限；同时 1834 年巴伐利亚手工业法及来自手工业团体的压力，使得资本对于工业投资信心不足的局面，直到 19 世纪 60 年代才有所改观。此外，居民的宗教信仰与受教育程度也对工业发展构成了一定影响，这在巴伐利亚内部也有较为突出的表现：在这个以天主教为主的邦国，具有创新潜力的企业更容易在宗教信仰混合地区或新教占主导的地区或城市获得发展机会，[2] 而传统的天主教地区则大多以农业地区为主。

二 城市化的推进与“异化”

一战结束伊始的欧洲形势令各国城市在 20 世纪 20 年代的发展模式发生根本性的转变：受战后危机的影响，新建城市的活动空间进一步压缩，取而代之的是政府深度介入城市内部“更新”。出于对资本短缺困境与避免社会危机的现实考虑，不得不由政府出面，有计划、有步骤地对城市中的建筑物、设施及公共服务等进行改造，使之重新适应新的城市发展要求，这同时也是各国在战后加强对社会事务及社会政策干预在地方层面的集中体现。对于战败的德国而言，它在战后所面临的危机更是远超其他欧洲国家，与此同时，新生的魏玛政权还迫切需要在日常生活中建立起政

---

1 统计数据显示，直到 1882 年时，巴伐利亚超过 90% 的农庄占地面积不超过 20 公顷，占地面积为 20—100 公顷的中型农庄仅占到 6.6%（这一比例直到 1925 年时仅下降 1.7%），而从 1882—1925 年间超过 100 公顷的大农庄比例始终维持在占 0.1%。参见 Harmut Mehringer, Die bayerische Sozialdemokratie bis zum Ende des NS-Regimes Vorgeschichte, Verfolgung und Widerstand, in: Martin Broszat/Harmut Mehringer (Hg.), *Bayern in der NS-Zeit (Bd. 5: Die Parteien KPD, SPD, BVP in Verfolgung und Widerstand)*, München/Wien: 1983, S.287-432, hier: S.290, Anm. 2。

2 Tenfelde, Bayerische Wirtschaft und Gesellschaft im 19. und frühen 20. Jahrhundert, S.11.

权合法性，尽快从体系崩塌的困境中重整旗鼓，实现德意志民族复兴。这一富有德国特色的政治诉求，也使得德国城市更新运动的激烈程度更胜同期其他欧洲国家。在“城市前进”（“Städte voran!”）口号感召下，以柏林、美因河畔法兰克福、科隆、汉堡、马格德堡为代表的德国城市纷纷在公共交通、基础设施、住房建设、地方企业诸多领域推动深化城市发展的举措。随后，纳粹党在取代魏玛共和国上台后也一改过去草根政党时期的激进反城市立场，[1] 以更为集权的方式推进德国的城市化进程。纳粹的城市发展基本思路是以推动工业和军事发展为前提，在城市建设中贯彻政治控制、社会福利与空间规划“一体化”的方针。这一时期德国城市化进程呈现两个方面的重要变化：首先，德国现有的城市格局按照以下两点核心进行重新规划，一是重点发展大城市，其实质是通过重塑城市空间表现权力并贯彻元首意志；[2] 二是以19世纪的工业城市为蓝本规划建设一批以工业导向、生产企业集中的“新城”[3]——其中最突出的代表便是今天大众汽车所在地的沃尔夫斯堡。其次，以首个“四年计划”为标志，德国经济整体向战争经济转型。[4] 这一全力服务国家工业企业，要求实现矿产资源与替代性原材料自给自足，但忽视轻工业的经济政策安排，构成第三帝国地区经济布局的基本出发点，同时也间接影响到日后德国城市化进程。

---

1 纳粹党在1933年以前的强烈反城市观念一定程度上还有着选举策略上的考虑，作为唯一一个在人口超过2.5万以上的城市支持率甚至不及平均水平的党派——至1932年时它的主要支持者仍集中在小城镇和乡村，因此该党尤其要迎合出身农村或小城镇选民的需求。反对现代文明、反对大城市便成了重要宣传手段。但值得注意的是，即使是希特勒本人在1933年之前也并非完全排斥现代大城市，他的重点在于“当代城市缺乏代表民族共同体的卓越象征”，并很快在1933年9月在国会与柏林地方政治家及帝国铁路方面的领导人座谈时就介绍了自己对大城市建设的设想。参见H. Matzerath, Nationalsozialistische Kommunalpolitik: Anspruch und Realität, in: *Die alte Stadt*, 5(1978), S.1-21, hier: S.4; Joch Thies, Nationalsozialistische Städteplanung: “Die Führerstädte”, in: *Die alte Stadt*, 5(1978), S.23-38, hier: S.27。

2 如要建成五座“元首之城”（Führerstadt）——即帝国首都柏林、纳粹党中央所在地慕尼黑、纳粹党党代会所在地纽伦堡、国际贸易中心汉堡以及艺术中心林茨，并在次一级城市的核心区内建成具有象征意义的大型建筑物。Christiane Wolf, *Gauforen: Zentren der Macht. Zur nationalsozialistischen Architektur und Stadtplanung*, Berlin: 1999, S.11。

3 Paul Nolte, Jenseits der Urbanisierung. Überlegungen zur deutschen Stadtgeschichte seit 1945, in: F. Lenger (Hg.): *Die europäische Stadt im 20. Jahrhundert: Wahrnehmung – Entwicklung – Erosion*, S.477-492, hier: S.489f.

4 1936年，希特勒在“四年计划”备忘录中明确提出两个任务：“一是德国军队要在四年内具备作战能力；二是德国经济要在四年内能够负担一场战争。” Hitlers Denkschrift zum Vierjahresplan, Aug. 1936, in: Fritz Blaich, *Wirtschaft und Rüstung im “Dritten Reich”*, Düsseldorf: 1987, hier: S.67。

如果说巴伐利亚在第一次世界大战前的工业化和城市化进程以缓慢著称，那么在这个阶段则开始进入相对快速的第二个发展时期：1925 年时，这个人口占全德 10% 的第二大州，就业率接近 54.1%，而当时德国平均水平为 43.5%，与此同时，当时州内超过 2 万人的工业城市增加至 13 座，尤其新兴城市拜罗伊特、埃尔朗根相比老牌工业城市在经济发展方面的上升空间更大，由于工业部门的占比显著提高，工业人口增长很快。[1] 但由于魏玛时期的德国总体经济也仅能达到战前水平，再加一头一尾的经济危机打击，因此这一发展从长时段来看并不十分突出，不仅“城市前进”的口号也未能触动巴伐利亚的传统社会格局，连人均收入也未能达到全德平均水平。直到希特勒上台后明确将解决失业与扩充军备联系在一起，根据巴伐利亚的现有条件，即法兰克和施瓦本地区已形成了一定的工业规模，但仍以农业地区为主，纳粹政权对其的定位是“从农业州转变为军事训练场及飞机制造、炸药工业的核心生产地”。[2] 最初，按照“四年计划”要求，1936—1939 年巴伐利亚工业的核心产业是炸药及飞机制造，从 1940 年起又开始大力推进装甲车及潜艇的建造，[3] 从而拉动这一地区机械制造、发动机生产及汽车制造行业的发展：诸如飞机及机械制造一类的企业大多分布于大城市中，例如飞机制造商梅塞施密特（Messerschmitt AG）、大型车辆及机械制造企业 MAN 就将总部设立在纽伦堡和奥格斯堡，客观上加速了此类城市向重工业城市的转变。而武器及弹药类产品的特性由于面临空防难点，而无法落户大城市，因而转向中小城市，例如在魏玛时代工业发展放缓的什未福特（Schweinfurt）如今集中了德国 70% 的球轴承产能；迪那米特炸药公司（Dynamit AG）则在许多中小城镇建成或规划建立多个工厂。因此，得益于军事装备业的需要，巴伐利亚工业开始真正从农业地区向工业及军备生产基地转变。与此同时，“高速公路”这一在纳粹话语体系被赋予“产生心理上的影响，唤起国民信任作用”的大型道路工程，实现了巴伐利亚的工业城镇之间联动，并将慕尼黑、纽伦堡及贝希特斯加登这三座南部权力中心也纳入其中：在建成环慕尼黑

1　Alfons Frey, *Die industrielle Entwicklung Bayerns von 1925 bis 1974. Eine vergleichende Untersuchung über die Rolle städtischer Agglomerationen im Industrialisierungsprozess*, Berlin: 2003, S.39, 53.

2　Winfried Nerdinger, Michael Howells, *Bauen im Nationalsozialismus. Bayern 1933–1945,* München: 1993, S.14.

3　W. Nerdinger, M. Howells, *Bauen im Nationalsozialismus. Bayern 1933–1945,* München: 1993, S.417.

的公路及以它为核心星形辐射的高速主干道后，从1938年起进一步拓宽这一高速路网，着重强调各城市（镇）间的相互连接。[1]尽管最终这一公路体系并未完全建成，却也奠定了“二战”后巴伐利亚实现工业转型的交通基础。

三 产业转型与城镇化道路

与“一战”结束时的情况类似，德国的命运再次因战败而出现巨大转变，但“二战”对德国的影响程度甚至超过了上一场战争：在政治上形成英、法、美、苏四个占领区，继而导致两个德国产生的分裂事实；在经济上，随着人员的流动，也逐步出现工业中心从过去中部的萨克森、萨克森-安哈尔特、图林根等地向南部德国转移的情况——当然这也是“铁幕”徐徐降下的直接后果。[2]不仅如此，新划定的东部国界线导致成千上万东欧德意志人涌入德国，其中又以巴伐利亚接收难民的人数最多。[3]

战后的巴伐利亚相比德国其他地区，依然是一个“落后”地区。首先，战前建立起来的工业基础及铁路、路桥设施或在战争后期的集中空袭中严重受损；或因属于受管制行业而遭拆解，如飞机厂商梅塞施密特；克虏伯公司位于班贝格的工厂、奥格斯堡的机械公司MAN也濒临解散的境地，慕尼黑的宝马公司甚至一度生产起厨房锅具。[4]1949年时全州人均GDP仅达到全德人均的85%；[5]此外还有

---

1 Ebd., S.63-67.

2 按照1945年6月《关于德国失败和接管最高政府权力的声明》，南部德国划归美国，而苏联则占有包括拥有大型工业企业的中东部地区，但美军在撤出划归苏联势力范围的地区之前，将大量高科技企业的高级技术与管理人员一并带往南部的美占区。同时由于苏联的对德处置政策过于严厉，为避免清算，像“汽车联盟”这样的大企业高层先后逃往美占区。

3 1946年10月底的巴伐利亚人口普查显示，当时净流入人口近220万，超过常住人口四分之一；随后经过多次的国内流动，至1950年时生活在巴伐利亚的东欧德意志难民仍超过192万，其中还不包括来自苏战区（东德）的德国人。参见 Peter Claus Hartmann, *Bayerns Weg in die Gegenwart. Vom Stammesherzogtum zum Freistaat heute*, Regensburg: 2004, S.532, 536, Abbildung。

4 Wolfgang Zorn, Bayerns Gewerbe, Handel und Verkehr (1806-1970), in: Spindler (Hg.), *Handbuch der bayerischen Geschichte*, S.832f; Jürgen Seidl, *Die Bayerischen Motorenwerke (BMW) 1945-1969. Staatlicher Rahmen und unternehmerisches Handeln*, München: 2002, S.27, Abbildung.

5 Mark S. Milosch, *Modernizing Bavaria: The Politics of Franz Josef Strauß and the CSU, 1949-1969*, New York/Oxford: 2006, p.13.

30.6% 的农业人口。其次，巴伐利亚资源匮乏，除了工业及民用煤炭完全依靠鲁尔、萨尔两地外，汽油和石油则依赖更遥远的北部地区输送，直接造成巴伐利亚直到 20 世纪 60 年代在电力、供暖及燃料方面仍供应紧张。1978—1988 年担任州长的弗朗茨·约瑟夫·施特劳斯（Franz Josef Strauß, 1915—1988）曾形容 1947 年时的巴伐利亚经济与政治形势为“了无希望”。[1] 面对这样的落后局面，基社盟政治家汉斯·赛德尔（Hanns Seidel, 1901—1961）一方面在其州经济部长任期伊始提出通过“基本由中小企业组成，协调区域发展的混合型产业结构”[2] 促成巴伐利亚的经济转型，力图避免巴伐利亚形成类似“西部德国建立在煤炭和钢铁基础上的庞大工业集群”。[3] 以此为目标，巴伐利亚致力于推动回迁难民经济安置，尤其是鼓励其在经济不发达地区创业，重建与改善州内路桥交通，实现替代型能源（如石油、天然气及核能）利用。另一方面，自赛德尔主政以来，巴伐利亚经济政策还包括有针对性地扶持大工业，从 20 世纪 40 年代末开始，州政府优先支持“面向未来的高科技导向行业以及‘年轻’、富于活力的上升型产业”[4]——从而奠定了战后至今巴伐利亚产业结构基础：政府重点扶持的行业包括电气与化学工业、机械制造、汽车与飞机制造、精密机械、光学工程，还包括了科研机构[5] 以及服务业（如银行、保险）；但重工业和传统的棉纺织业[6] 则不在扶持之列。得益于州政府的政策倾向，援助资金的注入，以及交通条件的改善，许多企业得以扎根于农业为主或工业结构薄弱的地

1　Franz Josef Strauß, “Hanns Seidel — Ein Leben für Bayern” . Ansprache des bayerischen Ministerpräsidenten bei der Gedenkfeier zum 25. Todestag des ehemaligen bayerischen Ministerpräsidenten und CSU-Parteivorsitzenden Dr. Hanns Seidel am 5. August 1986, in: Hanns-Seidel-Stiftung e.V. (Hg.): *Hanns Seidel — “Ein Leben für Bayern”*, Wildbad Kreuth: 1987, S.17-28, hier: S.23.

2　Richard Winkler, Die Bayerischer Landesanstalt für Aufbaufinanzierung 1951-1964, in: Christoph Daxelmüller, Stefan Kummer/Wolfgang Reinicke: *Wiederaufbau und Wirtschaftswunder. Aufsätze zur bayerischen Landesausstellung 2009*, Augsburg: 2009, S.160-171, hier: S.163.

3　这是赛德尔于 1954 年 8 月所作的一篇演讲的部分内容，转引自 F. J. 施特劳斯。参见 Strauß, “Hanns Seidel — Ein Leben für Bayern”, S.24。

4　Bernhard Löffler, Wirtschaftspolitischer Konzeption und Praxis Hanns Seidels, in: Alfred Bayer/Manfred Baumgärtel (Hg.), *Weltanschauung und politisches Handeln. Hanns Seidel zum 100. Geburtstag*, Grünwald: 2001, S.39-66, hier: S.64.

5　例如 1949 年成立的弗劳恩霍夫协会，以及同一年率先“正常化”的马克斯·普朗克硅酸盐研究所。

6　直到 20 世纪 50 年代中期，棉纺织业仍是巴伐利亚最重要产业部门之一，企业数量达到 779 家，从业人员 11.4 万，但这之后便因面临其他行业的竞争而逐渐衰弱。

区，20 世纪 50 年代整个巴伐利亚工业人口密度因此增长近 57.3%，超过全国平均增长水平 3.7 个百分点。正如赛德尔在 1954 年所说的那样，中小型加工厂已“毫无障碍”地融入巴伐利亚产业结构蓝图中，并根据自然条件，广泛分布在州内各个地区。[1] 而这一“有组织发展”并且强调“属于本州基本特色的农业经济和谐共处”的工业化过程也揭开了巴伐利亚战后城镇化浪潮的序幕。

由于巴伐利亚传统的工业大城市（及其周边工业地带）战争中大多遭遇毁灭性打击，一方面市内重建工作尚且面临重大考验，另一方面拓展新工业领域更是缺乏资金和场地，在此情况下，一些在战时并未遭到严重破坏的小城市甚至是乡镇就成了工业再发展选址的可替代方案。再加上巴伐利亚政府战后对于促进地区经济均衡发展所作的努力，巴伐利亚在战后的城市化进程因此走上了不同于过去大城市模式的城镇化发展道路，其中又以两类城镇增长模式表现最为夺人眼球：一类是“二战”后出现的特殊城镇——“难民乡镇”或称“难民城”（Flüchtlingsgemeinde und-städte），它们源自 1945、1946 年以后进入巴伐利亚的东欧被驱逐德意志人所聚集的地区（甚至是难民营），得益于“中等规模政策”对难民安置、创业政策倾斜与经济援助发展而来，并于 50—60 年代取得独立行政地位。[2]

另一类增长模式则是在前述经济转型的背景下，依托于大工业企业的入驻，许多城镇（甚至乡镇）迅速提升产业等级成为发达工业城镇，或实现产业转型获得城镇地位。这其中最突出的例子便是一系列汽车城镇的出现。例如位于上巴伐利亚的因戈尔施塔特（Ingolstadt）尽管战争后期也遭到了严重破坏，但因在战后仍可提供约 300 公顷闲置的军用建设用地及空地；并且还作为前军事装备生产基地，拥有大量技术娴熟的精工工人，而从 1945 年末至 1949 年起成为南迁的汽车制造企业“汽车联盟”（Auto Union）的厂址所在，这家企业后来于 60 年代更名为“奥迪”。[3] 而下巴伐利亚城镇丁戈尔芬（Dingolfing）的发展至今仍是城镇产业升级带动地区可

1 Strauß, “Hanns Seidel — Ein Leben für Bayern”, S.24.

2 笔者在《融入与记忆：二战后德国城镇化浪潮中的“被驱逐者”——以巴伐利亚的“难民城镇”为例》[《新史学（第二十一辑）：城市史与现代学术》，郑州：大象出版社，2018 年 11 月，第 60—70 页] 中对此有专门考察，本文不再具体展开。

3 Thomas Schlemmer, *Industriemoderne in der Provinz. Die Region Ingolstadt zwischen Neubeginn, Boom und Krise 1945 bis 1975*, München: 2009, S.30, 35.

持续发展的典范。起初这座城镇因当地企业汉斯·格拉斯（Hans GmbH）成功转型为汽车制造企业，于50年代率先“开启巴伐利亚东部的工业化进程”——它所在的下巴伐利亚大区恰恰是州内农业人口最集中的地区。60年代中期，当格拉斯公司经营出现问题，它又由在州政府支持下的宝马公司接盘，而从高昂政府外债与人口严重外流的困境[1]中恢复过来。今天，丁戈尔芬已成为宝马公司24个生产基地中规模最大的一座，仅2016年一年就生产了约34万辆汽车，“每五辆在全球行销的宝马汽车，就有一辆来自下巴伐利亚”。[2]不仅如此，它还进一步推动了整个地区从农业地区向工业地区转型。1967年宝马公司入驻丁戈尔芬时，下巴伐利亚农业人口仍占到地区总人口的26%，冬季失业率高达20%，因此人口大量流向大城市以寻找就业机会。但到1987年时，当地的农业人口已不到9%，在行政区范围有所扩大的情况下，登记在册的农业人口仅有190人。因此，丁戈尔芬的例子构成了巴伐利亚战后借由企业与各级地方政府互动推动小城镇化发展的典型，同时也是经济结构转型带动地区发展的经典案例。2017年初，时任巴伐利亚州长的赫斯特·泽霍夫（Horst Seehofer, 1949— ）就高度赞扬宝马公司为推动下巴伐利亚这一曾经属于经济结构薄弱地区的最初发展，并使之“成长为一个地处欧洲心脏的经济繁荣地区”所作的贡献。[3]

四 结论

德国城市史学家弗里德里希·伦格在归纳20世纪欧洲城市发展特征时曾有如

1 它作为下巴伐利亚丁戈尔芬－兰道尔（Dingolfing-Landau）县首镇1939年登记在册的居民人口为24 683人，而到了1950年时，由于增加汉斯·格拉斯的企业经营而增至35 347人，1967年时当地居民人口则又降至11 439人。数据来源 Bayerischer Statistischer Landesamt, *Historisches Gemeindeverzeichnis die Einwohnerzahlen der Gemeinden Bayerns in der Zeit von 1840 bis 1952*, München: 1953, S.51；及丁戈尔芬政府官网：http://www.dingolfing.de/Autostadt-Dingolfing.n116.html (20.05.2017)。

2 BMW Feiert Doppel-Jubiläum in Niederbayern, http://www.bmwgroup-werke.com/de/dingolfing/aktuelles/festakt-50-jahre-bmw-niederbayern.html (28.04.2017).

3 Ebd.

下重要评价。[1]他认为，由于现代欧洲城市的基本形态大致在19世纪便已基本奠定，因此它们在20世纪的发展较同期“其他城市特性出现相对较晚的地区”速度有所放缓；但从“一战”结束至20世纪90年代，又恰恰是由大众社会与城市构成的“现代性”在欧洲表现最为突出的时期。然而，巴伐利亚的城市化进程似乎并不与上述论断完全吻合：由于巴伐利亚的城市化进程直到20世纪中叶仍保持一种相对缓慢的状态，因此当欧洲其他城市转向更深层次的内部发展时，巴伐利亚的大小城镇仍需同时面临农业转型与构建现代大众社会的双重任务。另一方面，尽管从1949年之后开始快速推进的巴伐利亚工业化及由此带来的中小城镇发展很大程度是“二战”后两德分裂的特殊国情所赐，但德国城市化进程的不同步恰恰也为发展相对缓慢的巴伐利亚提供了前车之鉴，尤其是以赛德尔政府为代表的巴伐利亚当局在战后清醒认识到资源集聚型的巨大工业城市发展道路的缺陷，因而在现有条件基础上大力推动区域协调发展的所谓“中等规模政策”。这样的政府导向令战后迁入大量大工业企业的巴伐利亚避免了像鲁尔地区那样面临因工业衰弱而一度出现城镇凋敝的局面，同时也尽可能防止因人口大量流入，经济发展不平衡引发的社会问题。因此从城市化发展进程来看，无论是在过去还是当下，巴伐利亚确实存在区别于德国其他地区的独特之处。

但在讨论巴伐利亚城市发展独特道路时，仍不能忽视一些共性的存在：事实上，20世纪的德国城市化道路越来越突出地表现为一种以中小城市、城镇为单位的发展模式，特别是在1945年之后稳定表现为一种“城市向乡村的拓展”[2]的进程。首先，当城市越来越多地成为“第三产业占主导的社会”，原先在19世纪下半叶一度在城市中占据支配地位的第二产业，通过产业转移的方式，使得小城镇（甚至是乡村地区）或在原先帝国时代的工业化基础上，或者从零开始完成了自身的工业化进程。其次，这种小尺度的城市发展模式，使得过去“城市”与“乡村”的激烈对立得以缓和，一方面是如保罗·诺尔特所提示的那样，“‘乡村（尤其是小城镇）的

1 Friedrich Lenger, Einleitung, in ders (Hg.): *Die europäische Stadt im 20. Jahrhundert: Wahrnehmung — Entwicklung — Erosion*, Köln/Weimar/Wien: 2006, S.10.

2 Paul Nolte, Jenseits der Urbanisierung. Überlegungen zur deutschen Stadtgeschichte seit 1945, in: F. Lenger (Hg.): *Die europäische Stadt im 20. Jahrhundert: Wahrnehmung — Entwicklung — Erosion*, S.477–492, S.486.

工业化进程’与农业经济紧密联系”[1]；另一方面是借由短途铁路及高速公路网络将“居住在乡村”与“工作在城市”联系起来。它们在改变普通德国人日常工作与生活习惯的同时，也将所谓的“大城市气质”带入中小城镇。也正是得益于这种城市发展模式，使得德国在实现战后经济腾飞之后，既没有出现如北美地区那样的“郊区化”现象，也不像意大利或法国那样出现相反的趋势，而是始终保持一种相对适中的宜居尺度。

原文刊于《全球城市研究》2020 年第 2 期。

1　Ebd., S.487.

当代欧洲历史教学发展动向

杨　彪

欧洲当代历史教学的主旨受到当代欧洲经济、政治与文化影响，比较世界其他地区的历史教学更突出体现欧洲“一体化”融合的诉求。这既是欧洲现实的产物，也是欧洲长期以来理想的追求。欧洲近代以来的两种批判性倾向也加强了欧洲历史教学中的发展性与多元性，即经历了文艺复兴以来的多次反封建运动，人们认识到，风俗、信仰、社会形态都不是凝固不变的，而是一个历时性的动态过程；同时因由海外探险，欧洲人发现不同地域的社会制度、风俗习惯、语言文字大相径庭，人类文化呈现纷繁斑驳的共时性多样化面貌，这都使得欧洲的历史教学呈现出宽广的视野和对人类未来理想的求索。

一　历史与时代的诉求

欧洲联盟作为世界上具有重要影响的区域一体化组织，集政治实体和经济实体于一身，是欧洲统一历史教学的主体。而“更宽广的欧洲”即欧洲委员会，更是几乎涵盖了地理概念的欧洲所有的国家：欧洲委员会将近50个国家作为其成员国；并且与更多国家签订了欧洲文化协定。因此受到欧洲区域一体化主导的历史教学活动涉及的国家范围众多，是当代历史教育跨国界互动最多的地区。同时基于一些共同的价值观如：民主、人权、法制优先，欧洲历史教学的内容和方法都别具一格，具有开放性，其运行理念是讨论和对话，其建立的基础是欧洲国家间的合作。

追求一体化的历史教学在欧洲委员会项目及活动中出现并非偶然。历经了第二次世界大战的悲剧和大屠杀的恐惧，欧洲委员会所希望的欧洲重建显然不能以对过去的忘记和对历史的漠视为基础。因此从某种程度上来说，欧洲历史是欧洲委员会的一个不可分割的部分。1949 年欧洲委员会建立时就将强调欧洲历史写入了章程，并在 1954 年采用欧洲文化协定时加以了强化。[1] 历史和历史教学不仅是欧洲委员会一个近乎永久的项目和活动内容，并且渗透入各种活动的领域，即欧洲不仅是地理或遗产，而且是一个项目和面向未来的过程。这就是为什么它不能被限制在个别的国家范围内，而是必须拥抱整个欧洲大陆。当今的历史教学在欧洲各国与民族仇恨、种族主义、排外和褊狭所作的斗争中发挥更重要的作用。欧洲的公民也深知这一点，认识到欧元已经成为现实但只是经济现实，要实现欧洲人的共同利益还有很多要做。在这种形势下，欧洲国家对历史文化项目尤其重视，因为几个世纪以来欧洲真正认同自身的方式就是历史文化。

二　追求目标与开展项目

冷战结束后，欧洲的建设处在一个重要的历史转折点，为此，首届欧洲委员会成员国政府首脑峰会于 1993 年 10 月在维也纳举行，会上发表的宣言号召强化那些“力图通过强调不同国家、宗教和欧洲历史发展中的理念的积极互相的影响，来消除历史教学偏见的项目”。

欧洲委员会的“新欧洲的历史教学”项目是这一时期最为重要的工作。这个项目主要目的在于：形成欧洲历史教学的创新的方法，为决策者、课程制定者和历史教师提供实际建议，鼓励学生发展好奇心、开阔的眼界、宽容和公民勇气等素质，以及认识到他人观点、允许差异、不受有偏见的信息影响和操纵的能力。随着项目的开展并向中欧和东欧国家推进，这些国家新历史教科书的活动取得了一些进展，

1　Raymond Weber, Programmes and Activities of the Council of Europe in the History Teaching Area, in *The Culture of European History in the 21st Century* (Has der Geschichte), p.252.

很多研讨会在波兰、乌克兰、俄国、摩尔多瓦，也在亚美尼亚、阿塞拜疆和格鲁吉亚等国举办，目的是让这些欧洲委员会“新成员国”的历史教师熟悉新的历史课程项目。随后又继续向黑海国家、高加索和波斯尼亚地区推广。

为了向历史教学活动提供更多相关教学资源，欧洲委员会还开展了一项关于“20 世纪欧洲历史学习和教学”的项目，[1] 其任务是开发可被历史教师直接使用的产品，既可以是纸质产品，也可以是网站资源。这个项目提供了一个“历史教师使用的实用指南”来帮助教师通过熟悉并理解最新的教学方法和工具来备课。这个项目还提供关于某些历史话题的“教学包”，话题包括：“20 世纪的欧洲女人”“人口运动”“国家主义”等。另外还出版了“最重要的百部 20 世纪欧洲历史电影作品年表”，以及一些可供教师使用的视听文件。欧洲委员会还起草了使用档案的提议，认为历史教学是系统的但同时具有选择性，倡导在历史教学中使用新信息和通信技术的方法。此外，还倡导教师们在实地开展历史教学，通过对历史纪念碑、大屠杀教育基地等处的走访与考察，帮助青少年更直接感受历史。

这一时期欧洲委员会还推行了进行欧洲一体化历史教育的“文化 2000”项目。该项目是一个框架计划，它旨在通过鼓励创作者、文化工作者和各成员国的文化机构的合作来促进形成一个欧洲人共有的文化空间。项目有几个方面，从创新到历史遗产，从艺术创造新形式的发展到历史文化对于社会经济发展和与其他文化对话的贡献等。这个宏大项目的第一目标是“推进文化对话和欧洲人民相互了解其历史文化”，[2] 以体现让欧洲人走到一起的使命。“文化 2000”项目旨在展示给欧洲人是什么将他们联合在一起，他们共同的文化之根的力量。项目帮助人们不是作为观众，而是作为参与者见证一个文化的转折：从一个通过差异来区别不同国家的历史文化，变成基于同一个根、归属于同一个价值体系的文化。

“文化 2000”项目还制定了三种活动类型：（1）特殊项目；（2）具备欧洲维度和（或）国际维度的特殊文化活动；（3）签订跨国文化合作协定的综合项目。合作

1　Raymond Weber, Programmes and Activities of the Council of Europe in the History Teaching Area, in *The Culture of European History in the 21st Century*(Has der Geschichte), p.253.

2　Belen Bernaldo de Quiros, The European Union and its History Projects, in *The Culture of European History in the 21st Century* (Has der Geschichte), p.248.

协定是这个大纲项目中最具创新的部分。它们不仅涉及纵向领域如：音乐、表演艺术、塑料和视觉艺术、文学、书籍和阅读，包括翻译和文化遗产的跨国活动；而且涉及横向领域如：欧洲文化的历史。它们通过结合一些文化领域并且使用新媒体来鼓励跨领域的综合项目。合作协定给欧洲文化史留出位置，通过成员国和其他参加国的组织和研究机构的合作网络，在欧洲历史和文化的相互理解基础上，实现这些合作协定，并且渗透在欧洲历史教学中。

三　历史教师团体的发展

进入 21 世纪后，欧洲委员会更多地通过历史教师专业团体“欧洲历史教育者协会”来推广和落实其历史教育政策。欧洲历史教育者协会（EUROCLIO，European Association of History Educators）成立于 1993 年，至 2011 年，该协会代表来自 49 个国家（大部分欧洲）的 77 家独立和志愿的历史及公民教育协会和相关机构，同时扩展到一个至少包括 25 000 名历史教育工作者和公民教育者的工作网络，是目前欧洲影响最大的历史教育团体组织。

欧洲历史教育者协会的任务和目标是，推动基于多角度、批判思维和相互尊重的可信而创新的历史教学。该协会联合不同国家、种族和宗教的专家们倡议有利于推动民主社会的创建和深化的历史教育。它致力于通过培养教育者的能力和创制新教学方法来提高历史公民教育的质量。欧洲历史教育协会主要从四个方面开展具体工作和发挥引导作用：[1]

支持历史教育：该协会视历史课程为促进青年政治公民发展最重要的学校课程，是最能发展社会历史意识的一种结构渠道，能以积极的方法推动社会进步。协会致力于提升历史公民教育的质量，向学校和各类培训机构传递历史学术知识、教育理论和教学法论著，促进历史公民教育课程、教科书和教学评价的发展。

推进跨文化对话：欧洲历史教育协会反对历史教育的工具主义，即为达到某种

1　http://www.euroclio.eu/new/index.php.

更高的行政目标而进行的历史教育，协会的工作促进了欧洲公民们之间的相互理解，同时增进了文化和语言的多样化。该协会支持在历史教育和公民教育中向成规陋见进行挑战、共享经验。该协会在发展和提供多样化资源方面培训专业人员，包括教学工具和关于种族、语言、宗教、性别和社会多样化的各种资源，以适应不断发展的多元化欧洲社会。

促进终身学习：在实际工作中，欧洲历史教育协会以过程培训为中心、强调具有创新意识的基本专业才能，认为21世纪学校创新的历史教学需要全面的专业才能。历史教育者的构建能力是欧洲历史教育协会的核心，所以该协会组织国家或国际的职前和在职培训，培训内容是基于跨行业之间的实践经验分享、技术转送和同辈间的学习。多年来，该协会的研讨会和讲习班已经培训了来自欧洲和其他大洲的数以千计的历史教育者。

建立专业工作关系网：过去几十年中，欧洲历史教育协会支持欧洲许多国家的历史专家建立了独立的国家历史教育和公民教育协会。这些地区协会建立在多民族联合、良好的管理以及承担责任的基础上，在历史教育和公民教育领域内发展壮大。欧洲历史教育协会也持续鼓励其下属协会和成员提升历史教育工作者在历史教育教研领域的专业形象。

四　历史教学专业研究团体

欧洲另一个比较专业化的历史教学学术团体是“国际历史教育学会”（International Society for History Didactics）。1980年3月4日，国际历史教育学会成立大会在德国慕尼黑附近的图特齐举行，旨在更好实现国际间的专业合作与分享历史教学经验。该学会已有来自四大洲四十多个国家的约300名成员，汇聚了许多历史学家、大学的历史教学法教师和学校历史教师。学会对会员资格和目标作了如下界定：“一、国际历史教育学会是一个职业的协会，其成员为那些关心历史教师初期培训和在职培训的人。二、宗旨是通过相互交流书目信息、研究发现、教学资料、教学大纲和其他相关信息的观点来推进历史教学法成为一个学者型科目。”[1]学会通过各种活动和项目来开展工作，包括：举办各种专题会议；向学术期刊贡献交流性的文章；出版有关出版物、课程大纲和教学材料的国际书目；出版国际历史教学法手册；在参与历史教师培训的年轻一代间开展国际交流；对参与国的机构间的国际合作进行协商，包括交流和共同开发教学项目；开展国家和地区历史教学法发展的合作；鼓励并支持与历史教学法有关的研究项目等。

作为国际性的历史教学专业学术团体，该学会尤其关注历史教育中“他者的概念”问题。该学会曾举行年会专题研讨“对待历史——对待他者：作为跨文化对话的历史教学”课题。学会成员讨论了民族中心主义和自我意识以及关于对他者持有僵化形象和认识的问题，交流讨论了各个成员在不同的国家学习和教授外国史的经历；研讨了学习实践中的“我们和他者”问题以及如何将历史作为跨文化对话进行教学，并集中成以下主要问题：历史教学中应如何对新的、陌生的身份进行评估并与之建立联系；如何开放地对待他者中的不寻常和出乎意料的部分；如何看待自己和他者的文化。[2]

国际历史教育学会也非常关注如何在面临全球化、各种原教旨主义挑战的情况下进行历史教学，以及如何在文化身份、社团和国家等概念因为移民而被改变的情况下进行历史教学。该学会也不赞成机械的实证主义或者伴随着文化多元主义的相对主义。该学会成员的各种报告如课程大纲、以色列-巴勒斯坦联合努力的教科书、编史工作的实例、关于少数民族的主题，都显示了学会成员对于历史教学问题冷静分析的热忱。

国际历史教育学会提出，对于历史教学研究者而言，让历史课上的学生学习怎样进行历史思考是一个必须完成的任务。历史思考可以让人避免民族中心主义并且通过关注他者的历史，帮助人们与他者产生共鸣并认识到自己文化价值的相对性。然而，这种能力并不是自然形成的，教会学生如何思辨地处理自己文化身份的有效方法是有意识地计划过的教学方法。由此该学会也在学术年会中探索在把握新欧洲历史教育主旨的同时更好落实教学细节，如在学校中如何实际地在跨文化对话中教

---

1 译自《国际历史教育学会章程》。

2 http://ishd.co/publications/yearbook/.

授历史的具体方法，如何改变以往研讨中对于教材的分析多于教学实践分析的不平衡现象等。该学会认为理解他者和外族的历史与文明是历史学家背负的主要任务，孩童和年轻人在他们的日常生活中对于整个世界常常只有较狭窄的视角，重要的问题是如何发展并鼓励理智的、有见识的思考，同时保持那种对于平常生活中即时印象的注意力，教师的职责就是创造一个有利于进行历史思考的教学环境。

欧洲学界最新成立历史教育专业学术团体是“历史与社会科学教育国际研究协会”（IRAHSSE, International Research Association for History and Social Sciences Education）。该学会在瑞士注册，于2012年9月在意大利罗马成立。其章程主旨为：“定义：本是一个私法协会，它是根据瑞士民法第60条章程制定的非营利性协会。该协会汇聚了对历史和社会科学研究有兴趣或致力于从事这些研究的人士。目标：本协会关注于学校建设和历史与社会科学的社会功能。它鼓励争论，即围绕解决这些问题的各种方法间的争论。方法：为了达到目标，本协会致力于创立和协调研究者们的国际性关系网络。它能组织会议、提升或协调研究计划、及时响应对专业知识的要求、有助于科学出版物的创刊，并发展合作关系。”[1] 其具体的历史教育教研活动正在逐步展开。

当代欧洲国家的历史教学有其特有的时代背景与地域特征，力图通过强调不同国家、宗教和欧洲历史发展中的理念的积极影响来消除历史教学中的偏见，欧洲历史教育界的各个专业团体也通过不断的合作来支持这一目标的实现，使得欧洲历史教育拥有灵活化的轴承，将历史教育目标与历史教学活动连接在一起，推动共有价值和共同理念的交融。现今，弥合分歧、共享文化、理解他者是欧洲历史教育领域的主要行为导向，也形成了对其诉求的具体建构，为世界其他地区思考历史教育发展方向提供了目标与行动方面的有益借鉴。

原文刊于《历史教学问题》2013年第5期。作者杨彪，华东师范大学历史学系教授，曾于2018年访问奥格斯堡大学。

1 译自《历史与社会科学教育国际研究协会章程》。

新西兰历史教科书中的中国形象

吴佳妮　李月琴

新西兰是位于太平洋西南的一个岛屿国家，经济发展、教育水平等都处于世界前列。和其他国家一样，新西兰的历史教科书除了讲述本国历史以外，还涉及世界各国的历史。在华东师范大学—太和智库与世界研究中心支持下，我们从德国格奥尔格·埃克特国际教科书研究所搜集了大量教科书，对他国教科书中的中国形象进行分析。所收集的1975年海涅曼出版社出版的20世纪系列历史教科书中，就有涉及中国历史的《毛泽东与中国社会的转型》（*Mao and the Transformation of China*）一册，[1] 该书主要介绍了19世纪末到20世纪70年代的中国历史，并且对毛泽东的一生作了较为翔实的介绍。这对于了解新西兰对中国形象的认知有很大的价值。本文以20世纪70年代的这本新西兰中学历史教科书为对象，研究它所刻画的中国形象。分析教科书中的中国形象，也能够把握受教育者对于中国形象的认知，并探析当代新西兰文化中的中国"影子"。

一　教科书塑造的中国形象

整体而言，在《毛泽东和中国社会的转型》一书中所塑造的中国形象主要有四

1　Nicholas Tarling, *Mao and the Transformation of China*, Heinemann Educational Books, 1975.

类：打上儒家烙印的中国社会、故步自封的晚清王朝、屈辱与抗争并存的近代中国、烙上红色印记的现代中国。这些中国形象在教科书中并非是孤立呈现，而是相互融合，彼此佐证。

1. 打上儒家烙印的中国社会

在中国的传统文化之中，儒家文化对中国社会的影响根深蒂固，其中所蕴含的理念与意识博大精深，但也并非完美无瑕，在民族性格的形成过程当中汲取了儒家思想的精华，也免不了带有一些传统的旧观念。新西兰的历史教科书多次谈及儒家文化和孔子，以及儒家文化对中国社会产生的潜移默化的影响，更多地是从政治的视角出发，而缺乏一个对儒家文化和孔子形象的全面展现。例如教科书中对孔子思想的解释，仅从社会治理的层面出发："许多社会要求都潜移默化地融入了圣人孔子的社会和政治思想。根据孔子的说法，国家需要分为不同的社会等级，并且规定不同社会等级的道德责任，以最大限度地发挥他们的人性素质，为彼此服务。"[1]

而在对儒家文化对中国人、中国社会的影响上的叙述，多从负面影响的角度出发，忽视了儒家文化对于中国社会的价值和作用。其一，儒家文化被看作是清朝皇帝维持统治的一个基石，原因归结为官员是"通过儒家经典考试的人"，即是在儒家文化熏陶下成长起来的人，例如："官员也受到了儒家思想的教育，他们是用榜样和行动来践行儒家思想。……满族皇帝需要中国士绅的支持。这种支持的基础是坚持儒家学说，他不能把它扔到一边而不冒失去当地官员支持的风险。"

其二，教科书还将清王朝的"天朝上国"思想，也归咎于儒家思想，例如教科书中写道："但是普遍主义的自命不凡仍然存在，因为它们与满族无法牺牲的儒家思想有关。"然而这种归因并无翔实史料依据。此外，19 世纪 60 年代的同治中兴只在有限范围内借鉴西方，也被看作是儒家思想作祟，但这些评价都缺少史实来加以佐证，都以片面的一个例子就妄下断言，可以说在一定程度上对儒家思想的内涵及其对中国社会的影响的认识只是浅尝辄止，缺乏深入、全面的了解，因而不可避免地出现了捕风捉影的情况。

此外，教科书也提到了儒家文化的传播，对越南、韩国、日本的文化产生了深

1　以下引文凡出自 Nicholas Tarling, *Mao and the Transformation of China*，不再注出。

远影响，但着墨不多，仅以一句话带过。

由此来看，新西兰历史教科书中塑造了一个打上了儒家文化烙印的中国形象，但在具体描述的过程中，其内容有失偏颇，蕴含负面角度评价，并未展现出深受儒家文化熏陶的中国社会的全貌，由此可能容易造成学生对儒家文化的一些误解。

2. 故步自封的晚清王朝

新西兰历史教科书对中国的描述，多次用到了“强盛”“庞大”的字眼，从一定程度上肯定了中国的地大物博，昔日的强盛。但在叙述过程中，也架构了一个“固步自封”的晚清王朝形象，并指出清政府终结了中国的强盛繁华，例如教科书中这样写道：“中国是一个人口众多的国家，其规模和统一程度是独一无二的……而事实上，中国在过去无比强盛，但是清政府未能延续这样的繁荣。”

正如上文所提到的儒家文化，辐射影响了周边许多国家，儒家文化被广泛认可，这也影响到了中国人对世界其他地方的理解，正如书中写道：“一些邻国部分采用了中国文化：例如越南、韩国和日本。其他人被认为是野蛮人。但是，中国人所知道的所有世界都以这样或那样的方式被视为他们的皇帝的支流，天国的儿子，中心王国的统治者，天地之间的中心。”

中国将自己视为天地之间的中心，皇帝是天地之子，不仅是中国的统治者，更是天下的领导者，以天朝上国的君主自居，将西方使者访华视为对中国的朝贡。此外，许多东亚国家的进贡更让中国沉浸在作为宗主国的满足感、优越感之中，在1800年前后，“中国是一个人口众多的国家，其规模和统一程度是独一无二的”。

然而这种“中国中心”的观念很快和西方的平等主权观念产生了分歧：西方将世界看作是一个个平等主权国家构架的世界，也不承认中国是中心的国家。而随着西方大国工业化进程的不断推进，这种观念的冲突越来越明显。

面对西方大国的工业化进程，中国仍沉迷于大国身份，着眼于内部的稳定，而非外来的威胁。清政府的封闭和对近代外交的无知也使近代中国与西方社会脱节，与西方国家缺少政治经济贸易上的往来，即使面对西方在贸易上抛出的“橄榄枝”，中国也以“大国”姿态予以拒绝。但是，面对中西之间的日益涌现的冲突和矛盾，清政府选择了妥协的方式来调和，例如：“清王朝作出了一些妥协：他们在东南亚的干预更少；他们允许俄罗斯人向本国提供有限的贸易，但阻碍了他们的领土扩张；他们允许海上欧洲人在广州进行限制性贸易。”

直至鸦片战争这种冲突达到了极点，清政府为了避免与之产生更大的矛盾而作出了一些让步，最终导致“一些沿海口岸被迫开放为通商口岸，割让香港岛；并且失去关税贸易主权”。同样的形势又重复地出现在此后的几场战争之中。

在西方变得更强大的过程中，中国仍故步自封，自命不凡地沉浸在“大国”的优越感之中，甚至对外部世界持一个抵触的态度。诚然，新西兰教科书中通过一系列相应的文本材料来支撑，向学生传递这一个“故步自封、傲慢”的中国形象，在此过程中也简要提及了同治中兴、百日维新。

3. 屈辱与抗争并存的近代中国

近代中国的历史是《毛泽东与中国社会的转型》一书的描写重点，书中用很大篇幅来叙述这一时期的历史，总体而言呈现了一幅纷繁复杂的近代中国图景。一方面，教科书展现了以外国列强对中国侵略扩张为背景的屈辱与抗争的近代中国；另一方面，教科书也着眼于国内政党情况，尤其是对国共两党错综复杂的关系有一个较为系统的梳理和分析。

在新西兰历史教科书中，中国近代历史也被视为中国的屈辱与抗争史。在几个章节的描述中，自鸦片战争伊始，中国从泱泱大国一步步地沦为西方列强的附庸，这部分的描述中充斥着“战争”“侵略”“干涉”等字眼，展现了中国被迫开始的近代化进程。教科书对两次鸦片战争、八国联军侵华、中日之间的战争作了介绍，在此过程中也加入了对太平天国运动、辛亥革命、维新运动、五四运动等的介绍。

对孙中山的民族运动的叙述是：“他（孙中山）憎恶清王朝，认为推翻它才能有一个富强繁荣的中国……孙中山制定了三民主义：民族主义、民权主义和民生主义。第一条是反对清政府，也是最重要的一条。”

教科书认为，孙中山的行动和其他许多秘密的反清组织类似，有一个明确的目标，即反对清政府的统治，而在达成这一目标之后，取代清政府的是什么，又如何让中国富强起来的问题，孙中山都没有能够提供一个解答，反之，在孙中山革命推翻了清朝帝制之后，中国进入了四分五裂的军阀混战时期。此外，在对革命与袁世凯的关系问题上，新西兰教科书中的表述与国内教科书有明显不同，它将这种关系表述为:“革命是在寻求他的支持，而非去破坏，他接受了为中华民国的首领。由此，革命者避免了内战和外国干预。”

但是，书中也直接强调袁世凯并非伟人，将之描述成了一个对宪政不感兴趣的人，没有将其称帝等历史事实放在其中，会导致新西兰学生无法对袁世凯有一个客观的评价和认识。

其中，对中日之间的战争介绍最为详细，在对日本发动战争的原因的分析上，教科书以偏概全，将之简单归因为经济的萧条促使日本开始了对华的侵略。而在战争进程之中，教科书也格外关注国共两党在战争中的贡献，其中尤为肯定群众基础是促使战争取得胜利的原因之一，也同样肯定了中国人对这场战争的集体记忆深入骨髓，日本的暴力没能够打败中国人的意志。

在分析国共两党错综复杂关系的过程中，教科书把是否具有群众基础认定为国共两党的政治博弈最终胜利与否的原因。教科书详细阐述了两大政党的政治路线及其几度分裂与合作的过程。在对第一次国共同盟的评价上，教科书将之称为“不太稳定”的组织，也道出了双方心中隐藏的“小九九”，书中写道:“联盟的合作基础是反对地方军阀和反对帝国主义。每一方都暗地认为它可以控制另一方并在适当的时候摧毁它。与此同时，他们还要互相帮助。国民党有进行革命的经验，共产党有群众基础。”

此外，在对红军长征的评价上，教科书不仅肯定了长征是一次毋庸置疑的伟大胜利，同时也给予了是要北上迎战日本人的解读。同时，教科书也肯定了共产党人在此过程中的英勇努力，并将之诠释为一种历史的传奇，给予了高度的肯定。

在对共产党和国民党最终胜利和失败的归因上，教科书主要从群众基础的角度分析胜利原因，并把国民党缺乏民众支持而称为“狭隘”的政党，书中称:“蒋介石犯了军事错误，但军事失误并不是国民党失败的主要原因。国民党从来就不是一个有效的革命工具，也从未获得过有效的民众支持。”

另外，不仅肯定了共产党拥有的群众基础的原因，也称日本的入侵给了共产党更大机会，书中写道:“日本的入侵对中国革命的结果产生了决定性的影响。这种影响并非源于其对国民党的影响，而是源于对中共的影响。它进一步削弱了前者已经渺茫的机会，同时大大扩展了后者的机会。”

4. 烙上红色印记的现代中国

在对自1949年成立以来的社会主义新中国的描述上，教科书所占篇幅不算多，主要关注了在冷战局势下的中苏关系与中美关系、朝鲜战争、中国国内的经济建设、“文化大革命”等，总体刻画了一个带有红色印记的现代中国的形象。此外，在主要人物的叙述上，毛泽东可以说是全书的焦点人物，新西兰教科书不仅关注了1949年以来毛泽东对新中国建设的影响，还关注了毛泽东自出生以来的成长经历和思想转变与发展的时间节点，加之，书名都是以他来命名的。由此可见，在新西兰的历史教科书视角下，毛泽东不仅是影响现代中国的伟大人物形象，更是促成中国社会转型的传奇人物。

在中国探索社会转型的道路的过程中，马克思主义的出现和发展，在一定程度上给新中国的建立和发展提供了理论和思想来源，书中多次提到马克思主义于中国而言的重要意义。

“马克思主义提供了一种可能被证明是中国革命迄今缺乏的积极方案的意识形态。……马克思主义在发展，不仅是因为它提供了一种具体的社会形态的过渡方式，而且它提出了反对帝国主义的思想。它不断发展，因为它提供了一种以中国的所处状态为依据的未来展望。”

在美苏冷战的大背景下，教科书从意识形态角度阐述了新中国所推行的社会主义道路，并且在其中多次提及中苏关系，突出显示了苏联在新中国成立初期的浓重影响。而在美苏冷战的背景之下，中苏之间在1950年所缔结的《中苏友好同盟互助条约》也意味着社会主义阵营的形成，中国站队苏联一方。在新中国成立后，苏联成了中国的学习榜样，书中写道：“中华人民共和国沿苏联方向进行了国家规划。第一个五年计划于1953年初启动。它遵循苏联模式，但更加重视重工业。在农村，建立了合作社，以满足工业化的需要。……《中苏友好同盟互助条约》在1950年2月签署，为反对日本或日本同盟国的攻击签订了30年的条约，为中国发展提供了一个稳定的环境，利于帮助其实现工业化。”

虽然在这过程中中国在诸多方面学习苏联模式，但并非照搬照抄，书中也多次提及，在毛泽东思想的指导之下，中国在走一条富有中国特色的社会主义道路，教科书中的表述为：“1958年，他（毛泽东）呼吁在工业界实现大跃进，并在农村建立人民公社……该政策的设计也向苏联表明，中国有自己的解决方案，这将为社会主义带来更大的进步。”

而在这过程中，教科书认为，中苏之间在 20 世纪 50 年代的关系恶化，既是中国进一步摸索中国道路的一种迫不得已，也是一个契机，书中将之称为“寻找中国方式的必要性”。

在探索中国道路的过程中，毛泽东是其中最为重要且关键的人物，在新西兰的历史教科书视角下，毛泽东不仅是影响现代中国的伟大人物，更是促成中国社会转型的传奇人物，书中称“共产党人毛泽东，带领中国走向一个强大而繁荣的时代”。教科书中有关毛泽东的表述主要有两条线索，其一主要涉及思想的启蒙阶段，包括童年的成长经历、求学经历等，其二是毛泽东思想成型阶段，理论与实践的不断丰富和进步，囊括了群众路线、新民主主义论等，此外，教科书还把毛泽东的影响扩大到了世界范围，提及了毛泽东与世界。

从毛泽东的成长经历和求学经历来看，他也是在研读儒家经典中成长起来的人，与同时代的其他人一样，也饱受儒家思想等传统文化的熏陶，正如书中所写“他参加了韶山传统类型的小学，读了不少儒家经典”，他也热爱阅读，关注时事，研读了康有为、梁启超的文章，受到康梁等思想的启发，他也阅读《共产党宣言》等马克思主义著作。在求学过程中，毛泽东也受到了许多老师的影响，例如：“毛泽东的一位老师是杨昌济，这位老师在日本学习了 4 年，英国学习了 4 年。杨昌济反对儒家的一些思想，他对当时的报刊《新青年》感兴趣，也鼓励毛泽东阅读，毛泽东在其中也了解了李大钊、陈独秀所传播的精神。”

在对毛泽东的评价上，教科书评价较为积极，称其为“具有实干精神的政治家”，多次提及“他遇到情况能从实际出发来考虑”，并且用到了有关毛泽东与农民运动等实践的文本来加以佐证，也证实了毛泽东所领导的共产党是拥有了农民群众力量的有力组织，而这也被认为是共产党取得最终胜利的重要因素之一，也是区别于国民党无能的一条分界线。同时，教科书也刻画了一个专注于革命事业的毛泽东形象，例如书中提到有关于毛泽东写《论持久战》一文的情境：“他关于持久战的文章是在九天内写成的：他几乎没有睡觉，如此专注，以至于他没有注意到火在右脚鞋上烧了一个洞，直到他的脚趾感到疼痛。”

其中最重要的是，对毛泽东为中国社会转型道路所作出的贡献，教科书给予了极高的评价，认为毛泽东将马克思主义打上了中国烙印，形成了具有中国特色的社会主义。书中写道："他（毛泽东）把中国革命的重点放在一个主要由无地农业劳动者组成的无产阶级和一个统一战线的需要上。……毛泽东塑造了中国版的马克思主义。"

新西兰教科书还提及了毛泽东思想对于世界的影响，不仅是对于发展中国家而言，也提出了对于发达国家有借鉴意义的见解。例如书中提道："毛泽东的学说对第三世界的革命运动具有极大的吸引力……但中国似乎在另一个层面对发达国家具有吸引力。"

此外，针对"文化大革命"中的毛泽东形象，新西兰教科书并没有持完全否定态度，而是以中立的姿态写道："在 1949 年缓慢但最终取得胜利的过程中，毛泽东成为公认的中国共产主义领导者，个人崇拜已经发展起来，有时会以最奢侈的方式赞美他。"

仅以"个人崇拜"一词来评价，而没有从更多维度的视角来给予更客观、理性的判断。此外，教科书也对"文化大革命"对于中国的意义存疑，提出"文化大革命"能否让中国变得强大繁荣的疑问，没有给出确切的批评态度。

总体而言，新西兰历史教科书对当代中国的叙述聚焦于经济建设、"文化大革命"、中苏关系上，且在毛泽东本人及其思想、实践上着墨较多，突出了当代中国社会主义的意识形态，凸显了毛泽东思想在中国的社会转型和社会主义建设中的主导地位，因而展现了当代中国所特有的"红色印记"。但是，教科书对当代中国在社会主义发展过程中出现的各类问题，如"大跃进""文化大革命"等事件没有客观理性的评价。

二　余论与思考

新西兰教科书中的中国历史的叙述，呈现了一个中国形象的大致轮廓，正如上文所归纳的四种形象——打上儒家烙印的中国社会、故步自封的晚清王朝、屈辱与抗争并存的近代中国、烙上红色印记的现代中国，大体都比较客观且符合史实，是中国形象经他国视角的一种切实体现，但至于中国形象轮廓背后的线条与棱角却没有细致刻画，例如对于儒家思想缺乏一个系统准确的解释，而只出现在相关事件中的碎片化解释；对于中日战争的爆发原因只谈及经济因素，而遗漏了政治因素等。但是针对新西兰基于其视角所刻画的中国形象已然能令人接受，毕竟任何国家的中学历史教科书都是经过“我”方视角的加工。

中学历史教科书是学生系统地接触境外他国历史的载体，如同白纸上的第一抹痕迹，会在学生的记忆中形成深刻的印记，奠定对他国的基本认知框架。反观新西兰教科书中涉及的中国历史，它所折射出的是在20世纪七八十年代新西兰人对中国形象的主流认知，而如今进入21世纪已有近20个年头，受到上述教科书熏陶的新西兰学生已成为社会的顶梁柱。近年来中、新两国的高层互访、贸易往来、人文交流呈现出越来越友好的两国关系，新西兰是所在区域内第一个与中国签署了自由贸易协定的国家，也是西方世界中第一个响应“一带一路”倡议的国家。除了在经济上的贸易往来，文化上也有互相交融的地方，当代新西兰文化中也出现了一些中国“影子”。例如，儒家文化中的“以和为贵”就被新西兰所践行，新西兰作为一个移民国家，各民族之间经过长期的摸索实践慢慢形成和谐相处的关系，政府也特别注意关注弱势民族，尤其是毛利原住民的发展，充分体现了“海纳百川，有容乃大”的气量；武术、太极等传统中国特色浓郁的项目越来越频繁地在新西兰这片土地上展示。

原文刊于《历史教学问题》2019年第5期。

贰 德国教师在中国工作站

以“科技史”的方法改进“现代化”与“全球化”概念在历史教学中的应用——以铁路系统为例

米歇埃尔·沃布林（Michael Wobring）

纵观德国的历史教学，“技术史”这门学科可以说是一个被忽视的领域。即使技术创新与进步的主题是课程大纲和教科书中确定的组成部分，但“技术史”的特殊方法、“技术史”的研究兴趣和研究路径在当下历史教学的话语中并不常见。这些方法在现有的关于比较路径或全球化教学的案例中，其教育潜能通常是被低估的。对象征“巨型技术体系”的 19 世纪铁路历史进行比较研究可以证明这种潜力。

在欧洲的教科书中，铁路系统是国家实力的最好证明，这在其他大洲的教科书中并未体现。在工业化进程中，它的经济基础、发展和影响被视为“现代化”的一种模式。我们要关注的不是陆地网络系统的全球规模，而是对比德国、美国和印度的铁路系统，从不同视角呈现出经济条件、网络系统和影响的不同模式：国家的、国际和全球的语境。这一结果将会作为一种灵活教学手段被讨论，来修正既有的现代化和全球化概念在历史教学中的应用。

要点：

（1）要形成灵活的手段去打破既定的“现代化”和“全球化”模式是一种挑战。

（2）“技术史”和“历史教育学”的学科。

（3）如何用“技术史”学科的手段打破既成的“现代化”“全球化”模式——

铁路系统与各种路径：

——作为“现代化”标志的铁路

——国家层面的路径

——跨国比较的路径

——洲际视角

——全球视角

（4）结论与观点。

一 形成灵活的手段去打破既定的“现代化”和“全球化”模式是一种挑战

当前，为了教授一个国家、大陆和世界的历史，需要将不同方法和不同观点相互联系起来，这具有高度相关性。在德国 15 年前的历史教育界，我们就在讨论如何将德国史以合适的方式融入多维语境中，过去 20 年的快速变革加快了这一进程（Popp, 2013）。

这仍是一个复杂的挑战，由于历史教育的目标常被置于附属学科的有限范畴中，并且对于那些由于过去和当下有过独特经历而具有特殊性质的国家，它仍然是一个挑战。

在欧洲国家的课程中，民族视角和欧洲中心主义仍是其特征之一。即使在国际或世界历史领域脱颖而出，实际上历史教学的重点仍然集中在国家层面，形成一种国家叙事，描绘当代社会的进步与成功、现代化，以及在全球化世界中的国家地位。

在下面聚焦于“现代化”和“全球化”的案例中，此领域的多种概念所不能掩盖的事实就是寻找新路径去打破这种既定的“主流叙事”（master narratives）模式的需求。即便我们将新方法贯彻到书中并改变教师们的思想仍道阻且长，但形成并讨论新的教学手段是必要的。

技术可以被应用到多种案例中。重要但困难的目标是改变视角：

（1）这些技术应当灵活地运用到不同的目的里，尤其是形成并比较对单一现象的多元视角：从国家的路径、跨国比较路径、洲际视角或全球视角。

（2）它们应当有效地指出既有的模式——关于“现代化”的主流叙事是相对正当的，有时就其本身而言，有时就国家或其长期发展而言。

（3）在任何课程的理想案例要素中，这些方法应当围绕并联系许多当下的教学话题。

（4）基于历史课程的基本情况，这些手段应当简洁易用。

（5）对于学生而言，这些手段应当是有吸引力和阐释力的，使学生在更深刻、更细腻理解历史的过程中产生兴趣。

在我的展示里，我将尝试把作为独立的历史学领域的“技术史”学科的概念和路径转变为灵活的手段，来打破“现代化”和“全球化”的既定模式，我将尝试演示这些层面。作为一个代表案例，我将聚焦于 19 世纪和 20 世纪早期铁路系统的历史。在我阐释这个科技现象前，有必要简单解释另一个现象、问题。

二　“历史的教育学”与“技术史”

我关注的焦点是两个历史学科——“历史的教育学”（didactics of history）和“技术史”之间的关系。进而言之：“技术史”在德国（同样在欧美）是历史学的一门独立的分支学科。这个学科关注的焦点是技术与政治、经济、社会的关系，其基本设想是“技术引发社会变革”（Gleitsmann, 2009）。

不同时代，我们在历史课程与教科书中都有许多有关“技术史”的话题。但与“历史的教育学”和许多其他历史学科之间的对话相反——传统上，德国的“技术史”与“历史的教育学”没有十分密切的联系。

通常来讲，这里不是要讨论这个跨学科的问题。这个问题的起源根植于 1970 年的争论（这是我的另一部分研究）。但是“技术史”学科是一个有着很多概念和理论方法的领域，它可以被应用并更灵活地转化以处理调解历史教学中“现代化”和“全球化”的目标，或聚焦“技术史”领域的话题以支持教学目标。

在过去的200年中，“现代化”的概念连接着技术革新和“进步”，在科学与公众讨论中不断变化着。在这个时期，它同技术进步以及其带来的经济、政治和社会影响相关。如果我们在德国历史教科书中查阅“现代化”的概念，会找到与近200年不断变化的概念相关联的要素与主题（在20世纪，“现代化”的概念招致批判，尤其在两次世界大战之后的生态问题、失业问题等等）。

> 有关“现代化”的讨论是紧接着欧洲启蒙传统中的“进步”范畴讨论的。——在20世纪“进步”概念遭遇了更多的批判，尤其是在第一次和第二次世界大战的经历之后。美国以“民主化”和“工业化”作为“第三世界”和前“殖民地”模型的“现代化”概念在20世纪七八十年代遭到批评。“现代化”的矛盾与模棱两可的消极影响日渐显著——随后的概念将焦点放在了抽象范畴中，如“合理化”（流线型化）和“分工化”，“个人主义”和“教化”。（König, 2009）

在德国教学大纲和教科书中，“地方”“国家”“大陆”（欧洲）和“全球”历史的多元视角是相互关联的。主流是国家叙事，与此有关的其他层面叙事也会被指出。

在德国，传授真正的“全球史”仍然是有利的。“世界历史”并没有成为一个独立学科。在一个日渐全球化的世界里，有关如何在历史教学中处理“世界历史”的讨论已经有十五年了，我们仍需要一种灵活的手段和方法来介入和联系不同的视角。

三　如何用“技术史”学科的手段打破既成的“现代化”“全球化”模式——铁路系统与各种路径

从教学论的角度来说，把一种技术现象置于中心位置的意义是将其作为一个“指南”、一种从国家到国家、再到其他大陆的“中立”框架。在19世纪，铁路线大规模延伸，铁路网络遍布世界各地。“经典工业化”国家的铁路建设早在19世纪上半叶就已开始。世界上的其他地区的铁路建设则始于19世纪60年代。

铁路对政治、经济和社会的转型产生了普遍影响。广泛且频繁进行的人员、产品和新闻的传输变得比以往任何时候都更加快捷和方便。铁路与其他基础设施相结合，改变了以往人与距离、时间的关系。它也影响了国家和国际整合。

即便在课程中没有明示，但铁路与国家、大陆和全球历史的核心话题紧密相关，例如工业化进程、国家的建设过程、人口迁移、奴隶制、美国的边疆现象、殖民主义、国家和国际贸易、全球化以及长期以来的许多其他问题。

由于铁路的规模牵涉到人和区域，并且它具有数百年的持久性（以及其他一些标准），因此“技术史”将铁路视为“巨型技术系统”的一个范例（Hughes, 1987）。

从一般路径中，我们可以看到教科书是如何呈现铁路的。

在大部分欧洲教科书中，铁路是在19世纪“经典工业化”（classic industrialization）的背景下呈现的，从国家视角出发，包括对先驱国英国的介绍，蒸汽机的发明。有时会以与其他国家进行对比的方式呈现，但所占比例不多。有的教科书提到了重要的单独发明。

1. 作为“现代化”标志的铁路

大多有关国家铁路历史的叙事是从国家经济的视角出发。

也就是说，初级商品（煤炭和钢铁）、资金和人力是开发铁路系统必要的前提条件。社会有转运商品和人员的普遍需求。新兴的重工业正在生产铁路和火车机车。重工业成为“领头羊”，在这种相互关联的背景下，铁路被宣布为“工业化的引擎”——铁路象征着“现代化”。经济和政治一体化的影响是可以描述的（Gall, 1999）。教科书聚焦这一模式——铁路网象征着“进步”“现代化”和经济繁荣的经典模式，意味着“正当”“现代”“可持续”和“巧妙”。

参看巴伐利亚地区的德国教科书。

《铁路成为工业化的引擎》，课程要求“解释铁路之于工业化的影响”。我们可以找到德国铁路网络的数据，但没有联系其他国家。先驱弗里德里希·李斯特仅仅在关于他的“德国铁路系统”计划中才被提到。——事实上他早已（在 19 世纪 30 年代）指出了铁路之于欧洲和世界经济的意义，但这里却并未提及。附带的地图仅仅是巴伐利亚的地图，甚至不是整个德国的地图。[1]

2. 国家路径

这一模式是一种经典叙述，着眼于经济增长的“先导部门”。我们能在很多西欧国家的教科书中找到这种叙述方式。但是，这种国家路径可以在保留“国家”视角的基础上进行对比和修正。

除了铁路及其他与之相关的工业发展之外，大部分教科书仅仅提到了农业的现代化进程。但是有一个更重要的领域，那就是：“区域适应”作为对一般转型过程的反映：很多地区（整个欧洲）与工业化没有直接联系，没有铁路联系，没有工业和初级产品。但是他们依托自然条件开始发展多种本地商业，而在一般性转型过程中得以幸存（比如特殊的工业、制造业、食品工业等）。“技术史”自 20 世纪 80 年代开始聚焦这个现象，它被命名为“区域自适应技术”（regional adaptive technology）(Radkau, 1989: 2008)。这个区域自适应并不是经济增长的核心要素，但它对于长时期里国家的经济灵活性有着重要作用。——与“现代化”主流叙述完全相反，它的特征是：

如果某个地区没有引进新技术（蒸汽机和铁路），它也可以是明智的、智慧的和现代的，因为本地没有这种需求。该地区因地制宜，找到实现可持续转型的独特途径。

所以这是另一个不同于经典模式的“现代化与进步的故事”。相比之下，在一个普遍的转型时代中，我们有多种多样不同的“现代化模式”，作为这个时代的特征。

3. 跨国比较的路径

如果我们从跨国比较的路径去看 19 世纪铁路历史，同样能够打破既定的“现代化”模式。同时我们可以看到技术系统视角路径的有益影响：因为“巨型技术系统”与政治、经济及社会的紧密联系，我们可以形成与课程核心话题相联系的

---

1 Junior High School “Realschule” – Bavaria – Beer, Doris; u.a. (Hrsg.): Entdecken und Verstehen 9, Berlin 2003, S.12, 13.

要素：

从技术视角看，19 世纪的铁路在任何地方都是一样的：铁路就是铁路。但根据一个国家（自然的和地理上的）的基础条件、初级产品（煤、钢）、面积和外延；在施工过程中技术系统和政治、经济及社会的关系，技术系统所形成的影响是非常不同的。这被称为“国家的技术文化”（national technique culture）（König, 2009）。

我们已经对德国铁路在国家经济的经典模式中有了印象（见表 1）。我们可以看到它的系统、前提和影响。建造单条线路及之后铁路网的策略在不断变化，尤其是国家的成立前后。政治因素对德国的统一，尤其是对国家建立的影响比较特别，德国历史的核心话题也受此影响。只需稍作修改，我们就可以将这种模式转移到其他西方国家，例如英国、比利时、法国等。

表 1　先决条件、发展和 19 世纪铁路系统的影响

	Germany	USA	India
demand	domestic economy	domestic economy	colonial economy
capital	domestic	domestic	no Indian capital
manpower	domestic	dom. / Europ. Immigr. / slaves / Chin. Immigr	domestic
primary producs	domestic	domestic	importing
available infrastructure	cities, road transport, etc.	undeveloped land	undeveloped land
heavy industry	domestic	domestic	prevented
general conception	changing	not in general	interfusion
relation to the „nation“	changing	elementary function	no nationbuilding
effects on industrialization	leading sector	leading sector	no industrialization
effects on politics a. society	growth & integration	growth&integration / suppression	involvement

Wobring, 2014

美国的“国家技术文化”稍显不同。铁路也是工业化的核心要素，但是我们可以看到不同的原理：没有城市和基础设施的免费土地尚未被开发，城市形成于铁路沿线。人力结构体现了社会特征：对于欧洲移民而言，铁路公司提供了良好的条件和免费的土地，南方公司拥有或雇用奴隶，西方公司则聘用了最廉价的中国移民。由于私有制，并没有普遍的铁路概念；政府补贴了跨美铁路（trans-American-lines）。铁路的作用是促进美国民族的融合，但其扩张却关系到了土著人口的减少和灭绝。

在这个美国模式中，美国史最重要的话题与铁路的历史联系在了一起。

即使美国铁路显示出与欧洲的一些不同之处，它仍然遵循欧洲经典工业化的模式。这意味着只有具备了条件和环境要素，铁路网才能建成并存在。如果我们将其描述为“现代化模式”，那么如果我们看看其他重要的铁路系统，例如印度，就可以再次打破它。

若据前述现代化的“欧洲模式”，那么印度铁路可能永远也无法修建！但在20世纪初，印度有着世界上最大的铁路系统：即一战前世界铁路的10%和亚洲的60%都在印度，所以我们不能忽视它，但我们不能用“经典模式”解释它，因为它是一个“殖民的”铁路系统：

这里并没有修建铁路系统所需的先决条件。在印度，没有资本、没有重工业、甚至没有基础材料（煤、钢），也不存在建铁路需要的基础设施，印度没有工业化（只有殖民地工业）——殖民政府阻止了这些要素的发展，印度的国家建筑同样被阻止，铁路无法发挥整合印度政治与社会的作用。

印度的铁路来源于外力，而非出于印度自己的利益。铁路的设置是为了融合殖民地，使其与母邦保持尽可能紧密的联系。铁路系统成了大英帝国的工具，这是共识。但印度案例再次展示了现代化的“欧洲”经典模式的有限性（Awasthi, 1994; Wobring, 2005）。

印度铁路与印度殖民时期和后殖民时期的历史发展密切相关。聚焦铁路系统话题如此之多：最初，铁路是作为殖民经济的工具而建立和运营的。但与铁路设立的初衷完全相反，铁路使印度解放运动颇为受惠，后者因此发展成为一项广泛的运动。——在印度解放之后，（相同的）铁路系统成为印度民族工业化付诸实践的重要工具。在印度工业化开始之前，铁路已经开通，这是印度人拥有自己国民经济的前提。

因此，我们可以以铁路的历史为线索教授印度从殖民时期到独立国家的历史。

4. 洲际视角

我们可以从简短的“洲际视角”看一眼这个问题，探求其系统的“一体化”及其影响：

大型技术系统的“整合”意味着在技术、交通运营的管理和财务管理中找到跨界的标准（Henrich-Franke, 2007）。

总的来说：印度铁路系统与其他铁路系统没有任何联系，它是被孤立的。美国在铁路公司组织下的铁路系统一体化大致是国家的一体化。美国与墨西哥或加拿大的邻国系统合作很少。但是在欧洲则不同：

德国在1847年就已经开始建造洲际铁路了，在19世纪最后25年里，随着欧洲在全球的势力越来越多地陷入冲突，铁路网迅速发展起来。

由私人铁路公司发起，并与欧洲经济的跨国网络紧密联系，它成为私人与政府通过会议与合约多边相互依存的系统［政府的：1882年，“技术联盟”（TU）；非政府的：1902年，“国际铁路运输委员会”（ITK）等等］。由于在前半个世纪英格兰在铁路建设上的先驱地位，英国的技术成了普遍的标准。当合作日益紧密时，越来越多的欧洲国家加入其中去。这在其他基建中也是如此，例如通讯和内陆水运也同时一体化了。

历史教科书中并没有欧洲基础设施一体化过程的内容。这现时代的一般叙事是完全相反的：各国之间冲突的加剧，导致了第一次世界大战。欧洲基础设施的整合可以作为另一种叙事模式。

5. 全球视角

乍一看在历史教学中将铁路——这样一个陆地系统，与“全球化”过程联系起来似乎非常奇怪。历史学教科书没有此类内容。在全球化的背景下，考虑其他种类的基础设施似乎是不言而喻的：海外轮船线路和深海电缆通信（Wobring, 2005）。但恰恰相反：

从20世纪60年代起，当单条铁路线发展成为网络时，它们就对日益增长的世界贸易变得越来越重要。世界各大港口的货物运输，从港口到整个内陆，都依靠铁路（和其他基础设施）。从这个角度来看，铁路具有“组件供给装置”的功能。

但这又在不同的层次上：在北大西洋地区，世界经济中的领先国家在相同的层次上相互联系。但是在英印背景下却有所不同：英国将其国民经济的大部分向外转移到印度（和其他殖民地）。印度的铁路（以及各种其他基础设施）是整合这个英国最大殖民地的核心手段，并将其与宗主国的经济尽可能紧密地联系起来，保证其母邦在主导世界国家的竞争中占据首位。

从世界经济的角度来看，铁路系统的规模和效率成为重要的标准。从这个角度来看，现代化的国家模式已成为次要方面。

四 结论与观点

在教学实践中，有很多方法与手段可以转变视角。以技术为中心的手段可能具有吸引力和实用性：一种技术现象及其在世界范围内的传播是易于解说和理解的。这有助于学生进入不同的政治、经济和文化背景，有助于把课程中的许多重要的话题联系起来，并有助于转换视角打破既定的解释模式："欧洲中心主义"的"现代化"模式或在教授"全球化"中的陈规旧式。在我们讨论中"技术史"学科是被忽视但有用的领域。尤其是这个学科可能还有更多的理论方法是吸引人的，因为富有教育潜力。

表 2　作为调整现代化模式途径的技术史

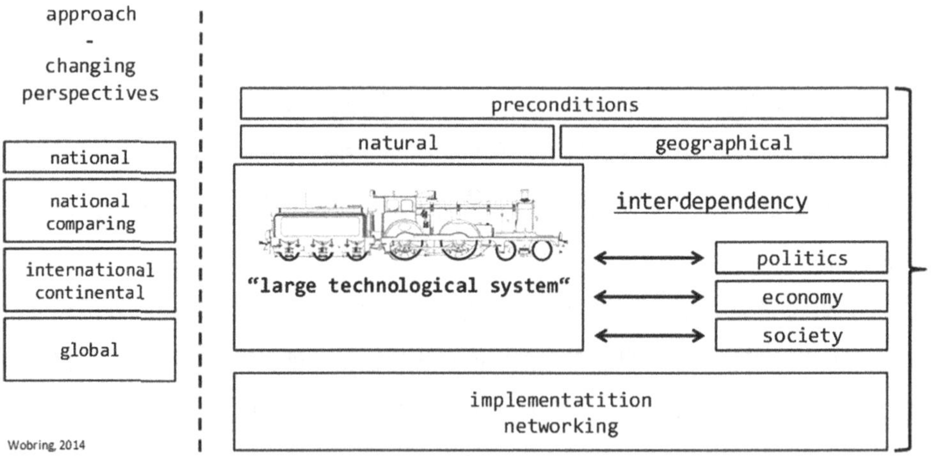

我只是提到了一些理论概念和"铁路"的例子。但其他技术的例子也同样具有吸引力：例如，国家和国际电讯系统、电气化和能源供应、国际航空港和空中交通航线、全球港口设施和国际班轮贸易、汽车产业及其机械化和机动性的发展等。

一种解释模式依赖于其适用范围与观点。在实践中，教授“真实有效”的概念或解释是非常困难的，因为需要灵活思考和转变视角。在实践中运用不同的方法仍然是一种优势。

参考文献：

1. Awasthi, A: History and Development of Railways in India. New Delhi 1994.
2. Chugg, Robert: The Chinese and the Transcontinental Railroad, in. The Brown Quarterly 1/3 (1997), S.7-8.
3. Drury, George H.: The Historical Guide to North American Railroads. 2. Edition., Wau-kesha, W. I. 2000.
4. Gall, Lothar; Pohl, Manfred (Ed.): Die Eisenbahn in Deutschland. Von den Anfängen bis zu Gegenwart, München 1999.
5. Gleitsmann, Rolf-Jürgen; Kunze, Rolf-Ulrich; Oetzel, Günther: Technikgeschichte, Kon-stanz 2009.
6. Henrich-Franke, Christian; Neutsch, Cornelius; Thiemeyer, Guido (Ed.): Internationalismus und Europäische Integration im Vergleich. Fallstudien zu Währungen, Landwirt-schaft, Verkehrs-und Nachrichtenwesen, Baden-Baden 2007.
7. Hughes, Thomas P.: The Evolution of large Technological Systems, in Bijker, Wiebe E.; Hughes, Thomas P.; Pinch, Trevor J. (Ed.): The Social construction of Technological Systems. New Directions in the Sociology and History of Technology, Cambridge, Mass. 1987, S.51-92.
8. König, Wolfgang: Technikgeschichte. Eine Einführung in ihre Konzepte und Forschungsergebnisse, Stuttgart 2009.
9. Licht, Walter: Working for the railroad. The organization of work in the nineteenth cen-tury. Princeton, N.J. 1983.
10. Pohl, Hans: Aufbruch der Weltwirtschaft. Geschichte der Weltwirtschaft von der

Mitte des 19. Jahrhunderts bis zum Ersten Weltkrieg, Stuttgart 1989.

11. Popp, Susanne: Globales Lernen und der Geschichtsunterricht, in: polis 4/2013, S.15–17.

12. Radkau, Joachim: Technik in Deutschland. Vom 18. Jahrhundert bis heute, Frankfurt/M. [first edition 1989] 2007.

13. Wobring, Michael: Die Globalisierung der Telekommunikation im 19. Jahrhundert. Plä-ne, Projekte und Kapazitätsausbauten zwischen Wirtschaft und Politik, Frankfurt/M. 2005.

作者米歇埃尔·沃布林，德国奥格斯堡大学人文历史系历史教育学教席学术助手、历史学博士，曾于2016、2019年作为访问学者在华东师范大学历史学系驻留。本文由陈泰安翻译。

叁　中国学生在德国工作站

殖民者视角和殖民地视角之间的全球史历史叙述——以义和团运动为例

沈辰成　孟钟捷　袁小晴

历史教育的传统重要目标之一是建构民族国家身份认同和塑造政治立场、身份认同。在19世纪的德国，历史教育是德意志帝国的身份认同建构的重要工具。在20世纪的中国，历史教育的首要目标是激发爱国主义和民族自豪感。[1]

为了达成各国塑造认同的目标，涉及多个国家的历史事件通常会在历史教育中出现分歧。特别当主题是充满争议的殖民主义历史时，有些国家曾是殖民者，有些国家曾是殖民地，不同国家对殖民主义及其后果的评价截然不同，历史教育经常出现意见分歧，甚至引起政治争论。

不过，随着全球化的进程方兴未艾，历史教育学研究者正在形成新的共识。历史教育的任务应是帮助年轻人基于不偏不倚的态度，根据系统完备的方法来学习其他民族的历史经验。[2]因此，全世界的历史教师都需要面对一个有价值的新问题：我们能否另辟蹊径，对殖民主义的历史事件进行更加深入、更加恰当的重新诠释？新的历史教学方法需要帮助学生超越民族国家的偏颇立场，采纳全球整体的宏阔视

1　爱国主义和民族自信是近代以来中国历史教育的主要目标之一，参见苏寿桐：《史编拾遗》，北京：人民教育出版社，1995年，第275—282页。

2　历史教育中的全球史视角是当代国际历史教育学的重要研究热点，参见［德］苏珊·波普：《全球时代的世界史课程：国际比较中的构想》，孟钟捷等编：《全球化进程中的历史教育：亚欧历史教科书叙事特征比较》，上海：上海三联书店，2012年，第125—134页。

野。此外，新的历史教学方法应该成为共同的平台且基于多元的视角——在全球史视野下，不同地区的人们看待同一历史现象的不同立场，让世界各国的人们分享和理解历史上殖民者和殖民地之间多元化的历史意识。在作者看来，如果我们能够克服既有历史叙述的固定套路，我们就可以找到这一新的途径。

本文通过对于著名历史事件——义和团运动——的案例研究，探讨上述问题的解决方案。首先，笔者归纳现有中国历史教材和德国历史教材中的义和团运动的历史叙述的常见模式。这些历史叙述的缺陷是基于以国家为中心或基于以政治为中心的单一视角，不是站在殖民者一边，就是站在殖民地一边，忽视全球史视野下不同人群看待一个历史事件的多元视角。其次，笔者将分析一个典型案例：2010 年高考历史上海卷第 37 题——“一份对外和约”。命题者试图通过引进新的重要史料来设计新的评分标准，促进考生发现义和团背后的多角度。最后，笔者进一步归纳一系列理论建议，目的在于推动我们在历史教学中多角度揭示殖民主义的历史议题。

一 义和团运动的传统历史叙述

长期以来，“义和团运动”这一历史事件被视为一场典型的冲突，一边是西方列强作为殖民者的侵略，另一边是东方社会作为殖民地的反抗。

19 世纪末，中国社会危机重重内外交困。衰落的清政府无力应对国内社会政治危机，官吏腐败层出不穷，农民起义连绵不断。与此同时，工业化的西方列强不断向中国施加压力。西方列强在中国攫取殖民据点、开辟通商口岸以及划定势力范围，进而把中国拉进资本主义和殖民主义的全球网络。同时，随着殖民侵略的进程加快，近代因素逐渐渗入传统中国社会。[1]

1897—1898 年，新兴西方列强——德国——占领中国山东为德意志帝国的远东殖民前哨。在山东殖民地，当地中国群众开始组织秘密结社——义和拳。不久以

1 义和团运动的宏观背景，晚清政府的衰落、西方列强的入侵和中国社会的变革，参见费正清：《剑桥中国晚清史，1800—1911》，北京：中国社会科学出版社，2006 年。

后，狂热排外思想成为义和团的教条。[1] 1899 年，在中国的北方，拳民和洋人——特别是基督教传教士——的矛盾冲突日益加剧。狂热拳民攻击外来宗教，保守的清政府统治者错误地认为义和团是排除西方列强对华影响的机会。[2] 1900 年，义和团进入北京，清政府对西方列强宣战，英国、法国、德国、俄国、美国、日本、意大利以及奥匈帝国组成八国联军，侵略中国并且镇压义和团，联军统帅是德国人阿尔弗雷德·冯·瓦德西（Alfred Graf von Waldersee, 1832—1904）。[3] 最后，八国联军击溃清军抵抗。清政府被迫屈服，签订不平等条约——《辛丑条约》。[4]

今天，如果人们打开中国历史教材或德国历史教材，那么我们不难发现围绕义和团运动的三种主流的历史叙述。

第一种历史叙述是反抗殖民叙述。20 世纪 40 年代后，多数中国历史教材采用这种叙述。根据这种叙述，尽管义和团存在狂热排外思想，但义和团运动是中国人民反抗殖民主义或者帝国主义的爱国主义的抵抗运动。在 20 世纪，从历时性角度看，中国历史教科书中的义和团的形象经历过三次重要转变。

20 世纪初，在清末新政中，中国开始建立近代历史教育，作为近代基础教育的一部分。此时，义和团运动被描绘成一个消极的历史事件——“拳乱”。在当时的历史教材中，编者拥护清朝统治，试图妖魔化义和团，推卸清政府对庚子国变的责任。[5]

民国时期，许多教材依然把义和团起义描绘成负面的形象——狂热排外的群众运动，不过，有一部分历史教材开始重视义和团反对殖民侵略的爱国主义作用。一些作者提到：西方殖民扩张的“外来压迫”、拳民发动起义的“正确初衷”（爱国主义）以及义和团战争的灾难后果。[6] 20 世纪 30—40 年代，一些历史教材甚至开始

1　义和团运动的起源，参见周锡瑞：《义和团运动的起源》，张俊义译，南京：江苏人民出版社，2005 年。

2　义和团运动的发展，参见柯文著：《历史三调：作为事件、经历和神话的义和团》，杜继东译，南京：江苏人民出版社，2005 年，第 34—42 页。

3　义和团战争或八国联军侵华的始末，参见相蓝欣：《义和团战争的起源：跨国研究》，上海：华东师范大学出版社，2003 年，第 68—72 页。

4　庚子国变的影响，参见马勇：《中国近代通史·第四卷，从戊戌维新到义和团》，南京：江苏人民出版社，2006 年，第 542—545 页。

5　商务印书馆编：《国史初级教科书》，上海：商务印书馆，1903 年，第 40—41 页。

6　国立编译局编著：《初级中学历史·第四册》，上海：商务印书馆，1948 年，第 95—96 页。

赞扬义和团的爱国精神，其中一些作者引用孙中山的评论："就那次战争情形而论，西摩有几句批评说：照当时义和团之勇气，如果他们所用武器，是西式枪炮，那些联军一定全军覆没。但是他们总是用大刀肉体和联军相搏。虽然被联军打死了几万人，伤亡枕藉，还是前仆后继，其勇锐之气殊不可当，真令人惊奇佩服。所以经过那次血战之后，外国人才知道中国还有民族思想，这种民族是不可消灭的。"（见三民主义民权第五讲）[1]

20世纪40年代，最重要的转折点是中国的左翼知识分子进入历史教育领域。根据共产主义革命的全新意识形态，他们用新术语把义和团运动理想化，例如"群众自发反帝运动""英勇悲壮的爱国运动"以及"反帝民族解放运动"。[2]基于阶级理论和帝国主义理论，义和团被定性为中国农民阶级的代表，帝国主义的残酷本质使得盲目排外不再重要。[3]

20世纪50年代，中华人民共和国建立，新中国的历史课纲和历史教材延续爱国主义和革命历史的叙述。1956年，新历史教学大纲把义和团运动定性为"中国农民的伟大的爱国主义运动"。义和团运动沉重打击帝国主义列强，挫败瓜分中国的阴谋，不过，运动缺乏无产阶级的领导，具有落后特征，运动最终失败。[4]此后，反抗侵略的历史叙述成为中国历史教育的主流叙述。[5]此外，个别德国历史教材也使用相似的历史叙述。[6]

除了反抗殖民的历史叙述以外，德国历史教材中存在大量基于西方列强殖民者的角度的历史叙述。

一种典型的历史叙述是殖民政策历史叙述。历史教材把义和团运动（Der Boxeraufstand）插入到"殖民扩张和世界政策"（Kolonialerwerbungen und Weltpolitik）

1 吕思勉：《初中教本本国史·第三册》，上海：中学生书局，1935年，第129页。

2 华岗：《高中第二学年上学期暂用课本中国近代史·上册》，新华书店，1949年，第225页。

3 晋察冀边区行政委员会编审：《中等学校临时课本中国近代史·上册》，西北印刷局，1947年，第53页。

4 人教社编：《20世纪中国中小学课程标准·教学大纲汇编　历史卷》，北京：人民教育出版社，2001年，第117页。

5 同上书，第144页。

6 Maier, A. & Watermann, K., *Lehrbuch der Geschichte für die Oberstufe höherer Schulen, Band 4*, Bonn am Rhein: Borgmeyer, S.77.

的章节中展开描述。德国对义和团战争的积极主导被诠释为德意志帝国世界政策中极显野心的标志性事件之一。[1]其他历史教材把义和团运动插入“美国帝国主义”的章节中进行陈述，美国和欧洲列强并肩作战镇压义和团起义被阐述为美国走向帝国主义扩张的典型案例之一。[2]简单来说，义和团被视为单一西方国家的外交政策或国际地位的发展演变中的事件之一。

另一种主流历史叙述是国际关系历史叙述。其中的一本德国历史教材把义和团运动放在“帝国主义时代”的章节（Das Zeitalter des klassischen Imperialismus），重点是义和团战争或者八国联军侵华战争前后，在八国联军的框架下，西方帝国主义列强之间的合作与矛盾。19 世纪末 20 世纪初，帝国主义国际关系不断演变的最终结果是中国的门户开放政策。[3]另一本历史教材把义和团运动视为“亚洲的帝国主义”（Imperialismus in Asien）章节的标志性事件之一。[4]显然，这种历史叙述更加重视横扫全球的帝国主义的国际格局这一宏大图景。

我们不难归纳上述三种主要历史叙述套路的许多相似特征：先进的西方殖民者侵略扩张，落后的东方殖民地激烈抵抗，先进和落后碰撞，西方和东方交锋，义和团运动是典型的案例。同时，义和团战争体现单一西方列强对殖民地的政策及其沿革和西方列强之间围绕殖民地的合作与冲突。

不过，显然在第一种历史叙述和第二种历史叙述——反抗殖民叙述和殖民政策叙述中，历史观察被局限于以民族国家为中心的视野中：在反抗殖民叙述中，殖民地人民是受害者，抵抗者被理想化，殖民者被妖魔化，主要目标是论证殖民地民族解放和社会革命的合法性。相反，殖民政策叙述中，基于西方殖民者的立场，人们更加关注西方列强殖民政策的演变，例如第一次世界大战前德意志帝国的所谓“世界政策”。

---

1 Herzfeld, H., *Grundnriss der Geschichte, Ausgabe A, Band IV, Weltstaatensystem und Massendemokratie*, Stuttgart: Klett, S.13.

2 Ebeling, H., *Die Reise in die Vergangenheit, Band IV, Unser Zeitalter der Revolutionen und Weltkrieg*, Braunschweig: Georg Westermann Verlage, S.132.

3 Alter, P., *Grundriss der Geschichte, Band 2, Neuzeit seit 1789*, Stuttgart: Klett, S.193.

4 Deißler, H. H., *Grundzüge der Geschichte, Band 4, Von 1890 bis zur Gegenwart*, Frankfurt am Main: Diesterweg, 19 and Goerlitz, E. (1977)*Zeiten und Menschen, Aufgabe B, Band 3, Das Werden der modernen Werlt (1648–1918)*, Paderborn: Ferdinand Schöningh, S.207.

第三种叙述是国际关系叙述。其重点是阐述以帝国主义为特征的国际政治格局的变革。随着帝国主义势力兴起，欧洲列强矛盾加剧，西方列强内部冲突加剧，第一次世界大战爆发。在很大程度上，第二种叙述和第三种叙述是从内外两方面——民族国家内部和民族国家之间——分别诠释以欧洲为中心和以政治为主轴的历史进程。

简而言之，三种传统历史叙述套路的建构基础都是国家中心观念和政治中心观念，包括：（1）以中国国家为中心的视角（2）以德国国家为中心的视角（3）以西方列强群体为中心的视角。后果是学生或者从殖民地的角度理解义和团，或者从殖民者的角度理解义和团。他们既无法从全球整体的角度理解殖民主义历史，也无法从社会内部的角度理解殖民主义历史。换句话说，现有历史教材中的常见历史叙述对培养青年一代掌握国际多角度的历史意识几乎没有帮助。那么，我们应该做什么呢？

二 在全球史的背景下重新诠释义和团运动的尝试

如上所述，在现有的历史教材中，义和团运动的历史呈现是以民族为中心和以政治为中心的单一视角叙述。在很大程度上，国际多角度因素作为一个整体遭到遮蔽、忽视或边缘化。进一步的问题是：我们如何超越这些陈旧套路？在本节中，我们将以国内的一个创新的历史教学实践为例，阐述一种可能的解决方案。

如果人们试图揭示被遮蔽的“国际多角度”，我们必须撇开既有叙述，引入新的观点。以义和团运动和义和团战争为例，这表示扬弃西方殖民侵略和拳民抵抗殖民的二元论，发现复杂的社会变迁和互动的跨国活动。例如排外的拳民是否事实上受到西方现代因素的影响？与此同时，中国人民反对殖民侵略的抵抗是否在某些方面对西方列强和西方社会产生影响？只有通过重新发现这些被忽视的历史轨迹，教师们和学生们才能意识到义和团运动以及殖民主义历史中潜在的整体性和复杂性。

最近，中国的历史学家和历史教育工作者在教学实践中对上述想法进行了进一步的探索。在 2010 年高考历史上海卷第 37 题，命题者把义和团运动与义和团战争作为题目的话题。

一份对外“和约”

义和团运动期间，一位团民私自替政府拟了一份对外“和约”。“和约”虽不具法律效力，作为历史材料却真实地反映了作者的思想。内容如下：一、各国前所索赔款，一概作废。二、各国应偿中国兵费四百兆两。三、各国兵船已在中国口者，不准驶出。四、各国租价照今加倍。五、将总署交还中国。六、康有为回国治罪。七、所有各国教堂一律充公。八、日本将台湾交还中国。九、德国将胶州交还中国。十、俄罗斯将大连交还中国。十一、所有教士各归其国，不准再来。十二、中国仍有管理高丽安南之权。十三、中国海关仍归华人办理。十四、外国使臣来中国者，照乾隆时所定之例，不许进京。十五、另赔义和拳兵费四百兆。十六、日本亦须照乾隆时例入贡。十七、华人交通西人，及不遵官场约束者，归朝廷治罪。十八、所有东西洋人与中国官场相见，须行叩头之礼。十九、外人不准在中国游历。二十、俄罗斯西伯利亚及各处铁路，均须拆毁。二十一、英国须将新安九龙交还中国。二十二、各国运来中国货物合应加倍收税。二十三、洋商船到口者，须先禀明该处守口中国官兵，方准入口。二十四、大米不准出口。二十五、凡货物运往外国者，亦须加倍收税。

问题：（25 分）

（1）“和约”中第八、第十九项是针对哪两个不平等条约而提出来的？（4 分）

（2）作者在“和约”中提出了哪几类要求？（6 分）

（3）你是如何看待这份“和约”的？（15 分）[1]

题目的形式是典型的材料分析问题，内容是义和团运动和义和团战争或者八国联军侵华。命题者要求考生根据给定的材料（在这一具体案例中，由拳民草拟的和

1　2010 年高考（上海）历史，参见：http://learning.sohu.com/20100611/n272729448_8.shtml（10.10.2014）。

平条约）回答问题：其一，考核学生记忆基础知识，辨析材料涉及的历史事件的时间、地点以及经过（问题一）；其二，考核学生分析史料，归纳信息的能力，总结给定材料提到的基本历史信息（问题二）；其三，最重要的问题是测试考生建构自己的论证的能力，他们需要对相关历史现象——殖民主义——作出理论化的评价（问题三）。

在很大程度上，当时匿名拳民草拟的和平条约是这道材料分析问题中至关重要的元素。这则史料不是凭空杜撰的虚构文本，而是有据可查的档案史料。出处是1901年，日本记者佐原笃介出版的报道《拳事杂记》。虽然一些学者认为所谓和约的确切作者身份存在疑问，[1] 但是学术界普遍承认这份条约是第一手史料，收入《中国近代史资料丛刊·义和团》。[2] 许多中国学者在著作中提到这份史料，包括：陈旭麓（1918—1988）[3] 和牟安世（1924—2006）[4]——两位重要的中国近代史研究的重量级人物。

显然，所谓和平条约包括一系列体现义和团运动时期中国激进分子丰富思想观念的政治主张、经济主张及文化主张。其中一些条款是旨在保卫国家主权和民族尊严的合理诉求，包括：拒绝不合理战争赔款和收回西方列强在华殖民地的主权（第一条、第八条、第九条、第十条以及第二十一条），其他一些条款是拳民的盲目排外思想，试图排斥一切西方对中国影响的鲜明体现，包括：取缔基督教会、限制海外贸易以及驱逐外国的旅客、使节以及教士（第十一条、第十四条、第十九条、第二十条以及第二十三条）。此外，一些主张甚至主张恢复传统的以中国为中心的东亚国际秩序（第十二条、第十六条以及第十八条）。不过，和约也有一些条款显示在殖民化和全球化的进程中，中国社会的内部已经出现潜移默化的变化，典型案例是：在很大程度上，通过互相平等的和平条约的形式在国际协商中提出政治、经济及文化诉求不是前现代的中国的历史传统，而是近现代的西方的外来产物。除此以

1 赵玉洁、吴红英：《这份“和约”是“一位团民”所拟的吗？——谈2010年高考（上海）历史卷第37题所引史料的出处》，《历史教学（中学版）》2010年第12期，第57—61页。

2 中国史学会：《中国近代史资料丛刊·义和团（一）》，上海：上海人民出版社，1957年，第259—260页。

3 陈旭麓：《近代中国社会的新陈代谢》，上海：华东师范大学出版社，1996年，第334页。

4 牟安世：《义和团抵抗列强瓜分史》，北京：经济管理出版社，1997年，第389页。

外，提到司法主权的条款和关税主权的条款也是中国社会逐渐接受西方思想和近代观念的典型例证（第五条、第十三条、第二十二条以及第二十五条）。

由于史料包含的丰富历史信息，命题者要求考生发现多元视角，重新评价义和团运动，不是重复历史教材的既定结论，而是结合档案史料的分析挖掘。除了史料引述、逻辑成立和表达通顺以外，在评分标准中，命题者把重点放在考生能否揭示多元化和系统性的“角度”。为此，命题者把答案分成四个等级：

评分标准：

第一层次：13—15 分

考生注意到史料中的多元视角并且进行抽象归纳，例如：

（1）晚清时期是中国社会的转型时期，和约表明当时的中国农民阶级主要通过比较传统的精神武器和物质观念组织抵抗。

（2）和约表明后发社会推进现代化进程的两难困境，当人们反抗不公正的近现代资本主义世界体系时，他们往往无意识地已经被吸收到西方列强建立的“游戏规则”中去。

第二层次：8—12 分

考生注意到史料中的多元视角，例如：

（1）和约中合理诉求和不合理诉求并存。

（2）和约中爱国主义精神和盲目排外思想并存。

（3）和约中反对外来侵略思想和传统中国中心观念并存。

（4）和约中既有农业社会的观点也有工业社会的观点。

第三层次：3—7 分

考生注意到史料中的单一视角，例如：

（1）和约体现拳民的排外思想、反帝思想以及反基督教思想。

（2）和约体现拳民的爱国主义精神。

（3）和约体现拳民的传统守旧思想。

第四层次：1—2分

考生的结论只提到上述史料中的一个条款。[1]

通过鼓励考生根据多元角度或者系统框架，对义和团运动进行重新诠释，命题者的目标是引导教师和学生升级对于义和团运动等殖民主义历史议题的理解。第一，单边的民族中心历史叙述和孤立的政治主导历史叙述不再被视为符合高分标准的答案（答案三和答案四）。第二，更好的答案是根据史料分析，揭示多元视角（答案二）。这意味着学生的基本技能是理解历史现象的内在复杂本质或者认知历史现象的内在多重视角，以此为基础审视全球性的历史议题，例如殖民化和去殖民化。最后，优秀的答案是借助系统全面的视野梳理相关各方——西方社会和东方社会，殖民者和殖民地——在殖民史中错综复杂的矛盾和互动。

显然，这道题目和评分标准引起一定争议。一些学者质疑，普通学生很难充分挖掘史料，发现多元视角，进而组织答案。不过，命题者注意到：在此次高考一万名考生中有三名考生成功地借助史料，围绕义和团运动和殖民主义，完成条分缕析自成体系的论述。

这是历史教育克服既有的以民族为中心和以政治为中心的历史叙述的一次有益的尝试。下一步目标是推动学生深入掌握全球史视野，兼及相关的批判性和反思性历史思维。不过，本次考试中只有少数学生作出系统论述，这提示我们以新思维方式取代旧思维定式的难度。无论如何，这一次试验性的命题可以被视为重建义和团运动和殖民主义历史的历史教学中的多元角度的重要的第一步。

三　在全球史视野下呈现殖民主义历史

上述2010年高考历史上海卷第37题显示：把具有价值的问题意识和档案史料，从历史研究领域引进到历史教学实践，可以视为一种有效的方法，应用于国际多角度揭示义和团运动等殖民主义历史事件中。

1　2010年上海高考评分标准，参见：http://learning.sohu.com/20100611/n272729468_3.shtml（10.10.2014）。

其实，如果我们回顾国内学界和国际学界对义和团运动和义和团战争的研究的发展进程，那么我们不难发现：近二十年来，国际化视角和跨国界视角已经成为围绕义和团的历史研究中的重要热点。

长期以来，国际学术界对义和团运动的研究和中国学术界对义和团运动的研究互相隔绝。在西方，学者通过对义和团运动的前因和后果的实证研究，开始调整解释框架：从冲击回应模式——更加关注近代西方和传统中国的对峙，到中国中心模式——更加关注近世以来中国社会内部的裂变。[1] 在中国，学者通过对义和团运动的史料和评价的学术争论，开始注意复杂进程：从定性其为反帝爱国农民运动，到由义和团运动揭示革命与保守、传统与近代及国家与民间等。[2] 20 世纪 80 年代以后，随着国际学术交流的增加，中国学术界和国际学术界的断裂逐渐消除。国内学界翻译引进周锡瑞（Joseph Esherick）等外国学者对义和团运动和义和团战争的著作。这些著作推动中国的学者超越此前的基于阶级斗争理论的论断和基于帝国主义理论的论断，借助新史料进行实证考证和理论建构。

在此背景下，20 世纪 90 年代以后，国际化视角和跨国界视角已经逐渐成为中国学术界和国际学术界对于义和团运动和八国联军侵华战争的学术研究的至关重要的学术范式之一。美国学者杜赞奇（Prasenjit Duara）曾经呼吁：在近代中国史研究中，学者应该“从民族国家拯救历史”。[3] 中国学者杨念群建议：采纳更灵活的框架，用于讨论近二百年的中国历史。[4] 其他历史学家积极回应这些新理论建议。根据德国历史学家孔正滔（Thoralf Klein）的归纳，暴力、媒体以及跨国影响是 21 世纪以来国际学术界对义和团运动研究的三大研究热点。[5] 2007 年多国学者联合出版论文集

1　参见柯文：《在中国发现历史：中国中心观在美国的兴起》，林同奇译，北京：中华书局，2002 年，第 186—187 页。

2　R. G. 狄德满：《西方义和团运动研究一百年》，苏位智、刘天路编：《义和团研究一百年》，济南：齐鲁书社，2000 年，第 277—308 页。

3　杜赞奇：《从民族国家拯救历史：民族主义话语与中国现代史研究》，王宪明译，南京：江苏人民出版社，2009 年，第 3—4 页。

4　杨念群：《中层理论：东西方思想会通下的中国史研究》，南昌：江西教育出版社，2001 年，第 192—194 页。

5　姚斌：《西方义和团研究的新趋势——评〈拳民、中国与世界〉》，《清史研究》2012 年第 2 期，第 150—156 页。

《拳民、中国与世界》（*The Boxers, China and the World*）集中收录大量相关成果。整体而言，义和团运动不再被简化为一场典型的殖民者——殖民地冲突，一边是前现代中国社会，另一边是近代化西方列强，而是被诠释为一场全球化进程的波动，义和团运动的根源是当时全世界范围内的反殖民趋势，结果是此后殖民化的调整和退却。[1]具体而言，论文集收录的论文中，三篇论文的研究对象是当时世界各国媒体对义和团和八国联军的报道和争论，[2]三篇文章的研究课题是八国联军侵华战争造成的跨国界影响，例如印度殖民地士兵和大英帝国人员对义和团的见闻和记忆。[3]

2010年，义和团运动一百周年纪念国际学术会议的主题是“义和团运动：中国和世界”。这意味着国际历史或者跨国历史已经成为当代义和团运动的学术研究的热点之一。一方面，中国研究者和国外研究者已经越来越多逾越政治分歧，达成学术共识，包括：义和拳的起源和义和团的组织。另一方面，各国学者越来越多地关注义和团运动前后中国社会和其他国家之间的跨越国界的社会和文化互动，包括：中国地方社会和基督教传教士之间的复杂互动；西方思想和近代思想逐渐融入中国社会，特别是民族主义思想；当时世界各地媒体对义和团运动的报道，其中包括变化中的中国国家形象和多元化的殖民主义态度；根据新的史料，学者梳理八国联军士兵在中国的行动、对中国的看法以及战争前后西方殖民者思想的变化。显然，21世纪以来，在学术界围绕义和团运动和义和团战争的学术研究中，在很大程度上，全球史观点已经取代以国家为中心的历史叙述和以政治为中心的历史叙述，今天的学者更加关注殖民化和去殖民化的进程中，中国和外界的复杂的社会和文化互动。[4]

1　Bickers, R. Introduction, in Bickers, R. & Tiedemann, R. G. (ed.), The Boxer, China and the World, Plymouth: Rowman and Littlefield, 2007.

2　Thompson, R. *Reporting the Taiyuan Massacre Culture and Politics in the China War of 1900,* in ibid, 65-92; Hevia, J. *Looting and Its Discontents Moral Discourse and the Plunder of Beijing, 1900-1901*, in ibid, 93-114; Middelton, B. *Scandals of Empire The Looting of North China and the Japanese Public Sphere,* in ibid, 115-132.

3　Yang. A. *A Subalterns Boxers An Indian Soldiers Account of China and the World in 1900-1901,* in ibid, 43-64*; Bayly.* C. A. *The Boxer Uprising and India Globalizing Myths,* in ibid, 147-156; Otto, T. G. *The Boxer Uprising and British Foreign Policy: The End of Isolation,* in ibid, 157-178.

4　姚斌：《西方义和团研究的新趋势——评〈拳民、中国与世界〉》，《清史研究》2012年第2期，第150—156页。

不过，历史教育界迄今为止仍然没有充分吸收学术研究中的国际化视角和跨国界视角。近期修订的中国初级中学历史课程标准仍然借助陈旧的术语，为义和团运动作出基本评价：“义和团运动体现中国人民反抗西方侵略的义愤”而且“义和团的斗争打断了西方列强瓜分中国的计划”。显然，反抗殖民的历史叙述仍然在当代中国的关于义和团战争的历史教育中占据主导地位。[1] 义和团运动的以国家为中心的叙述和以政治为中心的叙述的背后是民族主义政治议程。《历史三调：作为事件、经历和神话的义和团》中，美国历史学家柯文（Paul Cohen）指出：20 世纪，中国社会和西方世界都对义和团运动和义和团战争进行了持续不断的“神话化”。义和团的形象的演变不是主要取决于学术研究，而是主要取决于政治议程。[2] 中国历史学家王学典指出：20 世纪，政治因素在义和团运动的历史呈现中起到主导作用。直到 21 世纪，人们对义和团运动的评价仍然受到意义和价值之间的张力、学术和政治之间的张力以及专家和国家之间的张力的影响。[3]

现有的常见历史叙述，主要包括以国家为中心的历史叙述和以政治为中心的历史叙述，阻碍人们在历史教学中理解义和团运动、殖民主义史及全球史事件中的国际多角度。第一，以国家为中心的历史叙述，无论站在西方殖民者立场，还是站在东方殖民地立场，都是加强对单一国家历史经验的认同，削弱对其他国家历史经历的理解。在义和团运动案例中，中国历史教材只重视中国人民反对外来殖民者侵略扩张的斗争，德国历史教材只强调近代德国的殖民政策和西方列强的外交冲突。结果是两国的学生无法认识其他相关国家的立场。第二，以政治为中心的历史叙述同样过度强调单一维度的历史诠释——义和团运动仅被视为单一历史进程的一个环节。在中国，义和团运动是中国爱国主义对抗西方殖民主义的斗争的一个章节，在

---

1 Bickers, R., *Introduction*, in Bickers, R. & Tiedemann, R. G. (ed.), *The Boxer*, *China and the World,* Plymouth: Rowman and Littlefield, 2007.

2 Thompson, R., *Reporting the Taiyuan Massacre Culture and Politics in the China War of 1900,* in ibid, 65-92; Hevia, J., *Looting and Its Discontents Moral Discourse and the Plunder of Beijing, 1900-1901*, in ibid, 93-114; Middelton, B., *Scandals of Empire The Looting of North China and the Japanese Public Sphere,* in ibid, 115-132.

3 Yang. A., *A Subalterns Boxers An Indian Soldiers Account of China and the World in 1900-1901,* in ibid, 43-64; *Bayly.* C. A., *The Boxer Uprising and India Globalizing Myths,* in ibid, 147-156; Otto, T.G., *The Boxer Uprising and British Foreign Policy: The End of Isolation,* in ibid, 157-178.

德国，义和团战争是德国外交政策和帝国主义的一部分。后果是观察者看不到义和团运动和殖民主义史中复杂的社会互动和文化互动，例如非西方社会如何面对基督教。

随着全球化进程方兴未艾，历史教育工作者逐渐修正历史教育中习以为常的过度简化的以国家为中心和以政治为中心的历史叙述的时机已经到来。一种重要途径是通过国际合作，编纂历史教科书，例如法德联合历史教科书；另一种途径是向教学实践中引进新的理论工具，从而重建全球史事件的历史理解的多角度，例如"中层理论"(middle range theory)。

中层理论是当前学术界的近现代史研究中一种重要的理论框架。杨念群认为：中层理论有助于研究者克服宏大叙事的误导。[1] 在义和团案例中，中层理论提示研究者找出过渡地带，避免殖民者立场和殖民地立场的二分法。在东方社会，人们经常把本国视为殖民的受害者，忽视本国的霸权历史，以中国为例，古代中国本身是前现代东亚格局中的大帝国和征服者。上述拳民草拟的和平条约多次提到部分主张，正是中国中心传统观念的鲜明体现，例如重建对韩国和越南等东亚邻国的宗主权。不是所有西方殖民者施加的外来影响都是只有破坏性，在殖民地化的过程中，西方和近代观念或刻意为之或无意使然地进入东亚殖民地社会。殖民侵略的受害者同时也在吸收殖民者掌握的近代化的物质和思想，用于推动自身社会的发展，甚至反殖民斗争的进程本身，正如条约中貌似排外的拳民试图通过签署条约这种典型的西方近代外交体系产物提出政治主张。

此外，如果我们扩大观察视野，不再局限于政治历史叙述，我们也能得到更多的助益。通常，在历史教学实践中，国际关系的演变是用于解释义和团运动和义和团战争等一些具有全球影响的政治事件的极少数解释框架之一，不过，大国外交的变迁不是历史现象的全貌。虽然深层的社会演变和文化变迁不如表面的军事交锋和政治事件引人注目，但是这些变化将对主动参与或者被动卷入全球化进程和跨国界互动的不同国家和不同社会产生深远的影响。在义和团战争中，我们不难注意到：中国社会内部对西方近代文明的矛盾态度和持续怀疑，这些社会文化现象是狂热排

1　杨念群:《中层理论：东西方思想会通下的中国史研究》，南昌：江西教育出版社，2001 年，第 192—194 页。

外的义和团迅速崛起和很快失败的重要因素之一。同时，西方国家和西方社会对中国的态度和政策是多元的和多变的，这些现象也是八国联军侵略中国的重要因素之一。这些因素可以为后人揭示贯穿殖民主义历史的国家之间的互动和跨越国界的交往的复杂特征。

虽然多角度并不表示同质性，但是历史教师有责任引导青年学生，作为全球化时代公民，重新发现殖民主义和去殖民化等全球史的历史现象中的全球整体性和多元化视角。只有我们行动起来开始重新评估、重新调整以及重新塑造既有历史教育中的国家中心主义历史叙述，才能建构符合全球化时代要求的历史教育。

英文原文刊于 Susanne Popp/Katja Gorbahn/Susanne Grindel (eds.), *History Education and Post-colonialism, International Case Studies,* Berlin: Peter Lang, 2019, pp.153–178.

作者沈辰成，奥格斯堡大学人文历史系博士生；孟钟捷，华东师范大学历史学系教授；袁小晴，华东师范大学历史学系 2007 级本科生。本文由沈辰成翻译。

德、奥两国的山区旅游与小城镇发展
——以阿尔卑斯山的开发为例 *

黄肖昱　沈辰成

进入 21 世纪以来，旅游业和城镇化成为全球经济的两大热点，引起了国内外多学科、多领域的学者们对旅游小城镇的高度关注。[1] 国内学者多从具体案例出发，关注中国山区旅游城镇化之路径，而对国外山区旅游与城镇化之间关系的探讨稍显薄弱。[2] 阿尔卑斯山是欧洲各国的重要旅游资源。作为欧洲最大的山脉，其总面积为 18.1 万平方公里。它也是欧洲多国之间的界山，相关的国家包括：法国、德国、瑞士、奥地利、意大利、摩纳哥、斯洛文尼亚和列支敦士登八国。[3] 笔者认为，欧洲诸国对阿尔卑斯山区旅游资源的开发和保护及其对该区域内小城镇的影响，值得我们进行深入思考和研究。

阿尔卑斯山是奥地利国家版图的重要组成部分。从地理位置上看，它覆盖奥西部和中部的福拉尔贝格州、蒂罗尔州、萨尔茨堡州、施蒂利亚州和上奥地利州等省级行政区，包括因斯布鲁克和萨尔茨堡等大城市。山区面积占国土面积总量 65%，人口占人口总量 50%。从国际比较来看，奥境内阿尔卑斯山区面积为 5.46 万平方

---

* 本文为教育部重大社科攻关项目“欧洲农村城镇化进程及借鉴意义研究”（项目批准号：14JZD038）成果。

1 王咏、陆林、杨兴柱：《国外旅游小城镇研究的进展与启示》，《自然资源学报》第 12 期。

2 如孙起：《西南山区旅游村镇就地城镇化路径研究》，重庆交通大学硕士论文，2015 年；韩国胜：《山地旅游发展的社区能力研究——以安徽六安天堂寨景区周边村落为例》，南京大学博士论文，2011 年。

3 参见 Werner Bätzing, *Kleines Aplenlexikon*, Munich, 1997。

公里，占总面积 29%，在相关各国中排名第一；奥境内阿尔卑斯山区的常住人口达到 400 万，占总人口 29%，仅次于意大利。[1]

巴伐利亚阿尔卑斯山（Bayerische Alpen）主要指阿尔卑斯山脉的东段北麓，位于德国巴伐利亚州境内。[2] 从地形地貌看，德国地势南高北低，山区覆盖着巴伐利亚州的全境。巴州位于德东南部，首府为慕尼黑。在德国 16 个联邦州中，巴州的面积最大，有七万多平方公里，约占德国国土面积的五分之一。49.2% 为农业用地，35.1% 为森林。在人口上，根据 2015 年的统计数据，巴州的总人口约为 1 280 万，仅次于北威州，位居全德第二。[3]

有德国学者根据不同的功能，将城镇分成以下 10 种类型：（1）农业城镇（2）工业城镇（3）手工业城镇（4）旅游城镇（5）住宿城镇（6）通勤城镇（7）地区中心城镇（8）工作城镇（9）平衡城镇（10）微小型城镇（人口低于 300 人）。其中巴州的旅游城镇比例高达 30%，而这种特点与巴伐利亚境内发达的山区旅游业不无关系。[4] 在奥地利，位于阿尔卑斯山区的各州也都存在典型的旅游城镇，如萨尔茨堡州的蓬高地区（Pongau）和施蒂利亚州的萨尔茨卡默古特（Salzkammergut）。

阿尔卑斯山作为德国与奥地利两国的界山。山区旅游与德、奥两国山区小城镇的社会、经济发展息息相关。综上所述，本文以德、奥两国开发阿尔卑斯山区旅游为切入点。首先，以时间线索回溯两国对阿尔卑斯山区旅游资源开发的历史过程；其次，通过具体案例，考察欧洲一体化下的德、奥两国在开发阿尔卑斯山区旅游业上进行的跨国合作，及其发展瓶颈；最后，尝试把握 20 世纪 80 年代以来，两国阿尔卑斯山区的小城镇是如何应对旅游业所带来的社会、环境问题并成功转型的发展脉络。

---

1 数据来源参见奥地利各州官网：蒂罗尔州 http://www.tirol.gv.at，萨尔茨堡州 http://www.salzburg.gv.at，福拉尔贝格州：http://www.vorarlberg.at，查阅时间：2017 年 9 月 12 日。

2 2005—2006 年，欧洲学术界对阿尔卑斯山脉的地名进行了重新整理，提出了巴伐利亚阿尔卑斯山的概念，出处：http://www.fioridimontagna.it/it/soiusa/Artic-11p-AtlOrAlpi-SOIUSA.pdf，查阅时间：2017 年 6 月 16 日。

3 参见 http://www.stmwi.bayern.de. 查阅时间：2017 年 4 月 2 日。

4 Werner Bätzing, "Manfred Perlik and Majda Dekleva, Urbanization and Depopulation in the Alps", in: *Mountain Research and Development*, Vol. 16, No. 4 (Nov., 1996), pp.342－343.

一 德、奥两国对阿尔卑斯山区旅游探索的历史阶段

整体而言，德国和奥地利阿尔卑斯山区旅游业的发展历程相似，可被划分为两个阶段：第一阶段是从19世纪70年代到“二战”前，属于精英探险阶段；第二阶段是从“二战”后到20世纪80年代，属于大众旅游阶段。

19世纪以前，阿尔卑斯山区相对闭塞。在产业方面，阿尔卑斯山区是农业区。许多村镇交通闭塞，一部分地区甚至与世隔绝。在整个山区，当地人口主要从事产业生产。[1]在德意志人聚居区，还是以畜牧业为导向的农业经济为特点。[2]在个别地区还存在着其他产业，例如奥地利施蒂利亚州施拉德明（Schladming）的矿业。[3]只有少数的王公贵族在山区避暑休闲，例如：1849年，在巴德伊舍（Bad Ischl），奥地利帝国皇帝弗朗茨·约瑟夫建立著名的夏宫。此时的阿尔卑斯山还谈不上有旅游业的存在。

自19世纪70年代起，才逐步有人关注到了阿尔卑斯山区的旅游资源。

早期的旅行者一般为社会精英，他们自行发起了对阿尔卑斯山区的旅游探险活动。1855年，巴伐利亚第一本关于阿尔卑斯山旅游导览书出版。[4]1860年，在奥地利的芬特（Vent），弗朗茨·塞恩神父（Franz Senn）是最早提出发展阿尔卑斯山旅游活动以改善农民生计思想的有识之士。在他的影响下，1862年，维也纳的3名大学生自发成立了奥地利阿尔卑斯山俱乐部。1869年，在奥地利俱乐部的刺激

---

1 Werner Bätzing u. Manfred Perlik, “Tourismus und Regionalentwicklung in den Alpen 1870 –1990”, in: Kurt Luger u. Karin Inmann (Hrsg.), *Verreiste Berger. Kultur und Tourismus im Hochgebirge,* Innsbruck-Wien: Studien Verlag, 1995, S.45; Herbert G. Kariel and Patricia E. Kariel, “Socio-Cultural Impacts of Tourism: An Example from the Austrian Alps”, in: *Geografiska Annaler. Series B, Human Geography,* Vol. 64, No. 1, 1982, pp.1–2.

2 参见 Werner Bätzing u. Manfred Perlik, “Tourismus und Regionalentwicklung in den Alpen 1870–1990”, S.47。

3 Herbert G. Kariel, “Socio-Cultural Impacts of Tourism in the Austrian Alps”, in: Mountain Research and Development, Vol. 9, No. 1 (Feb. 1989), p.60; Herbert G. Kariel and Patricia E. Kariel, “Socio-Cultural Impacts of Tourism: An Example from the Austrian Alps”, *Geografiska Annaler. Series B, Human Geography,* Vol. 64, No. 1, 1982, p.7.

4 Mary L. Barker, “Traditional Landscape and Mass Tourism in the Alps”, in: Geographical Review, Vol. 72, No. 4 (Oct., 1982), pp.395–415.

下，德意志随后在慕尼黑组织德意志阿尔卑斯山俱乐部（Deutscher Alpenverein），[1]一年内，在纽伦堡、海德堡、法兰克福、莱比锡等地建立了多达 15 个分会。俱乐部的目标是推广阿尔卑斯山登山运动，促进德、奥阿尔卑斯山区的旅游活动。1873 年，德奥两国俱乐部合并。[2]到俱乐部成立 50 周年之际，俱乐部已经建立了 319 个分站。探险家、艺术家和学者们构成了俱乐部的主体会员。[3]

工业化进程为山区旅游的开展奠定了物质基础。19 世纪的德意志邦国林立，巴伐利亚虽然修建了德意志历史上第一条铁路，但此时的巴伐利亚贵族们并没有意识到铁路对经济发展的重要性。直至 1871 年德国统一后，巴伐利亚近代交通建设才得以进一步推进。20 世纪初期，铁路网覆盖巴伐利亚全境，20 世纪中叶，巴伐利亚接入现代公路网。滑雪场缆车是阿尔卑斯山旅游的另一种重要设备。20 世纪 20 年代，因斯布鲁克和基茨比厄尔（Kitzbühel）是奥地利首先安装滑雪缆车的地区。缆车的建设让以滑雪为主的冬季山地旅游成为可能。[4]

从历史角度看，19 世纪欧洲工业化进程为阿尔卑斯山的山地旅游业发展作了必要准备。首先，工业化增加了中产阶级的规模、资本和闲暇时间，使他们成了登山俱乐部的主体成员；其次，工业化的发明和创造出来的交通工具和电气设备改善了山地的交通网络，提升了探险的安全系数，它们是登山者前往山地探险的物质保障。因为在前工业化时代，攀登和翻越阿尔卑斯山，对人来说并不是一件容易的事。

第二次世界大战结束后，德、奥两国的阿尔卑斯山旅游业迅速发展，进入“大众旅游”的阶段。

1949 年，联邦德国成立，巴伐利亚自由州加入联邦。在联邦德国时期，巴州政府大力投资基础建设，建立现代化交通网：在公路方面，新建公路 13.7 万多公

1　Herbert G. Kariel and Patricia E. Kariel, “Socio-Cultural Impacts of Tourism: An Example from the Austrian Alps”, p.3.

2　奥地利阿尔卑斯山俱乐部，参见：http://www.alpenverein.at/portal/der-verein/geschichte/index.php，查阅时间：2017 年 7 月 2 日。

3　德意志阿尔卑斯山俱乐部，参见：http://www.alpenverein.de/der-dav/geschichte-des-dav_aid_12067.html，查阅时间：2017 年 7 月 2 日。

4　Mary L. Barker, “Traditional Landscape and Mass Tourism in the Alps”, p.397.

里，高速公路 2 100 公里。在铁路方面，建成铁路里程长达 6 400 公里，占全德铁路总里程的六分之一。[1] 铁路网络的铺设和健全为该区域“大众旅游”时代的到来作了奠基性的工作。

此时的奥地利，也有着相似的经历。1955 年，美、苏、英、法、奥签署《奥地利国家条约》。奥地利建立联邦体制和福利国家。奥地利政府提供制度和政策保障，推动地方自主发展，扶持民间商业运营。奥地利经济实现区域平衡和去中心化，省区和地方取得更大的发展自主权。[2] 政府主持基础建设并且出台行业政策，民间旅游业者从事经营和更新设施。[3] 1955 年，奥地利政府建立奥地利国家旅游局（Österreich Werbung）的前身。[4] 政府的政策也吸引了大量当地私营业主参与旅游业经营，例如开设家庭旅馆和滑雪学校等。

阿尔卑斯山区旅游业开始呈现出多元化和专业化的趋势，形成各具特色的旅游热点和旅游项目。从旅行项目来看，20 世纪中后期，旅游活动由单一的登山运动，细分为夏季项目和冬季项目。在冬季，主要的活动是高山滑雪；在夏季，游客选择更多，大致分为徒步登山活动和水上游泳划船活动。经过长期的发展，该区域地方旅游特色也开始形成：例如福拉尔贝格州的莱希（Lech）和施蒂利亚州的施拉德明都是夏季登山和冬季滑雪胜地；蒂罗尔州纽施蒂夫特（Neustift）以冰川著名，萨尔茨堡州卡普伦（Kaprun）则以湖泊美景而吸引游客。[5]

究其成因，战后阿尔卑斯山大众旅游的兴起与西欧的经济和社会发展有密切关系。主要因素有：（1）国民收入和闲暇时间的增长，因此社会的旅游总需求有所上升。（2）现代交通工具发展，民用航空普及，远程游客增加；家用汽车普及，周边游客增加。（3）旅游目的地的硬件设施和软件服务逐渐成熟。

1　戴继强：《德国巴伐利亚州经济腾飞的秘诀》，《世界教育信息》2000 年第 8 期。

2　Werner Bätzing u. Manfred Perlik, “Tourismus und Regionalentwicklung in den Alpen 1870–1990”, S.47.

3　Herbert G. Kariel and Patricia E. Kariel, “Socio-Cultural Impacts of Tourism: An Example from the Austrian Alps”, p.2.

4　参见奥地利国家旅游局官方网站：https://b2b.austria.info/de/，查阅时间：2017 年 8 月 5 日。

5　Herbert G. Kariel and Patricia E. Kariel, “Socio-Cultural Impacts of Tourism: An Example from the Austrian Alps”, pp.5–6.

二　阿尔卑斯山旅游业的联合开发与瓶颈

横跨德奥边境的高山旅游是德国巴伐利亚阿尔卑斯山区旅游中另一个富有特色的项目。如上所述，在地理学意义上，阿尔卑斯山脉位于巴伐利亚南端，深入奥地利的境内。其中两国成功联合开发的楚格峰缆车观光项目（Zugspitze）便是一典型案例。

楚格峰是德国的最高峰，海拔高度 2 962 米。它是巴伐利亚著名的高山旅游胜地之一。德、奥国界线位于楚格峰的顶峰：北侧是德国巴伐利亚州，南侧是奥地利的蒂罗尔州。1882 年，人类第一次成功登顶楚格峰。1897 年，德国阿尔卑斯山协会在楚格峰建立基地。1936 年，德国在楚格峰山脚下的加尔米施-帕滕基兴举办冬季奥运会项目比赛。“二战”以后，楚格峰成为欧洲著名旅游景点。楚格峰的旅游活动具有典型的山区特色，冬季以雪上运动为主，夏季以登山活动为主。此外，还有加尔米施-帕滕基兴等地的城镇观光和乡村度假。

图 1　楚格峰火车和缆车示意图[1]

1　楚格峰齿轮火车和缆车示意图，出处：https://zugspitze.de/de/aktuell/oeffnungszeiten，查阅时间：2017 年 6 月 16 日。

为了方便游客攀登楚格峰，德、奥两国建设了一系列的铁路和缆车。早在1928年，德国修筑楚格峰铁路（Zugspitzbahn）。1962年，德国架设埃布湖缆车（Eibseeseilbahn）。奥地利也于1924年建设蒂罗尔楚格峰火车（Tiroler Zugspitzbahn），并于1989年建成缆车。由于铁路和缆车的修建，楚格峰接待游客的能力大幅增加。

“二战”后，随着欧洲一体化进程的加速，德国和奥地利围绕着楚格峰旅游进行了深入合作。20世纪80年代前，因为楚格峰是德、奥国界，所以双方曾在顶峰设置边境检查站。20世纪90年代后，欧洲国家签署《申根协议》，两国之间的边境管制最终取消。此后，欧盟推出一系列政策，支持巴伐利亚州和蒂罗尔州进一步开发跨境旅游。双方推出了一日游和两日两国游等旅游套餐，共同分享开发楚格峰带来的经济效益。[1] 跨越德奥边界的山地旅游已经呈现出兼顾本土化和国际化的特征。

随着大众旅游的扩张达到限度，旅游业和当代小城镇之间的矛盾逐渐浮现。20世纪80年代以来，在全世界范围内，奥地利旅游业长期领先。人均旅游业收入一度达到世界第一位。[2] 随之而来的是赴奥游客数量急剧膨胀，据统计：1950年、1960年、1970年和1980年，在奥地利停留一天以上的游客人数分别为：1 560万、4 200万、7 950万和11 870万。在30年间，游客人数增长近8倍。[3]

1982年，学者对福拉尔贝格州的莱希、施蒂利亚州的施拉德明、蒂罗尔州纽施蒂夫特和萨尔茨堡州卡普伦的四个奥地利旅游胜地的调查结果表明，当地居民对于旅游业的态度较为积极，因为旅游开发会带来更高的家庭收入和更多的工作机会。[4] 而旅游业也取代农业，成为当地最重要的经济支柱。[5] 但1986年对这些旅游胜

---

1 Ivan Paunovic, Verka Jovanovic, “Implementation of Sustainable Tourism in the German Alps: A Case Study” in: *Sustainability*, 2017, 9, pp.7–8.

2 中国学者在20世纪80年代曾关注过奥地利的旅游业发展情况。参见乐缨：《繁荣的事业——奥地利旅游业浅析》，《国际展望》1986年第22期；另见：《1999年世界各国国际旅游业排行榜》，《世界知识》2000年第10期。

3 数据来源：http://www.tourmis.info/cgi-bin/tmintro.pl，查阅时间：2017年8月2日。

4 Herbert G. Kariel and Patricia E. Kariel, “Socio-Cultural Impacts of Tourism: An Example from the Austrian Alps”, p.14.

5 Herbert G. Kariel and Patricia E. Kariel, “Socio-Cultural Impacts of Tourism in the Austrian Alps”, p.63.

地的后续调查则显示，当地居民对于旅游业的态度日益复杂了，开始抱怨旅游开发导致的交通堵塞、物价上涨以及就业选择单一等社会问题。[1]

因游客数量和旅游交通的增加引起了阿尔卑斯山严重的空气污染、噪声污染、水体污染、地面负荷乃至树木砍伐加剧等问题。[2]这使得两国政府开始关注旅游对当地生态的压力，主张兼顾未来的经济和环境效益，随着环保意识的增强，生活在山区小城镇的人们更注重旅游业的可持续发展。[3]

三　山区旅游业转型对小城镇的影响

阿尔卑斯山区作为欧洲最重要的旅游资源之一，与欧洲乃至全球的旅游经济的发展息息相关。到 20 世纪 80 年代，如何协调好当地旅游经济发展与环境保护的关系，成了阿尔卑斯山区国家需要面对的重要议题。笔者以为，德、奥两国主要从以下三个方面入手促进山区旅游业之转型。

第一，加强多边的跨国政策协作。20 世纪 80 年代末，奥、德等阿尔卑斯山八国开始讨论如何更好地开发和保护阿尔卑斯山的自然文化资源。1991 年，八国在奥地利的萨尔茨堡共同签署《阿尔卑斯山公约》(Alpine Convention)。缔约国达成了共识，共同推动阿尔卑斯山区的可持续发展，兼顾生态环境和人文环境。[4]《阿尔卑斯公约》于 1995 年正式生效，这也是欧洲大陆第一个关于山区保护的公约。该公约中对阿尔卑斯山林业、农业、旅游业、自然景观保护等方面均作了符合各国国情的规定。

第二，拓宽山区旅游项目。此前阿尔卑斯山的主要旅游活动如冬季的高山滑雪、登山运动和夏季水上活动，旅游的季节性较强，游客观光时间较为集中。为改

1　Herbert G. Kariel, "Socio-Cultural Impacts of Tourism in the Austrian Alps", pp.64–65.

2　杨建明：《德国旅游开发对自然生态系统影响的研究述评》，《世界地理研究》2008 年 3 月第 1 期。

3　Jörg Wyder, "Multifunctionality in the Alps: Challenges and the Potential for Conflict over Development", in: *Mountain Research and Development,* Vol. 21, Nor. 4, The Alps in Europe and the Southern Alps in New Zealand (Nov., 2001), pp.327–330.

4　http://www.alpconv.org/en/convention/default.aspx. 查阅时间：2017 年 7 月 5 日。

变这种情况，当地政府开始有意识地引导和拓展新兴旅游项目，以达到保护山区的自然、文化资源，积极推广农家度假、节日庆典、城市观光和医疗休养等活动。如德、奥政府出资补贴山区传统产业，推动“农家乐”（Urlaub am Bauernhof）的发展。在蒂罗尔地区，三分之一的农场兼营住宿业务。因此旅游胜地的游客密度有所降低，[1] 对山区自然环境的压力也随之得到改善。

第三，提升小城镇的知名度。阿尔卑斯山各国联合举办“年度阿尔卑斯山小城镇”（Alpine Town of the Year）的活动，评选表彰协调好自然、经济、文化、社会效益的山区小城镇。从 1997 年至今，已有 20 个小城镇获此殊荣，成为阿尔卑斯山区小城镇成功转型的案例。如巴州的松特霍芬（Sonthofen）和巴特莱辛哈尔（Bad Reichenhall）。[2]

以上做法进一步推动了阿尔卑斯山区旅游在两国经济、社会等多方面发展中的影响力。

从经济角度看，2016 年，巴州旅游业的增长水平刷新历史纪录，入境游客数量超过 3 540 万人次，停留超过一天的游客达到 9 080 万人次。游客支出达到 310 亿欧元，创造就业机会达到 560 万，巴州旅游业拉动德国旅游整体产值增长 18.5%。[3] 同样，奥地利 2015 年旅游业创造的直接产值 184.85 亿欧元，约合 195.72 亿美元。旅游业在奥地利的国内生产总值中所占的比重达到 5%。在此基础上，如果计算旅游业带动的间接产值，那么旅游业在国内生产总值中所占的比重达到 7%。[4] 人均旅游业收入一度达到世界第一位。仅 2015 年一年，奥地利的游客数量达到 3 940 万人次，住宿数据达到 1.354 亿人天。[5] 其中，阿尔卑斯山地区正是最主要的旅行目的地。[6]

---

1 Jörg Wyder, “Multifunctionality in the Alps: Challenges and the Potential for Conflict over Development”, pp.327－330.

2 http://www.alpenstaedte.com/en/alpine-towns. 查阅时间：2017 年 6 月 16 日。

3 巴伐利亚旅游发展概况，出处：https://www.stmwi.bayern.de/en/tourism/，查阅时间：2017 年 6 月 16 日。

4 数据来源：http://www.statistik.at/web_de/statistiken/wirtschaft/tourismus/index.html，查阅时间：2017 年 1 月 16 日。

5 同上。

6 巴伐利亚旅游发展概况，出处：https://www.stmwi.bayern.de/en/tourism/，查阅时间：2017 年 6 月 16 日。

从人口因素看，阿尔卑斯山演变为世界上人口最稠密的山区之一。20世纪，随着旅游业的开发和大城市的发展，巴州人口相比于19世纪开始有所上升。[1]奥地利人口增长东西差异十分明显，人口增长多偏囿于西部。西部的阿尔卑斯山地区人口日益稠密，几乎整个处于山区的奥地利西部，人口上升状态都有良好势头。特别是自20世纪50和60年代以来，在阿尔卑斯中央山地的西部和西北部，在经济、旅游、交通各个方面综合发展的带动下，人口发展幅度更大，始终保持着5%左右的上升速度。引起其人口递增的直接因素是出生率，相对于奥地利50年来整体人口变化不大的总趋势来说，的确是个特例。[2]

在以往的观念中，山区旅游的形式应是游客利用假期远离人群拥挤的大城市、走进民风淳朴的山区乡村，与大自然亲密接触。但德奥两国的案例显示，阿尔卑斯山区内的人口在不断稳定增长，甚至比非山区的人口增长比例还高。山区旅游城镇的资源配置也愈加合理规范，专注发展自身旅游城镇的功能。究其历史原因，则是德、奥两国在开发阿尔卑斯山区旅游资源和发挥自身小城镇功能之间找到了恰到好处的平衡点。这既使游客得到亲近自然风光、感受乡土文化的旅游体验，也让小城镇从中不断获得可持续发展的良机。事实证明此举既保留了阿尔卑斯山的山区旅游特色，也保证了该区域内小城镇的平稳发展。

原文刊于《经济社会史评论》2018年第2期。

作者黄肖昱，华东师范大学历史学系博士生，2017年5月—2018年8月在德国奥格斯堡大学做访问学生；沈辰成，奥格斯堡大学人文历史系博士生。

1　Mary L. Barker, “Traditional Landscape and Mass Tourism in the Alps”, in: *Geographical Review*, Vol. 72, No. 4 (Oct., 1982), pp.395－396.

2　卡尔·胡萨、刘岩、亚历山大·威斯保尔、海尔姆特·沃施莱格：《1951年以来奥地利人口变化的空间特征》,《地理学报》2006年第6期。

一战遗孤
——论德国乌发电影公司的建立

任小奇

2017 年 9 月 15 日，德国乌发公司（UFA GmbH）成立 100 周年庆典晚会在柏林广播塔宫殿（Palais am Funkturm）盛大开幕。乌发作为德国最大的电视电影制作公司之一，其庆典之夜不仅明星云集，更集结了许多政界要员。作为影视传媒业的一大盛事，晚会回顾了德国的电影史，以“好时代，坏时代（Gute Zeiten, schlechte Zeiten）”为题回顾乌发百年历史轨迹，寓意乌发跌宕起伏的历史曾作为德国历史黑暗面的一部分，也曾引领德国电影业走向巅峰。[1] 自第一次世界大战末至第二次世界大战终，乌发一直是德国乃至欧洲最大的电影公司之一，曾经一度是好莱坞的劲敌。它历经了一战战火与威廉帝国的倒台、魏玛共和国草创与经济危机、纳粹上台与国有化宣传、“二战”后的分拆与私有化而留存至今，当我们讲起乌发时，我们绝不仅仅是讨论一家公司的商贸兴衰，它更是一个承载着德意志历史与文化、政治与经济、科技与艺术的多面体。

尽管历史悠久，乌发并没有像好莱坞那样引起学者的广泛兴趣。国内并没有专门的著述研究乌发，可以参考有关电影史的书籍 [2] 和研究魏玛社会文化的论

1　Andreas Conrad, Jubiläumsgala “100 Jahre Ufa”: Gute Filme, schlechte Filme, *Der Tagesspiegel*, 15, 09, 2017.

2　青藤：《从〈卡里伽利博士的小屋〉到〈大都会〉：德国无声电影艺术》，北京：文化艺术出版社，2010 年；齐格弗里德·克拉考尔：《从卡里加利到希特勒——德国电影心理史》，黎静译，上海：上海人民出版社，2008 年。

作[1]。近年也有学者注意到乌发电影在民国时期中国上海的传播，以小地方的观影侧面反映了乌发电影的全球传播。[2] 相较而言，国外关于乌发的研究更系统，史料材料也更翔实。汉斯—米歇埃尔·鲍克（Hans-Michael Bock）与米歇埃尔·陶特贝格（Michael Töteberg）搜集了关于乌发各阶段发展的史料汇集而成《乌发之书》（*das Ufa Buch*）非常具有参考价值，它更像是一部关于乌发的史料汇编。[3] 克劳斯·克海麦尔（Klaus Kreimeier）《乌发的故事》[4] 梳理了魏玛至纳粹时期乌发的发展史，既有故事的可读性，又有确切的史料来源，也是值得借鉴的参考书。在此基础上，本文借助有关乌发建立的一手档案，意欲探讨乌发建立与转型背后暗含的军事、政治与金融势力的变迁。

一　一战前的德国电影业

1895 年 12 月 28 日法国卢米埃尔（Lumière）兄弟在巴黎咖啡馆中放映短片成功标志着电影的诞生。但事实上，在卢米埃尔兄弟公映的两个月之前，德国的斯科拉达诺夫斯基兄弟（Max und Eugen Skaladanowsky）曾尝试在柏林冬日花园展示他们的“放映机（Bioskop）”并放映了一段十五分钟的节目。但他们并没有形成稳固的制作公司，只是在欧洲巡回放电影。[5] 电影在 19 世纪末尚属“新鲜事物”，欧洲的商业主干道上用上电灯也不过是 1880 年左右的事，以至于当马克斯·斯柯达

1　柏悦：《魏玛德国的电影文化与社会现实（1918—1933）》，《西安文理学院学报（社会科学版）》2016 年第 2 期。

2　熊鹰：《论民国时期德国乌发电影公司在上海的传播与接受》，《中外影史》2018 年第 1 期。

3　Hans-Michael Bock und Michael Töteberg (Herg.), *das Ufa Buch*, Frankfurt am Main: Zweitausendeins, 1992.

4　Klaus Kreimeier, *The Ufa Story: A History of Germany's Greatest Film Company*, 1918–1945, University of California Press, 1999.

5　大卫·波德菲尔、克里斯汀·汤普森：《世界电影史（第二版）》，北京：北京大学出版社，2014 年，第 25—29 页；齐格弗里德·克拉考尔：《从卡里加利到希特勒：德国电影心理史》，黎静译，上海：上海人民出版社，2008 年，第 13—14 页。

拉诺夫斯基向德意志银行（Deutsche Bank）[1]贷款来改良摄影设备时，当时的银行行长保罗·曼克维茨（Paul Mankiewitz）把他当成疯子。[2]奥斯卡·梅斯特（Oskar Meßter）[3]晚斯科拉达诺夫斯基兄弟一年即1896年，发明并出售了他的第一台电影放映机。1896—1917年间他创立了德国第一家现代化的电影制片厂，到20世纪初，梅斯特已经建立起了自己完整的电影产业链，包括菩提树下剧院（Theater Unter den Linden）、位于弗里德里希大街的电影拍摄基地和位于布吕歇大街的"绿屋"配有可移动摄像机的电影工作室。[4]梅斯特成为德国首位电影制片人，被称为"德国电影之父"，坐拥奥斯卡·梅斯特电影集团（Oskar-Meßter-Konzern）。同时期的电影业先行者还有尤勒斯·格林鲍姆（Jules Greenbaum）和保罗·戴维森（Paul Davidson），前者创建了德意志碧欧斯科普公司（Deutsche Bioskop），1911年他在新巴贝斯贝格（Neubabelsberg）建造了德国第一间玻璃搭建的电影工作室（早期的电影工作室要充分利用自然光）。后者于1906年在法兰克福建立电影放映公司及旗下的第一家电影院，随后将连锁店开到杜塞尔多夫、科隆、斯特拉斯堡、阿姆斯特丹和布鲁塞尔，并于1908年在柏林的亚历山大广场开设了当时德国最大的电影院。1910年，他创立的电影放映联盟股份公司（Projektions-Aktiengesellschaft Union, PAGU）是德国第一家电影行业的股份制公司，也是第一家整合了生产、销售、租赁设备于一体的公司，其股本翻倍到50万金马克并将总部迁到柏林，随后他在滕珀尔霍夫（Tempelhof）建立了电影制片厂。[5]这些私人电影企业都为后来乌发的成

1　1870年3月10日由普鲁士国王（威廉一世）批准成立，德意志银行的股本是500万塔勒（1 500万马克），其中200万塔勒向公众发售，被公众认购25 000股。其业务定位为通过开展各种银行业务，促进德国与其他欧洲国家及海外市场之间的贸易联系。参见 Geschäfts Bericht der Direction der Deutschen Banke, Aktien-Gesellschaft für die zeit vom April bis Ende December 1870, in: http://www.bankgeschichte.de/de/docs/Geschaeftsbericht_1870.pdf, 2020.3.3。

2　Klaus Kreimeier, *The Ufa Story: A History of Germany's Greatest Film Company, 1918–1945*, University of California Press, 1999, p.10.

3　奥斯卡·梅斯特（Oskar Messter, 1866.11.21—1943.12）是早期德国电影发明家和电影大亨。1896年，他在柏林弗里德里希大街开设了其第一家电影院。1903年推出第一部有声影片。"一战"期间，为德军总参谋部工作负责电影审查，播放"梅斯特每周新闻"。战争结束后将电影公司卖给了乌发并任乌发董事会成员。

4　Klaus Kreimeier, *The Ufa Story: A History of Germany's Greatest Film Company, 1918–1945*, University of California Press, 1999, pp.12–13.

5　同上书，p.17。

立奠定了基础。

作为在电气时代成长起来的一代人，热衷于商业的有远见者已经开始运营充满希望与前途的电影业，但是社会上另一部分人则视电影为“民族的威胁”和道德堕落的标志。在柏林，1906 年 5 月 5 日经过亨尼西谋杀案[1]之后柏林警察局就引进了电影审查制度，[2]但直到两年（1908）后才首次真正进行电影审查。[3]并且电影审查制度的成效甚微。1910 年，教堂的观察员曾统计过一组数据证明电影是如何败坏世风、扰乱秩序的：“在 250 部影片中，有不少于 97 部影片在讲谋杀，51 部电影涉及通奸、19 部充满引诱镜头、35 部涉及酗酒、25 部讲妓女。”[4]电影作为新兴的娱乐方式，在威廉时代某些保守的德国人眼中成为败坏道德的标志，甚至是“民族的威胁”。

直到一战爆发，德意志帝国也还未建立起统一的电影审查制度，并且由于战时戒严令的颁布，陆军军区的 24 名军事指挥官、33 名地方长官和要塞指挥官在他们的领地内接管了行政权，每个指挥官都在自己的职责范围内发布各自的审查制度。[5]不仅电影的审查被军事当局控制，许多电影院也被部队征用。并且战乱堵死了之前进口电影的渠道，战前的法国、英国和意大利电影被挡在门外，而国内对于故事片需求旺盛，因此德国只好从中立国丹麦引进电影。丹麦的诺德电影公司（Nordisk

---

1　卡尔·鲁道夫·亨尼西（Karl Rudolf Hennig）是一位皮革工人，1905 年 12 月 4 日他在万湖谋杀了一名服务员后逃脱过程被拍摄后播出，引起柏林市民对警察的嘲弄，柏林警方以 3 000 马克悬赏通缉亨尼西，最终逮捕亨尼西并执行死刑。在亨尼西死后第四天 1906 年 5 月 5 日，柏林警察局通过了一项警察条例，引入了电影审查制度，普鲁士最高法院（[Königlich-] Preußische Oberverwaltungsgericht [PrOVG]）1909 年 6 月 21 日宣布其与 1851 年 7 月 10 日通过的剧院审查法令具有同等效力。参见 Gerrit Binz, *Filmzensur in der deutschen Demokratie*, Trier: Kliomedia, 2006, S.17–19.

2　在普鲁士，一共有 24 个电影审查中心，其中柏林是最重要的。根据普鲁士最高法院（PrOVG）的批准使得这项制度在其他邦国也接连确立，但是并未统一制度，各州之间甚至不同城市之间的审查制度都是不同的，在柏林过审的影片在慕尼黑就不一定被允许播放，反之亦然。在普鲁士，一共有 24 个电影审查中心，其中柏林是最重要的。

3　Wolfgang Mühl-Benninghaus, “German Film Censorship during World War I”, *Film History*, Vol. 9, No. 1, Silent Cinema (1997), p.71.

4　Klaus Kreimeier, *The Ufa Story: A History of Germany's Greatest Film Company, 1918–1945*, University of California Press, 1999, p.16.

5　Wolfgang Mühl-Benninghaus, Film/Cinema (Germany)，参见网站：https://encyclopedia. 1914–1918-online. net/article/filmcinema_germany。

Film）[1] 最初是由德意志银行资助建立，早年间在欧洲市场上极具竞争力。[2] 因此，这一时期，诺德电影公司成为德国电影的主要进口渠道。

与之形成鲜明对比的是协约国对待电影的态度。英国最早将电影这一新兴事物作为一种宣传手段，一战之前英国就利用电影征兵，1914 年制作了影片《英国军队电影》（*The British Army Film*）；1915 年的电影《你》（*You*）和《为了帝国》（*For the Empire*）旨在刺激观众投资战争债券。1916 年的《索姆河战役》（*the Battles of Somme*）和 1917 年的《德国的撤退与阿拉斯战役》（*the German Retreat and the Battle of Arras*）鼓舞了英军士气。[3] 此外，英国还通过炮制《布莱斯报告》严重抹黑德国的国际形象，[4] 其宣传战在一战中是最为成功的。1917 年美国成立公共信息委员会（The Committee on Public Information, CPI）下设电影处宣传美国参战原因并强化公众反德情绪。[5] 协约国利用电影等手段开展的宣传战 [6] 对同盟国及中立国家产生了巨大影响，德国军方很快意识到了宣传战的威力以及现代媒体电影在宣传上的影响力，亟待整改国内电影业。

二 战时电影宣传与乌发建立

1916 年 2 月 25 日，德国正式颁布电影进口禁令，另一方面，德国电影业内部也迅速作出了回应。早在 1914 年 7 月 24 日，拥有出众组织才能的右翼宣传家路德维希·克利茨舍（Ludwig Klitzsch）[7] 就组织了 120 多名商业主、工业和贸易主建

---

1 1906 年由奥勒·奥尔森（Ole Olsen）在丹麦建立，是世界上最古老的四个电影公司之一。

2 Klaus Kreimeier, *The Ufa Story: A History of Germany's Greatest Film Company, 1918–1945*, University of California Press, 1999, p.14.

3 信静：《第一次世界大战中英国战争宣传探究》，硕士学位论文，辽宁大学历史学院，2016 年，第 16 页。

4 参见刑来顺、韩亚静：《〈布莱斯报告〉：第一次世界大战中英国对德宣传战的典范》，《贵州社会科学》2018 年第 4 期。

5 参见仇海萍：《美国“公共信息委员会”简论》，《历史教学问题》2014 年第 2 期。

6 参见展江：《第一次世界大战中的宣传战》，《国际新闻界》1996 年第 3 期。

7 路德维希·克利茨舍（Ludwig Klitzsch）早年担任 Sigfried Weber 出版社和莱比锡画报（Leibzig Illustrirte Zeitung）编辑，凭借出众的组织和宣传才能先后在德意志摄影协会担任董事会成员和总经理，1927 年出任乌发总裁，在纳粹时期依然活跃。

立了一个推动德国摄影与图像走向海外的研究协会。两年后，该协会发展为电影公司，并于 1916 年 11 月在阿尔弗雷德·胡根贝格（Alfred Hugenberg）[1] 和克虏伯董事的倡议下，正式成立了德意志影像公司（Deutsch Lichtbild-Gesellschaft, 缩写 DLG），克利茨舍则负责起草公司章程。[2] 胡根贝格是一位极具影响力的商人和政治家，他是克虏伯康采恩的董事会主席，持有《柏林地方导报》等多家重要报纸的股份，他还是泛德意志同盟（Allgemeiner deutscher Verband，后更名为泛德意志协会［Alldeutscher Verband］）的联合创始人。由于胡根贝格是一位著名的保守派，他创立 DLG 的主要任务是制作简短的宣传纪录片展示德国工业发展的成功、德国风景的优美和德国文化的丰富。

1917 年 1 月 30 日，德国最高统帅部（Oberste Heeresleitung, 缩写 OHL）在外交部设立了 Bufa（Bild und Filmamt，图像与电影局）。Bufa 隶属于最高司令部和军队外交部（Militärische Stelle des Außenministeriums），汉斯·冯·哈弗顿（Hans von Haeften）[3] 任主管，他与鲁登道夫关系密切。Bufa 接管了所有的官方和军队的电影与新闻部门，其中就包括图像与电影审查办公室。[4] Bufa 致力于拍摄有关军事与宣传的短纪录片，其资金来源于司令部的宣传基金，同时 Bufa 设立了 7 个“电影特遣小组”，每个小组设立一名“电影领队”，在整个欧洲范围内设立了 900 个前线电影院和电影办公室播放电影。[5] Bufa 的任务是：建立战地影院，为前后方供应

1　阿尔弗雷德·胡根贝格（1865—1951）是一位极具影响力的德国商人和政治家。作为 20 世纪前几十年德国民族主义政治的领军人物，他在两次世界大战期间成为魏玛德国的主要媒体所有者。作为德意志民族人民党（DNVP）的领导人，他帮助阿道夫·希特勒成为德国总理，并于 1933 年在他的第一个内阁任职，希望控制希特勒并将他作为他的“工具”。这些计划适得其反，到 1933 年底，胡根贝格被推到了一边。尽管胡根贝格在 1945 年之前继续担任国会大厦“客串”成员，但他没有任何政治影响力。

2　Klaus Kreimeier, *The Ufa Story: A History of Germany's Greatest Film Company, 1918–1945,* University of California Press, 1999, p.19.

3　汉斯·冯·哈弗顿（Hans von Haeften, 1870—1937）：1931—1935 年担任波茨坦的国家档案馆馆长，梅尼克赞扬其才思敏捷、充满理想主义的热情。他是维尔纳·卡尔·冯·哈弗顿（Werner Karl von Haeften）之父，后者是克劳斯·冯·施陶芬贝格（Klaus von Stauffenberg）的同事，也参加了其 1944 年 7 月 20 日刺杀希特勒的行动。

4　Hans-Michael Bock und Michael Töteberg (Herg.), *das Ufa Buch*, Frankfurt am Main: Zweitausendeins, 1992, S.32.

5　Klaus Kreimeier, *The Ufa Story: A History of Germany's Greatest Film Company, 1918–1945*, University of California Press, 1999, p.22.

影片，派遣战地记者，负责为“新闻简报”拍摄战况报道，管辖、控制电影公司，使其按政府部门要求拍片，保障德国影片在德占区与国外发行，审查一切进口影片……Bufa 几乎控制和垄断了战时德国电影从生产到发行的一切大权，建立起一个以军事部门为龙头的统一电影领导体系，为德国电影生产机制的进一步集约化铺平了道路。[1] DLG 和 Bufa 看起来目标一致，但两者却无法合作，而是一种竞争关系。Bufa 宣布 DLG 只是一个“只为盈利的私人企业”而自己才是“唯一的通过摄影和电影进行国民教育的中央机构”，哈弗顿更是引导国际舆论监督 DLG 在巴尔干半岛和近东的活动，DLG 则攻讦 Bufa 意图将整个电影产业国有化，这导致了国会介入调查。[2] 两者的斗争一度白热化。

1917 年 4 月 6 日，美国正式对德宣战，4 月 7 日，时任帝国议会议员的古斯塔夫・施特莱泽曼（Gustav Stresemann）发表的关于“德意志电影海外宣传”的看法，强调电影宣传对于战争的重要意义：“今下德国人常常吃惊地问，这些问题都从何而来：为何德国在世界上鲜少被理解？为何四十四年来坚持和平政策致力于世界和平的德国如今却被密密麻麻的敌军包围？取得远东的旧日时光何时才能重现？如果仔细考虑造成这些巨大灾难的原因，那么一定不可忽略的是有巨大影响力的电影宣传，而这却已被我们的敌对国在世界范围内运用……法国和英国在世界范围内散播敌视德国的情绪，现在事情已经发酵。”[3] 统筹国内电影业，加强电影宣传在有识之士看来已经迫在眉睫。

自兴登堡（Paul von Hindenburg）与鲁登道夫（Erich Ludendorf）接掌最高统帅部后，形成了军事专制。此时的鲁登道夫忧心于东线战场和俄国的局势，尤其俄国爆发二月革命以来，鲁登道夫意欲对俄国进行文化宣传，但是苦于传统的印刷媒体在前线散发的宣传效果有限。1917 年 7 月 3 日，德国最高司令部的外交部代表给最高司令部发电报称：“俄国在盟友的压力下在前线又发动了多次袭击，这对我

---

1 青藤：《从〈卡里伽利博士的小屋〉到〈大都会〉：德国无声电影艺术》，北京：文化艺术出版社，2010 年，第 39 页。

2 Klaus Kreimeier, *The Ufa Story: A History of Germany's Greatest Film Company, 1918–1945,* University of California Press, 1999, p.23.

3 参见 Gustav Stresemann, “Die FilmPropaganda für die deutsche Sache im Ausland”, in Hans-Michael Bock und Michael Töteberg (Hrsg.), *das Ufa Buch*, Frankfurt am Main: Zweitausendeins, 1992, S.28.

们的宣传很不利。正如阁下所言，我们的宣传并不能渗透到俄军的每个师。我们遇到了地形阻隔，就目前的情形来看，前线后方还有大量的后备军，还有大批军队无法接收我们的宣传……”[1]鲁登道夫对一战的宣传工作非常不满，他知悉 Bufa 和 DLG 之间的矛盾，他认为 DLG 和其他电影公司使德国电影的影响力分化了，并且威胁到了 Bufa 执行电影任务。并且还必须考虑到战后局势，因为即使和平时期，宣传仍是一项重要任务，因此它不能仅仅局限在军事领域。次日，他致信柏林的普鲁士国防部（Königliche Kriegsministeriums, Berlin）决定统一德国电影业，以达到在国家利益下集中对大众施加有计划的、绝对的影响。此封信在电影史上一直被认作乌发的“出生证”。

战争已经将图像与电影作为媒介的非凡的力量显示出来了。可惜的是我们的敌人在这方面走在我们前面，他们利用电影对我们造成了重创。即使远距离作战亦不可忽视电影在政治与军事影响上所能发挥的巨大作用。正是出于这个原因，在德国影响力所及之处使用电影是取得战争胜利之必要。因此需要考虑两个问题：

1. 如何取得此种影响力；
2. 采用何种措施。[2]

鲁登道夫本人对于以上两个问题也有着清晰的谋划。对于第一个问题“如何取得此种影响力”，鲁登道夫认为需要“加强在电影中宣传德国的可能性”，主要分为两步：“a）在中立国的电影宣传力度”与“b）统一德国电影业，以达到在国家利益下一致地对大众施加有计划的、绝对的影响。”

对于 a）除了敌对国的电影公司，中立国家的诺德电影公司（Nordische

1　最高司令部的外交部代表发给最高司令部的电报，Allgemeine Militär und Marine Berichts aus dem Gr. Hauptquartier, 1915–1917, Bd. 5, S.3, Bundesarchiv R43/2467。

2　Der Ludendorff Brief an das Königliche Kriegsministerium, Chef des Generalstabes des Feldheeres Gr. Hpt. Qu., d.4. Juli 1917 M. J. Nr.20851 P., in: Hans-Michael Bock und Michael Töteberg (Herg.), *das Ufa Buch*, Frankfurt am Main: Zweitausendeins, 1992, S.34.

> Gesellschaft）有着巨大的影响力。这家电影公司也在斯堪的纳维亚、也在德国、奥地利拥有众多一流电影院。诺德电影公司因此也是德国宣传工作的一大劲敌，并且已经对德国财力造成了巨大损失。现在诺德电影公司正在向俄国发影片，如果其在影片中传达敌视德国的态度，后果将不堪设想。……处理这个问题最简单、最有效的方法就是买下诺德电影公司……
>
> 对于b）与诺德电影公司缔结合约的另一个原因在于，是德国电影业成为统一之整体所需。战争持续时间越长，有计划地向国内民众宣传战争的必要性就越大，这就必须系统地运用广告媒介来取得胜利……当务之急是统一德国的电影业，使其成为强有力的战争武器。[1]

对于第二个采取何种措施的问题，鲁登道夫认为，“就一个公司的实际影响力而言，（政府）控制绝对的多数股份是必要的，不需要购买全部的股权，不能公开政府为买家。这些金融交易必须通过专业的、有影响力的、经验丰富的、可信赖的，最重要的是听命于内阁的银行来操作，且不可让经办人知晓真正的委托人是谁。入股资金中约55%用于并购电影公司，其中两千万马克用于收购哥本哈根的诺德电影公司，八百万马克用于收购德国的电影企业[2]”[3]他在信末再次强调这封信的内容是当前战争的迫切需要，并要求图像与电影局（Bufa）迅速落实。

Bufa的主管哈弗顿在接收鲁登道夫的指令后与帝国财政部共同开展筹措工作，一方面他们要寻求私人银行对此项目的投资，另一方面还需与德国国内几家大的电影公司谈合并事宜。哈弗顿试图取得时任德意志银行董事会总干事埃米尔·格奥尔格·冯·施陶斯（Emil Georg von Stauß）的支持，战争部新闻办公室的主管亚历山大·格劳（Alexander Grau）则负责与国内几家大的电影公司谈判事宜，但

---

1 Der Ludendorff Brief an das Königliche Kriegsministerium, Chef des Generalstabes des Feldheeres Gr. Hpt. Qu., d.4. Juli 1917 M. J. Nr.20851 P., in: Hans-Michael Bock und Michael Töteberg (Herg.), *das Ufa Buch*, Frankfurt am Main: Zweitausendeins, 1992, S.34.

2 这些电影企业主要包括die Deutsche Bioskop-gesellschaft, die Messter-Film GmbH., die Eiko-Film GmbH., die Projektions A. G.-Union, die Deutsche Mutoskop und Biograph GmbH., die Nationalfilm GmbH. 等。

3 Der Ludendorff Brief an das Königliche Kriegsministerium, Chef des Generalstabes des Feldheeres Gr. Hpt. Qu., d.4. Juli 1917 M. J. Nr.20851 P., in: Hans-Michael Bock und Michael Töteberg (Herg.), *das Ufa Buch*, Frankfurt am Main: Zweitausendeins, 1992, S.34.

是帝国财政部并不支持他的工作除非他能够拉来私人银行的支持。哈弗顿和格劳成功说服了财务部长卡尔·赫尔费里奇（Karl Helfferich）和外交国务秘书理查德·冯·屈尔曼（Richard von Kühlmann），此两者皆与德意志银行有着密切的联系，前者曾是德意志银行经理，后者的父亲曾是受银行资助的安纳托利亚铁路的负责人。[1] 通过两人的引荐，哈弗顿终于与德意志银行的施陶斯取得了联系，并且在德意志银行的担保下，来自银行业、重工业、电子工业、航运业等行业的资本家及贵族入股了乌发。[2] 其中赫尔曼·弗兰克尔（Hermann Frenkel）和马克斯·冯·瓦瑟尔曼（Max von Wassermann）两位银行家实际上是政府的代理人，代表帝国秘密入股并签署了保密协定。[3] 由于涉及多家企业且事态紧急，在与梅斯特电影公司和保罗·戴维森的电影放映联盟公司的合并谈拢后，1917 年 12 月 18 日，宇宙电影股份公司（Universum-Film AG，简称 Ufa）在距德意志帝国议会不远的副总参谋部宣告成立，随后在阿德龙大酒店（Hotel Adlon）举行庆典，公布的资本总额为 2 500 万马克（其中帝国控股三分之一）。按照鲁登道夫的指示，德意志银行的埃米尔·格奥尔格·冯·施陶斯担任董事长，恩斯特·格拉赫与罗伯特·博世担任其副手，其他人任董事会成员。[4] 乌发的建立结束了 Bufa 和 DLG 的恶性竞争，使分散的电影公司合而为一，统一了德国电影业，乌发在其中占有绝对的主导地位。

1　Klaus Kreimeier, *The Ufa Story: A History of Germany's Greatest Film Company, 1918–1945*, University of California Press, 1999, pp.24–25.

2　包括恩斯特·格拉赫（Ernst Gerlach，西里西亚矿业公司 Henkel-Donnersmarck 总经理）、电子工业巨头罗伯特·博世（Dr. Robert Bosch，入股两百万马克）、亨克尔·唐纳斯马克家族的吉多托亲王（Guidotto Fürst von Henkel-Donnersmark）、德累斯顿银行的赫尔伯特·古特曼（Herbert M. Gutmann）、马克斯·冯·瓦瑟尔曼（Max von Wassermann，A. E. Wassermann 银行，入股 350 万马克）、保罗·马罗斯（Paul Mamroth, AEG），还有秘密合伙人赫尔曼·弗兰克尔（Hermann Frenkel, Jacquier 和 Securius 银行，入股 660 万马克）、威廉·古诺（Dr. Wilhelm Cuno, 汉堡–美利坚航运集团，后任魏玛共和国总理）、卡尔·约阿希姆·施蒂明（Carl Joachim Stimming, Norddeutscher Lloyd）、雅各布·戈尔德施密特（Jacob Goldschmidt, 施瓦茨银行，Goldschmidt und Co.，后任民族银行行长，入股 630 万马克）、萨洛蒙·马克斯（Salomon Marx，Karl Lindström 留声机股份公司）、卡尔·布拉茨（Carl Bratz，德意志黄麻批发贸易战争委员会）和德意志银行副行长约翰尼斯·科尔（Johannes Kiehl）。

3　Hans-Michael Bock und Michael Töteberg (Herg.), *das Ufa Buch*, Frankfurt am Main: Zweitausendeins, 1992, S.35.

4　Klaus Kreimeier, *The Ufa Story: A History of Germany's Greatest Film Company, 1918–1945*, University of California Press, 1999, p.29.

三 战争结束后乌发的转型

1917 年末乌发建立后迅速投入运行，但军事形势的恶化已经无法使电影这种“软武器”发挥威力。1918 年 3 月德军集中兵力在西线孤注一掷，但最终无法抵御协约国军队源源不断地输入，7 月协约国军队开始反攻，并于 8 月 8 日在亚眠一带大胜德军，鲁登道夫称这一天为世界大战史上“德国军队的黑暗之日”，德国败局已定。德国政府请求停战，德意志帝国对内对外走向崩溃，乌发在战争末期逐渐脱离最高统帅部的宣传任务。鲁登道夫于 1918 年 10 月 26 日被迫辞职，随着缔造者的倒台，乌发从军队强权中解放出来。由于乌发建立时政府是秘密入股，战败后乌发并没有被拆分，而是完整地保留下来，在德意志银行董事施陶斯的运作下投入市场竞争。

1921 年 3 月 22 日上午 11 时乌发首次召开了全体大会，此时距离战争结束已经 3 年，此次会议首先回顾了乌发建立后第一个财务年（1918—1919）公司发展的业务以及财务状况。会议地点定在德意志银行的会议厅，施陶斯担任了监事会主席。乌发 1918 年的第一份财务报表写道：

> 乌发（Universum-Film Aktiengesellschaft）成立于 1918 年 1 月（此为乌发正式在商业部登记注册的日期，笔者注），是在主要官方部门的倡议下，由我们金融、工业圈中的高层人士共同创立的，他们意识到电影的重要意义，特别是对于文化和经济目标。计划决定在德国首先成立一个兼具三个产业要素的组织：电影制片、电影租赁和电影院（Produktion, Verleih, Theater）。公司接管了哥本哈根的诺德电影公司，该公司在柏林和其他德国主要城市拥有大量影院股份，以及其分销公司。此外，确保了梅斯特集团及其对电影放映联盟股份公司在本公司起主导作用。在此基础上进一步扩展了业务，与知名制片公司签订了合同，对发行组织进行了全面规划，并收购剧院，或在柏林、汉堡、不来梅、汉诺威、基尔、格但斯克、弗罗茨瓦夫、慕尼黑和其他城市的剧院扩大了院线网络。[1]

1 1921 年 3 月 22 日，乌发 1918—1919 年度及 1920 年 1 月 1 日至 5 月 31 日财务报表（Geschäftsbericht der Universum-Film Aktiengesellschaft fur die Geschäftsjahre 1918, 1919 und das Zwischengeschäftsjahr vom 1. Januar bis 31. Mai 1920），Bundesarchiv R 109/I 5505。

乌发落实了对国内梅斯特集团、电影放映联盟股份公司以及丹麦的诺德电影公司的收购，这三大主要电影公司构成了乌发的主体。其中，诺德电影公司拥有广泛的电影销售网络。乌发用一千万马克不仅收购了诺德电影公司制片厂和分销公司，还包括其在德国、奥地利、匈牙利、瑞士、荷兰以及波兰和巴尔干的独家代理，乌发的贸易版图扩展至整个欧洲。诺德公司的总经理戴维·奥利弗（David Oliver）以 44 000 马克的年薪加分红被乌发聘为“首席专家”。[1] 这比鲁登道夫最初估计的两千万马克少了一半，并且还获得了诺德公司在整个欧洲的院线网络。此外，乌发以 530 万马克收购了梅斯特电影公司，梅斯特本人以 24 000 马克年薪加分红的薪资被雇为乌发的技术顾问；以 111 万马克收购了保罗·戴维森的放映联盟及其附属企业，其本人以 30 000 马克年薪外加分红被聘为乌发的摄影顾问。[2] 通过对三大电影公司的购买，乌发形成了制片、租赁和院线三大垂直产业结构，客观上推动了电影制作的集约化。

此次全体大会还有一项重要决定是乌发将于 1921 年 6 月 21 日发行新的股票融资，通过发行 75 000 股每股 1 000 马克的股息全额支付的有价股票，将股本增加 75 000 000 马克至 100 000 000 马克。[3] 此次融资原因是通货膨胀，电影制作的各种费用大幅增加导致生产成本大幅度增加，再加上大规模的兼并电影公司与院线，以及高额的娱乐税。同年政府的财政部退出了乌发，大股东罗伯特·博世和亨克尔·唐纳斯马克家族的吉多托亲王也在市场上抛售他们的股份，施陶斯及时购买了这些股份替乌发排除了潜在的危机，也使乌发的性质发生转变，使其成为一个纯粹的企业。[4] 财政部的退出标志着乌发正式成为一家独立的、私营性质的企业，并且具有垄断性质。德国在第二次工业革命中电气、化工、钢铁等部门得到迅速发展，这些部门由于资本构成度高，因此其企业规模都比较大，经过一再的扩充与吞并，

1　1918 年 1 月 15 日，乌发工作委员会及监事会会议记录，Bundesarchiv/R 109 I/2421。

2　同上。

3　1921 年 3 月 22 日，乌发 1918—1919 年度及 1920 年 1 月 1 日至 5 月 31 日财务报表（Geschäftsbericht der Universum-Film Aktiengesellschaft fur die Geschäftsjahre 1918, 1919 und das Zwischengeschäftsjahr vom 1. Januar bis 31. Mai 1920), Bundesarchiv R 109/I 5505。

4　Klaus Kreimeier, *The Ufa Story: A History of Germany's Greatest Film Company, 1918–1945*, University of California Press, 1999, S.70.

形成了许多行业的卡特尔（Cartel）垄断，而乌发则是更具现代性、规模更大、资本构成更复杂的康采恩（Konzern），在德国电影行业中占据统治地位，其他相对小型的电影公司和剧院根本无力与乌发竞争而被其吞并，乌发像滚雪球一样规模越来越庞大，在20年代初的欧洲所向披靡。

四 结语

电影得益于第二次工业革命中电气、光学、化学等产业的发展，威廉帝国在这些领域都有飞速的发展，德国的电影技术也并不落后。第一次世界大战之前德国的电影公司是自由发展状态，由于电影是新兴事物，社会上并没有形成完善的审查制度和行业规范，各家企业各自为营。由于一战的爆发以及协约国在战争中对电影的应用改变了军方对电影的看法，军方的介入客观上促进了德国电影业的统一。战争结束后乌发脱离了军方的掌控，完成了市场化转型，通过落实对三大电影公司的收购，实现了产业结构体系的集约化，为战后德国电影业的蓬勃发展奠定了基础。"魏玛共和国从威廉时代继承了一个强大的电影公司，许多年以来为塑造德国电影起着决定性的作用，为导演和作品打上了意识形态烙印，为互相竞争的独立的小公司统一了基调。一直到希特勒倒台，乌发电影公司一直主导着德国。"[1]

乌发的建立不是威廉时代的电影行业自然发展的结果，而是在一战的特殊情况下强权催生的产物。自鲁登道夫接任最高统帅部以来，德国的军事权力凌驾于政治权力之上，鲁登道夫从"总体战"理念出发，一切为军事服务。乌发也作为服务军事的战争机器，由德意志军官团体、大容克地主和垄断资产阶级迅速建立起来，它最初是强权和战争的产物。但乌发还没有发挥作用德国就战败了，仓皇成立的魏玛共和国政府对直接控制德国电影业并没有兴趣，对于鲁登道夫时代所获得的股份全部放弃，这种无意插手的态度似乎又走向了另一个极端，但这也为乌发的电影创作创造了宽松自由的环境，制作出了诸如《卡里加利博士的小屋》《大都会》等一系

---

1 Jerzy Toeplitz, *Geschichte des Films 1895–1933*, München: Rogner und Bernhard bei Zweitausendeins, 1987, S.140.

列蜚声海外的经典影片。

其次，乌发公司能够成立，最初的战争意图来自鲁登道夫，实际的合并事宜则是没有德意志银行的资金支持无法完成的。在遭遇战败后，德国的魏玛政府无意接管这个“前朝巨婴”而只能由德意志银行认领，德意志银行成为乌发强有力的后盾。对于政府而言，由德意志银行接受旧帝国股份是十分稳妥的，因为德意志银行在某些方面承担着支持政府指令的义务，施陶斯其人亦被称作“政治银行家”，在一战爆发前他曾长期资助帝国在罗马尼亚和近东地区的石油事务，一战期间负责安纳托利亚铁路的运营并于战争最后一年获得骑士勋章成为贵族。很难说施陶斯斥巨资购买前股东抛售的股份是出于商业利益的考量还是守护民族电影业的决心。1918年之后他资助建立航空航天及汽车事业，包括创立汉莎航空等，与纳粹党和希特勒本人有密切的关系，这也为乌发的未来发展埋下了伏笔。1927年乌发由于财务危机被德意志民族人民党党魁胡根贝格收购，运营状况改善；1933年1月30日，乌发成为纳粹旗下的宣传机构，一战遗孤最终在“二战”中发挥了巨大威力。

原文刊于《历史教学问题》2020年第6期。

作者任小奇，华东师范大学历史学系博士生，于2018年4月—9月在德国奥格斯堡大学做访问学生。

风起于青萍之末
——历史记忆中的“察贝恩事件”初探

王炎坤

1913—1914年间发生于阿尔萨斯地区察贝恩小镇的“察贝恩事件”（Die Zabern-Affäre）是一次阿尔萨斯地方意志与德意志帝国中央权力相冲突和对抗的政治事件，也是第一次世界大战前夕德意志帝国政治危机的集中体现。“察贝恩事件”由一名年仅20岁的普鲁士驻阿尔萨斯地区第99步兵团中尉冯·福斯特纳（Günter Freiherr von Forstner）挑起，随着德法和其他国家的媒体和舆论的关注，这一事件不仅引发了德国历史上鲜有的1913年帝国国会提议的“罢免首相案”，还进一步引起了国际上对德意志帝国政治体制的争论。正所谓“风起于青萍之末”，“察贝恩事件”从发生、发展、结束到后续影响，都呈现出了“小事件—大影响”的特征。

本文主要探讨历史记忆中的“察贝恩事件”的始末及其演变。对“察贝恩事件”的记忆基于档案记载、媒体报道、回忆录和后人再创作的作品，在不同国家地区，随个体或群体的政治信仰和身份认同不同，对这一事件的历史记忆也不同，同时记忆也会在由短期转为长期的过程中发生沉淀和转变。因此论文主要探讨基于历史档案、新闻报道、回忆录、小说和讽刺漫画等文献中的“察贝恩事件”及其历史记忆。

一

1913年10月28日，在阿尔萨斯察贝恩小镇驻军的普鲁士第99步兵团中一位年仅20岁的中尉冯·福斯特纳，对察贝恩镇上的居民使用侮辱性的称呼“Wackes”[1]，拉开了“察贝恩事件”的序幕。当时美国驻德国大使詹姆斯·沃森·杰勒德（James Watson Gerard，1867年8月25日—1951年9月6日）在回忆录《我在德国的四年》（*My four years in Germany*）中，对这件事作了绘声绘色的描述。据记载，冯·福斯特纳中尉不仅称呼正在训练的阿尔萨斯新兵为“怪物”，并且告诉他的下属：“如果你受到‘怪物’攻击，就动用你的武器；如果你在这个过程中刺伤了一个‘怪物’，那么你就会从我这里得到10马克。”[2]他的下属也随之表示，自己也会给这样的‘英雄’加3马克。除此之外，冯·福斯特纳时常对阿尔萨斯新兵进行羞辱，比如他要求每个阿尔萨斯新兵在自我介绍时，都必须跟上一句：“我是个怪物。”他称呼阿尔萨斯新兵们为“外籍军团”，对他们说：“你可以在法国国旗上排泄！”[3]

进入近现代，对军队、军官、国家和国旗的尊重是每一名军人都需要遵守的军事道德，而冯·福斯特纳中尉公然使用粗鄙的词汇侮辱阿尔萨斯籍军人，这种行为不仅违背了军队的礼仪和传统，而且“Wackes”这样的称呼具有很强的政治敏感性，因此这在当地居民看来是一种带有传统军国主义色彩的蓄意挑衅行为。其他阿尔萨斯当地人对冯·福斯特纳中尉也极为不屑，尤其是年轻人。《我在德国的四年》记载，冯·福斯特纳中尉穿过城镇上的街道时，街头的几个当地年轻人向他喊道：“我们是阿尔萨斯怪人。”其他人跟着说：“告诉我，你，一个阿尔萨斯怪物，值多少钱？”“唉，当然是十马克。”[4]诸如此类的来自察贝恩的居民尤其是年轻人的嘲讽让冯·福斯特纳中尉放弃了独自出行，每次都由四名士兵组成的巡逻队护送他出行。与此同时，冯·福斯特纳中尉的行为愈发无理，例如他去餐馆就餐时会把一把装满子弹的左轮手枪放在盘子旁边，或者仅仅因为餐馆菜单上的“鸡块”一词用法

1　“Wackes”的意思是小偷、怪物、暴徒和恶棍，在当时德意志帝国中央和阿尔萨斯地方关系较为紧张的背景下，阿尔萨斯人民认为“Wackes”是“德国人”对阿尔萨斯人的攻击性术语。这一称呼也因其具有高度的政治敏感性，因其对德意志帝国中央和阿尔萨斯地方的关系具有足够的煽动性而被德意志帝国的军事法规禁用。

2　James W. Gerard: *My four years in Germany*, New York: Grosset & Dunlap, 1917, p.63.

3　同上。

4　同上书，p.64。

语单词“la poularde”[1]拼写，他就用剑划烂了菜单。[2]这些目中无人的傲慢举动也引起了当地人更多的反感和嘲讽。

察贝恩小镇日益加剧的紧张氛围引起了当地媒体的关注。1913 年 11 月 6 日，两家阿尔萨斯地方报纸《阿尔萨斯人》（*Elsässer*）和《察贝恩消息》（*Zaberner Anzeiger*）向公众报道了冯·福斯特纳中尉的羞辱言论和傲慢行为，引发了阿尔萨斯人民的极大愤慨。阿尔萨斯-洛林的省长卡尔·冯·韦德尔（Karl von Wedel）敦促该团团长冯·鲁特上校（Colonel von Reuter），以及指挥将领伯特·冯·戴姆林[3]（Berthold Karl Adolf von Deimling）将冯·福斯特纳中尉调离察贝恩当地并作撤职处理。[4]《柏林日报》在 11 月 12 日报道了冯·福斯特纳中尉因对阿尔萨斯新兵使用“怪人”这个侮辱性的词语将被判处监禁，并调到该团另一连。[5]但普鲁士军方并没有接受这一要求，在他们看来，对冯·福斯特纳中尉的严肃处理将有损于军队的荣誉和声望。1913 年 11 月 25 日，帝国国会就“察贝恩事件”展开了激烈的辩论。国防大臣冯·法尔肯海因（Erich von Falkenhayn）[6]宣布，冯·福斯特纳中尉的发言并不构成侮辱，因为“他一点也不知道他的话会被公众所知”。[7]冯·福斯特纳中尉仅仅被判软禁六天，对于公众尤其是阿尔萨斯当地人来说，这种象征性的惩罚等同于没有受到任何惩罚。[8]而在同一天，第 99 步兵团第五连的 10 名成员因军方怀疑他们向新闻界泄露了在察贝恩发生的冲突的相关细节而

1 la poularde 在法语中意为“喂肥的小母鸡”，在文中是“鸡块”的意思。

2 James W. Gerard: *My four years in Germany*, New York: Grosset & Dunlap, 1917, p.66.

3 冯·戴姆林（Berthold Karl Adolf von Deimling, 1853—1944）：德国将军，在第一次世界大战期间指挥部队参与米卢斯战役、凡尔登战役和索姆河战役等，战争结束后成为德国和平协会（DFG）和民主党成员。

4 Jack Beatty: *The Lost History of 1914: Reconsidering the Year the Great War Began*, Bloomsburry, New York, 2012, p.24.

5 *Berliner Tageblatt,* 12.11.1913.

6 冯·法尔肯海因（Erich von Falkenhayn, 1861—1922）：德国军事家、步兵上将，1914 年至 1916 年间任德军总参谋长。

7 Lamar Cecil, *Wilhelm II: Emperor and Exile, 1900–1941*, vol. 2, Chapel Hill and London: UNC Press Books, 1996, p.189.

8 Jack Beatty, *The Lost History of 1914: Reconsidering the Year the Great War Began*, New York: Bloomsburry, 2012, p.24

被捕。

阿尔萨斯当地人对普鲁士军方的抗议活动并没有得到德意志帝国中央政府的重视，与此同时，冯·福斯特纳中尉在他被软禁期间，在四名武装士兵的陪同下高调出现在公众面前，在当地年轻居民的嘲笑中穿过城市街道去购买巧克力和香烟等日用品。[1] 在当地人看来，冯·福斯特纳中尉在被处分期间高调出现在兵营外，是对阿尔萨斯人的进一步挑衅。这不仅仅是冯·福斯特纳的个人行为，也代表着普鲁士军方的态度。因此，他在外多次遭到青年示威者的嘲笑和辱骂，甚至警察当局也无法制止这种混乱场面。

1913 年 11 月 29 日，一大群阿尔萨斯居民聚集在驻军营房前，通过示威活动抗议军方对冯·福斯特纳中尉的纵容。冯·鲁特上校要求当地民政部门领导人马尔（Mahl）在警察的帮助下恢复秩序，驱散示威者，否则军队将采取必要行动。作为一名阿尔萨斯当地人，马尔同情当地民众，拒绝了这一请求，理由是示威者的表现很平和且没有违反法律的规定，并表示冯·鲁特上校威胁和计划围攻示威者的行为违反了德意志帝国宪法，因为只有皇帝可以宣布戒严状态。[2] 冯·鲁特上校没能得到当地政府的支持，于是命令士兵们随时待命，并准备好机关枪，清理公共广场。冯·鲁特上校威胁在驻军营房前的示威者，如果他们不离开，就会向他们开火。[3] 随后，冯·鲁特上校命令沙特中尉（Second Lieutenant Schadt）指挥卫兵驱散人群。沙特中尉把警卫召集起来，多次要求群众散开回家后带领士兵们冲进广场，把没有离开的群众驱赶到一条小巷子里，逮捕了大约 26 人。被捕者中并不全是参与抗议示威活动的人，很多是完全不知情的过路者和普通人。[4]

《我在德国的四年》一书中记载了普鲁士士兵以驱散示威群众为由，以群众嬉笑和走路过快或缓慢等荒唐的理由肆意逮捕附近居民的举动，他们甚至采取暴力行动，未经许可撞开居民房门逮捕无辜居民。[5] 其中，一名律师、当地法院的两名法

1　James W. Gerard, *My four years in Germany*, New York: Grosset & Dunlap, 1917, p.64

2　William Anderson, William Stearns Davis, Mason W. Tyler, *The Roots of the War: A Non-Technical History of Europe*, *1870–1914*, New York: The Century Co., 1918, p.219.

3　James W. Gerard, *My four years in Germany*, New York: Grosset & Dunlap, 1917, p.64.

4　同上书, p.65。

5　同上。

官和一名检察官在从法院回家的路上被逮捕后又被释放，其余被捕的人被整晚关在班克斯的一个煤仓的肮脏的地下室里。[1]当地一家刊登冯・福斯特纳中尉行为的报纸编辑部也遭到士兵的非法搜查。城市上空被紧张的氛围笼罩，街上架起机关枪。这一行动使“察贝恩事件”的严重性上升。冯・鲁特上校出动军队力量擅自搜捕的越界行为使当地政府和军方的关系更为紧张。同一天，察贝恩地方议会向帝国中央政府发去电报，抗议普鲁士军方任意逮捕当地人民的行为。

1913年11月30日，普鲁士国防大臣冯・法尔肯海因、冯・戴姆林将军和几位高级军官应威廉二世的要求抵达多瑙艾辛根（Donaueschingen），[2]开始了为期六天的会议。首相贝特曼・霍尔维格也参加了此次会议。会议结果是皇帝并不认为军方的行动越权和违法，他赞同军方在此次冲突中采取的行动。皇帝的态度进一步激化了德意志帝国内外的公众舆论，引起了很多人的抗议和不满。同年11月28日，3 000多名社会民主党成员反对军队在米卢斯（Mulhouse）[3]的武断行动和军事独裁，他们组织会议进行讨论。在会议上，与会者将军方及其支持者的行为描述为军事独裁，他们认为必要的话可以通过罢工来表达民众的诉求。与此同时，军方当天再次在米卢斯逮捕了部分阿尔萨斯公民。许多人对军方处理事情的方式感到震惊，尤其是社民党。来自各方的义愤填膺的声音掀起浪潮，席卷了整个帝国。

1913年12月2日，普鲁士军方在察贝恩的一家制鞋厂附近举行了一场军事演习。穿着考究的冯・福斯特纳中尉被鞋厂的工人们大声嘲笑，年轻的中尉十分愤怒，下令逮捕嘲笑他的工人们。大家一哄而散，在人群中只留下了身有残疾的鞋匠卡尔・布兰克（Karl Blank）。冯・福斯特纳情绪失控，用剑攻击布兰克，导致布兰克的头部严重受伤。[4]这一攻击行为让事件性质再升级。同一天，斯特拉斯堡、阿尔萨斯和洛林等几个城市的市长呼吁皇帝采取措施来保证他们的居民免受军事专

---

1 James W. Gerard, *My four years in Germany*, New York: Grosset & Dunlap, 1917, p.66.

2 多瑙艾辛根（Donaueschingen）是位于德意志巴登-符腾堡地区西南面的一个小镇，当时皇帝威廉二世在此地的一个庄园度假。

3 米卢斯（Mulhouse）：位于德国边界的阿尔萨斯地区，在伊尔河和罗讷—莱茵运河畔。

4 James W. Gerard, *My four years in Germany*, New York: Grosset & Dunlap, 1917, pp.66-67.

制的侵害。[1]至此，“察贝恩事件”由地方扩展到全国，也引发了法国媒体的特别关注。

二

对“察贝恩事件”发生的记载和报道在法国有着不同的视角，也补充了至关重要的细节，以法国媒体《时报》对于“察贝恩事件”所作的系列追踪报道为代表。《时报》的报道坚持认为11月28日晚上察贝恩十分安静，但上校已经派人提前把地下室的煤取了出来，他打算把地下室当监狱用。当地的商店老板被士兵警告不要在街上游荡，因为晚上可能会发生动乱。晚上19点15分，冯·鲁特上校的部队出现在街道上，手里拿着刺刀，向被鼓声吸引到广场上的人群冲去，并实施了逮捕民众的军事行动。之后上校在回答市政官员的抗议时表示他是按照上级的命令行事。《时报》的这篇报道认为军方的逮捕行动是有预谋的，这是泛德意志主义指导下的策略，反映了德意志帝国意欲引发德法战争的态度。

在《时报》的报道中，冯·鲁特上校在面对当地人的示威和抗议活动时，计划对察贝恩进行第一阶段的军事化行动。但由于他无法实施戒严行动，因此他递交了辞呈。随后，他与冯·戴姆林将军会面，将军与他分享了一封王储发来的内容为“始终坚定地前进（Immer feste drueff）！”的电报。他认为这封具有巨大鼓励意义的电报可以成为他在察贝恩动用武力的充分理由，于是他计划采取更有力的措施重新尝试实施军事化行动的第二阶段。冯·鲁特上校拒绝了辞呈，并将其改为休假。[2]《时报》认为冯·鲁特上校是德意志帝国通过从小学到大学的教育系统培养出来的军人典型代表。[3]他的行为很大程度上能够反映德意志帝国军方的立场和态度。而围绕王储发电报的争议和讨论成了法国媒体对“察贝恩事件”最大的关注点之一。

---

1 Jack Beatty, *The Lost History of 1914: Reconsidering the Year the Great War Began*, New York: Bloomsburry, 2012, p.32.

2 *Le Temps*, 26.11.1913.

3 *Le Temps*, 06.01.1914.

报道王储发这两封电报最早的是德国媒体，1914 年 1 月 6 日，德国报纸《法兰克福报》驻斯特拉斯堡的记者报道，王储分别于 28 日和 29 日给冯·戴姆林将军发了两封电报。第一封电报指示“始终坚定地前进”，而第二封电报只是叫好。[1] 1914 年 1 月 2 日，德国慕尼黑著名讽刺漫画周刊《简约杂志》(*Simplicissimus*) 在王储抵达柏林的第二天，在头版刊登了一幅漫画（见图 2），上面显示威廉二世坐在扶手椅上向皇后讲话：“我只想知道那个男孩从哪儿养成了他妈的电报习惯！”[2] 1914 年 1 月 19 日，标题为“始终坚定地前进”的漫画发表，并配以大幅王储的漫画人物画像（见图 3）。图画中王储身穿军装，手拄权杖，面色严肃地望向前方，王储的形象生动地表达了电报的内容。

图 2[3]

图 3[4]

1 *Frankfurter Zeitung*, 06.01.1914.

2 *Simplicissimus*, 02.01.1914.

3 *Simplicissimus*, 19.01.1914.

4 *Simplicissimus*, 02.01.1914.

对于电报一事，当事人威廉在他的个人回忆录《王储回忆录》（*The memoirs of the Crown Prince of Germany*）中对自己的行为和军方的行为作了辩解。在威廉的回忆录中，“察贝恩事件”发生时军队是无辜的。他记得两名飞行员告诉他当时冲突发生的原因是，在事件发生的那一天深受法国文化影响的阿尔萨斯人介绍了各种颜色所代表的含义，因此有人建议军方当天不要出现在街头，以免当地人看到普鲁士军人的制服颜色可能会受到刺激。[1]然而冲突还是出现了，但是平民百姓侮辱了普鲁士军队，军官只是为自己辩护，然而整个世界突然联合起来指责普鲁士的军国主义传统。[2]这在威廉看来，是无法理解的。威廉表示，在这个时刻，外国（主要指法国）和当时所谓追求绝对正义的“狡辩者”正在竭尽全力诋毁德意志帝国最重要也是唯一的力量——军队。

他在回忆录中写道：“正如我所说的那样，媒体对我和我的同志们的报道，让我们受到了公众舆论的压力。我确实接到了冯·戴姆林将军和冯·鲁特上校的消息。但媒体报道称我向冯·鲁特上校发送了一封电报，上面写着‘始终坚定地前进（Immer feste drueff）’，在这之后我从报纸上看到了很多所谓和平爱好者的虚假想象。事实上，由于军队的声望受到威胁，我曾向冯·鲁特上校发电报建议他应该采取严厉的措施。如果冯·福斯特纳中尉受到谴责，那么意味着每个流氓都可以挑衅军队。由于民政当局的态度松懈，军方已经发现自己陷入了最困难的境地。我想知道如果一名军官像冯·福斯特纳中尉那样被挑衅的事情发生在英国或者法国会怎样。”[3]事实上，关于王储电报的内容的报道是否真实在当时人们的眼中已经没有那么重要，由王储身份而引发的代表统治阶层的态度已经足够吸引大众的舆论和眼球。

除了新闻媒体，深受法国文化影响的阿尔萨斯著名漫画家让-雅克·华尔兹（Jean-Jacques Waltz）在1913年底根据察贝恩事件，在他的《汉斯叔叔给小朋友们讲历史故事》（*L'histoire d'Alsace recontée aux petits enfants par l'Oncle Hansi*）中画了标题名为“如果在被德国占领40年后的察贝恩，冯·福斯特纳先生去购买

1　Friedrich Wilhelm, *The memoirs of the Crown Prince of Germany,* Ontario Liegislative Library, 1980, p.112.

2　同上书，p.114。

3　同上书，p.115。

图 4

一片巧克力”的系列插画。[1]这些插画生动形象地将察贝恩事件各个阶段的场景描绘了出来。图 4 即为汉斯漫画中刻画的冯·福斯特纳中尉出行时被武装士兵护送的场景，画中的普鲁士军官和士兵昂首阔步走在察贝恩的街道上，街道两旁有很多本地人围观。这幅漫画将普鲁士军队在察贝恩小镇驻扎时的绝对权威表现得淋漓尽致。尽管汉斯的绘画更偏向于为儿童创作的漫画风格，但他的漫画却成为阿尔萨斯动荡时期的一个快照，照下了例如皇帝、大臣和议会的典型特征。从汉斯的插画可以看出德国军队从未赢得过阿尔萨斯人的心，阿尔萨斯人完全厌倦了泛德意志主义和普鲁士军国主义。[2]

三

1913 年 12 月 3 日，德国中央党[3]（Die Deutsche Zentrumspartei）、德国社会民主党[4]

1 Emile Hinzelin, *L'Alsace, la Lorraine et la paix*, Editions de la Marche de France, Paris, vers 1928, pp.211–212.

2 Hansi, *L'histoire d'Alsace recontée aux petits enfants par l'Oncle Hansi,* 1920, p.2.

3 德国中央党：成立于 1870 年，是德国的天主教政党，在德意志帝国时期和魏玛共和国期间有较大的影响力。因其反对首相冯·俾斯麦发起的文化斗争（1873—1887 年罗马天主教会和德国政府之间围绕教育和教职任命权进行的文化斗争），在信奉天主教的群众中拥有一定的影响力，成为帝国议会的重要党派之一，并且在大多数问题上发挥了决定性作用。

4 德国社会民主党：始建于 1863 年，是德国现存最古老的政党，也是世界上最古老、最大的政党之一。社会民主党来源于工人运动和社会主义思想，在保持致力于社会福利的前提下，它接受了一些新自由主义的思想。1890 年，德国社会民主党已经占据了 27.2% 的席位，1912 年，提高到了 34.8%。1913 年倍倍尔死后，弗里德里希·艾伯特（Friedrich Ebert）和胡戈·哈阿泽（Hugo Haase）共同领导社会民主党。

（Die Sozialdemokratische Partei Deutschlands）和进步人民党[1]（Die Fortschrittliche Volkspartei）向首相贝特曼·霍尔维格提出国会质询。中央党的卡尔·豪斯（Karl Hauss）、进步人民党的罗瑟（Roser）、社民党的雅克·皮罗特斯（Jacques Peirotes）三位政党代表表达了他们对于发生在察贝恩的这一事件的意见，从而开始了讨论。[2]同一天，社民党主席呼吁该党所有组织举行抗议大会。[3]

随后，贝特曼·霍尔维格在回答这些问题的总结性讲话中坚持认为军队的行为是在保卫自己的权利免受侵犯，军官在受到持续性的侮辱和攻击之后被动作出了这些应激性的反应。同时，首相还辩论了"Wackes"这一词并非人们普遍认为的那样具有羞辱性，反而是阿尔萨斯地方的人民为德国人贴上了"普鲁士"的标签，他们在强调"普鲁士"的同时，也将自身与德意志帝国区分开，而这种对德意志帝国的不认同和区别对待本身就是一种错误。[4]国会不认同军方在解决军事和民事权力冲突的问题上傲慢的处理方式，并敦促贝特曼·霍尔维格宣布冯·福斯特纳中尉将受到惩罚。事实上，由于德意志帝国的政治体制，军队是属于皇帝的，首相和任何普通公民一样，在这一事件中没有决定权。之后，国防大臣冯·法尔肯海因第一次在帝国议会讲话。他声称军官们只是在履行职责，并不存在媒体所报道的那些事实，并抨击新闻界用宣传和煽动性的手段夸大和渲染了这一事件，目的是对军队施加恶劣影响。此时，国会和首相的观点产生了很大分歧，辩论在第二天继续进行，贝特曼·霍尔维格再次发表演讲，但没能改变国会的决定。

1913年12月4日，帝国国会发起对首相不信任投票，[5]以293票赞成、4票弃

1　德国进步人民党：成立于1910年3月6日，是一个自由思想的人民党，由自由思想联盟和德国人民党合并，以统一在议会中代表的各种支离破碎的自由派团体。在1907年联邦大选期间，这两个自由思想的政党曾联合起来支持承诺改革政治结构的首相伯恩哈德·冯·布洛。进步人民党要求所有人享有完全平等的投票权，废除普鲁士三级特许经营制度，制定新的地方选举法和修改帝国宪法，将帝国转变为议会民主君主制。他们还主张教会与国家分离、自由贸易、累进税收以及工作人员的安全、健康和福利。到1912年，该党在德意志帝国的19个省中有代表，包括在阿尔萨斯-洛林皇家领土的阿尔萨斯进步党分支。选民主要是中产阶级和学者，还有雇员和工会会员。

2　W. H. Dawson, *The German Empire 1867–1914 and the Unity Movement*, II, New York: Macmillan co., 1919, pp.364–365.

3　Theobald (Kurt Tucholsky), *Der Held von Zabern*. In: Vorwärts, Vol. 30, No. 318, December 3, 1913.

4　Verhandlungen des Reichstages, Sitzung 189, 1914, pp.6155–6157.

5　国会常任命令33a，这是自1912年以来国会一直使用的一个部分。

权和54票反对通过了一项决议："首相以不符合国会意见的方式处理了与察贝恩事件有关的事务。"[1]虽然只有以容克为主体的保守党反对这项决议，但根据投票结果来看国会的罢免首相议案最终失败。事实上，面对国会的反对，社会民主党曾要求首相贝特曼·霍尔维格辞职，但他拒绝了，并表明自己只依附于皇帝。根据德意志帝国宪法第15条规定，只有皇帝可以罢免首相。此外，贝特曼·霍尔维格否认国会对政府具有约束力。这次国会和政府之间的政治斗争更清楚地表明了德意志帝国政府缺乏控制力和话语权，且帝国国会和政党在帝国事务中处于次要地位。与此同时，为了暂时避免出现进一步的问题，皇帝于12月5日下令部队暂时撤出察贝恩。在接下来的两天里，士兵们转移到奥伯霍芬（靠近哈瓜瑙）和比奇的部队训练场。同一天，向当地媒体通报了冯·福斯特纳中尉等人行为的"告密者"全部被捕。

1913年12月7日，在社会民主党的领导下，德国17个城市[2]举行集会和游行示威。社会民主人士反对军队独裁和滥用权力，并要求贝特曼·霍尔维格和冯·法尔肯海恩辞职。[3]一场反对军国主义和捍卫德意志帝国少数民族权利的人民运动展开，但很快被镇压下去了。

1913年12月11日，斯特拉斯堡军事法庭判处两名从察贝恩招募的新兵分别为期三周和六周的军事逮捕，因为他们公开证实了冯·福斯特纳中尉的侮辱性言论。[4]斯特拉斯堡警方应第十五陆军总司令部的要求，于12月17日没收了克洛默和施拉克留声机公司的录音带。录音以鼓点为背景，通过对话还原了察贝恩事件。此外，由于阿尔萨斯人对德国军官的侮辱，军方对此提起了法律诉讼。

12月22日，柏林警察局长冯·贾戈（von Jagow）发表了一封公开信，他在信中为冯·福斯特纳中尉辩护，并试图以此影响公众舆论。他认为："军事演

---

1 William Anderson, William Stearns Davis, Mason W. Tyler, *The Roots of the War: A Non-Technical History of Europe, 1870–1914*, New York: The Century Co., 1918, p.221.

2 17个城市包括柏林、布雷斯劳、开姆尼茨、杜伊斯堡、杜塞尔多夫、埃尔伯菲尔德、科隆、莱比锡、穆勒海姆、德鲁尔、慕尼黑、索林根和斯特拉斯堡等。

3 Jack Beatty, *The Lost History of 1914: Reconsidering the Year the Great War Began*, New York: Bloomsburry, 2012, p.32.

4 James W. Gerard, *My four years in Germany*, New York: Grosset & Dunlap, 1917, p.70.

习是国家的行为。妨碍国家行为的，必须受到起诉和处罚。因此，冯·福斯特纳中尉不需要接受审判，更不用说受到惩罚了……如果驻扎在敌国的德国军官因为行使国家权力而面临被非法拘留的危险，那么就是对在这块土地上最崇高职业的羞辱。”[1]

然而，美国驻德国大使詹姆斯·沃森·杰勒德出席了针对“察贝恩事件”的国会辩论后却认为，1913 年至 1914 年发生的“察贝恩事件”是德国军国主义和军事专制主导下迅速发动战争的前兆。[2]在这件事中，德国人民表现出了对邻国的恐惧，这种恐惧使他们屈从于军事贵族的傲慢和骚动，却也做好了解除武器和非军事化的准备。[3]

法国的《权威报》（*L'autorité*）针对 12 月 3 日、4 日的辩论，再次提及了王储鼓励在困境中的冯·鲁特上校和冯·戴姆林将军的行为，强调王储与军方站在同一战线上。[4]随后《权威报》又报道了王储因为皇帝得知他给冯·鲁特上校发了具有鼓励其行为意义的电报，突然从丹泽被调回柏林工作。报道认为王储对“察贝恩事件”的干涉影响了审判结果，并提出军事法庭审判后一位名为佩莱特·纳邦（Pelet-Narbonne）的法官曾分别给王储、柏林警察局局长冯·贾戈和奥尔登堡·贾努肖（Oldenburg-Januschau）发送电报。[5]这一系列报道暗示王储、警察局长冯·贾戈和奥尔登堡·贾努肖之间存在着某种联系。王储的行动表明，德意志帝国呈现出了两种政治上的分化，一种试图解决由帝国国会、帝国首相和皇帝组成的政权中出现的问题，另一种则保留独裁、军事统治和对外国尤其法国的好战性。[6]这两者其实分别指德意志帝国政治中的自由派和保守派。

至此，在察贝恩小镇，由年轻中尉冯·福斯特纳挑起的军方和阿尔萨斯民众的冲突，已经远远超出政府的控制，引起了舆论对德意志帝国政府和军队的质疑，尤其是对根深蒂固的军国主义传统的抨击。

1　Barry Cerf, *Alsace-Lorraine since 1870*, New York: The Macmillan, 1919, p.59.

2　James W. Gerard, *My four years in Germany*, Grosset & Dunlap, New York, 1917, p.107.

3　同上书，p.108。

4　*L'autorite,* 05.12.1913.

5　同上。

6　*Le Temps,* 06.01.1914.

四

1914年1月5日，斯特拉斯堡军事法庭正式开庭，对冯·鲁特上校和沙特中尉非法逮捕无辜民众的行为进行审判。在审判过程中，一位目击者证实冯·鲁特上校骂他粗鲁。上校听到该证词后向法庭严肃澄清："那个家伙没有脱帽就从我身边经过，这样从普鲁士上校身边经过是无礼的。"[1]诸如此类的逮捕还有很多，比如沙特中尉逮捕了一名银行柜员，原因竟然是他认为这名银行柜员在对他做鬼脸。年仅19岁的沙特中尉在出庭作证时表示这些行为发生时他喝醉了。在审判时法官问及沙特中尉非法逮捕当地司法机关的检察官和民事法庭法官的原因，他表示："检察官和法官都特别具有挑衅性。一个法官对我说：'我不会听从你的命令。'我自然逮捕了他。我把所有笑我的人都逮捕了。因为他们太懦弱了，不敢当着我的面做这件事，所以我必须用强硬坚决的态度引导他们。与此同时，我们还需要被迫闯入一些当地人的房子去捉拿罪犯。"[2]

最终，斯特拉斯堡军事法庭宣布冯·鲁特上校和沙特中尉无罪。沙特中尉无罪的理由是他只是服从上级的命令。而冯·鲁特上校无罪的原因是他没有任何违反法律的意图，且他的行为符合1820年10月17日普鲁士军事内阁的一项法令。[3]这条法令表明当政府介入某项紧急事务较慢时允许军队先介入处理。[4]这条法令仅仅是普鲁士军方的一项内部法令，从来没有得到过任何签署和发表，但在斯特拉斯堡军事审判之际它被列入军官的机密指示文件。

1914年1月10日，冯·福斯特纳中尉在第二次上诉审判结束后，法院撤销了第一次军事法庭判决的逮捕43天的惩罚，以冯·福斯特纳中尉只行使了自卫的权利为由对其无罪释放。[5]而事实是中尉有四名武装士兵陪同，而鞋匠布兰克没有武装且身受重伤，士兵抓捕布兰克之后搜出了他口袋里的一把小刀，便以此认定布兰

1 *The German Military Despotism*.17 January, 1914, p.5.

2 同上。

3 Jack Beatty, *The Lost History of 1914: Reconsidering the Year the Great War Began*, New York: Bloomsburry, 2012, p.25.

4 同上。

5 Verhandlungen des Reichstages, Sitzung 189, 1914, p.6461.

克有刺伤中尉的意图。[1]最终，冯·福斯特纳中尉以暴力捍卫军队的权威和荣誉的行为得到了军方的认可，而军事法庭的审判方便是由普鲁士的高级军官组成的，所以审判结果也就显而易见。

对于审判结果，许多自由派公民感到非常失望，但在场的军事人员却在审判结束后在法庭上欢呼，祝贺几名被告被判无罪。皇帝威廉二世对此也很满意，通过信件给冯·鲁特上校颁发了一枚奖章。[2]据德国媒体报道，冯·鲁特收到了五万至七万封贺信，其中有一封来自王储的内容为“始终坚定地前进”的电报。在审判过程中，当有人指出他的下属的行为可能导致流血事件时，他表示：“公民因嘲笑军方被捕导致流血是一件好事。”[3]从斯特拉斯堡军事审判的结果来看，军队作为强大而自信的胜利者，在帝国中确立了它的神圣不可侵犯的地位。

1914年1月14日，帝国国会决定成立一个委员会，在法律上规范军方在地方政府方面各自的权力。[4]民族自由党[5]（Die Nationalliberale Partei）主席恩斯特·巴瑟曼（Ernst Bassermann）和中央党政治家马丁·斯帕恩（Martin Spahn）提出两项议案，要求帝国政府就军事实例的民事法律权限作出解释。十天后国会批准了这两项议案。[6]当天，阿尔萨斯地方议会通过的决议中对这次“察贝恩事件”后军事法庭的审判结果发表了评论，评论一方面为地方政府的行为辩护，另一方面也谴责普鲁士军方的行动以及军事法庭对几名涉事军官的无罪释放。

1914年1月20日，阿尔萨斯-洛林上议院投票通过了一项决议，这一决议特别强调尊重法律的必要性。阿尔萨斯地方政府认为如果普鲁士军方没有组织军队与民众发生冲突，且没有出现冯·福斯特纳中尉侮辱挑衅性质的行为和冯·鲁特上校

---

1 James W. Gerard, *My four years in Germany*, New York: Grosset & Dunlap, 1917, pp.66-67.

2 Verhandlungen des Reichstages, Sitzung 189, 1914, p.6463.

3 同上书, p.6464。

4 Ulrich Rauscher, *Den braven Bürgern*. Die Schaubühne, January 15, 1914, p.70.

5 民族自由党：是北德联邦和德意志帝国的自由党，在1867年至1918年之间，即普鲁士领导的德国统一期间，全国自由党成为国会大厦中的主导政党。

6 Jack Beatty, *The Lost History of 1914: Reconsidering the Year the Great War Began*, New York: Bloomsburry, 2012, p.34.

违反法律的行为，“察贝恩事件”本来是可以避免的。

1914 年 1 月 24 日，帝国国会通过了一项议案，呼吁“以保证地方政府独立的方式规范军队干涉问题”，但这项规定并没有被纳入帝国的法律。[1] 社会民主党成员和阿尔萨斯地方议会的议员提出的议案被提交给一个特殊的委员会，这也意味着帝国议会以后不会听到任何来自地方议员的提议。2 月 26 日，各党派的邦议会（Landtag）代表在斯特拉斯堡成立了阿尔萨斯-洛林保卫联盟。[2]

1914 年 1 月 31 日后，阿尔萨斯地方政府中的很多官员[3] 因在军事法庭审判之前，为捍卫地方政府的权利而作证反对军方，在军事审判结果出来后名誉扫地并辞职。在阿尔萨斯地方政府的职位变动中，最重要的有阿尔萨斯-洛林国务秘书雨果・佐恩・冯・布拉赫（Hugo Zorn von Bulach）被波茨坦上议院议员西格弗里德・冯・罗德恩（Siegfried von Roedern）接替；[4] 以及阿尔萨斯-洛林的省长卡尔・冯・韦德尔（Karl von Wedel）在 4 月 18 日辞职后，被前普鲁士内政部长约翰・冯・达尔维茨[5]（Johann von Dallwitz）接替。[6] 达尔维茨是权威国家的坚定拥护者，这让阿尔萨斯人大失所望。

1914 年 3 月 19 日，威廉二世颁布了《关于军队使用武器和参与镇压国内动乱的规定》。[7] 这一法令禁止普鲁士军队擅自介入阿尔萨斯地方政府的责任领域，所以地方政府不得要求提前部署部队。直到 1936 年 1 月 17 日，纳粹德国通过《关于国防军使用武器的法令》后才废除了这项法律。之后，阿尔萨斯地方议会在 6 月 16 日发布了一项法令，根据该法令，未来应征入伍的所有军人只能在（德国以外的）

---

1 *Verhandlungen des Reichstages,* Sitzung 199, 1914, p.6787.

2 同上书 , Sitzung 222, 1914, p.7611。

3 他们中的大多数是移民的德国人。

4 *Verhandlungen des Reichstages*, Sitzung 202, 1914, p.6865.

5 冯・达尔维茨（1855—1919）：德意志帝国时期的政治家。他于 1910 年至 1914 年担任普鲁士内政部长。在与保守派同事发生冲突后，他辞去了职务。1914 年，达尔维茨被威廉二世选为卡尔・冯・韦德尔伯爵的继任者，成为阿尔萨斯-洛林的帝国统治者。在此期间，他试图加入帝国的普鲁士集团。然而，第一次世界大战的爆发以及随后阿尔萨斯-洛林和普鲁士人口之间的冲突导致了 1918 年 10 月 14 日达尔维茨的辞职。

6 *Verhandlungen des Reichstages*, Sitzung 202, 1914, p.6865.

7 同上书 , p.8095。

阿尔萨斯-洛林地区服役。[1]

德意志帝国首相贝特曼后来在他对战争的回忆录《对世界大战的思考》（*Reflections on the World War*）中对“察贝恩事件”发生的时代背景和政治背景作了具体的阐述，仍然坚持为军方行为的合理性辩解。贝特曼认为在阿尔萨斯-洛林的政治问题上，他没有充分考虑外国局势。阿尔萨斯-洛林的事务确实具有国际意义和重要性，德国应当态度鲜明地宣示主权。英国媒体对阿尔萨斯问题表现出了浓厚的兴趣，尤其在1914年春天。同时，当时俄罗斯政府有意识、有计划地在发动一场世界大战。[2]阿尔萨斯-洛林的宪法于1911年推行，将成为一个防止联邦政府自治的阶段。然而，这一特殊的政治构想与长期以来阻碍各省管理的一般政治观点之间的摩擦现在导致了国会和政府之间公开的争论。军事和政治观点之间的冲突在“察贝恩事件”中以一种激烈的形式出现在人们的面前。泛德意志和军国主义者的过度行为最终都使政府失去信誉。[3]从贝特曼的回忆录中看，察贝恩事件是阿尔萨斯问题的一个窗口，而阿尔萨斯问题则折射出欧洲各国在政治上、军事上各自的利益倾向和态度。这一小事件折射出了世界大战前德国内部和外部的政治环境，贝特曼并不认为是否公正地解决这一事件是一个十分重要的问题。他选择将更多的注意力放在了发动战争上。

1914年6月28日第一次世界大战发生后，帝国和阿尔萨斯地方的注意力都发生了转移，双方矛盾随着战争的爆发渐渐平息。1915年，冯·福斯特纳在东部战线的科布林（Kobryn）战役中丧生，“察贝恩事件”也终于落下了帷幕。

五

“察贝恩事件”在1918年出版的亨利希·曼（Heinrich Mann）的小说《臣仆》

---

1 *Verhandlungen des Reichstages*, Sitzung 237, 1914, p.8095.

2 Bethmann-Hollweg, *Reflections on the World War*, in Great Brilain, 1920, p.98.

3 同上书，p.99。

（*Der Untertan*）中成了故事背景，同时作者还参考了该事件中军官、威廉皇帝和保守派大臣等人物形象和故事情节进行创作。这一在风云变幻的背景下，由普鲁士军方和属于德意志帝国却相对独立且精神上更亲近法国文化的阿尔萨斯地方发生激烈碰撞而产生的小事件，发生在第一次世界大战前夕，在人类历史上第一次恢宏壮烈的战争背景的映衬下显得愈发渺小，虽然在事发当时吸引了很多人的关注，却在战争爆发后匆匆落幕。事实上，“察贝恩事件”在历史上“昙花一现”致使我们正在遗忘或已经遗忘了它，但这并不代表这一事件对历史发展毫无意义。正是这样的小事件，却在一战前夕加速和催化了德意志帝国内部的政治和社会矛盾以及中央与地方的矛盾，在国际上引起了对帝国专制主义和军国主义的舆论抨击。处于内外夹击的德意志帝国该何去何从？历史发展告诉我们最终的结果是德意志帝国选择了发动战争。诚然，第一次世界大战的爆发有诸多复杂而深刻的因素，但不可否认的是“察贝恩事件”这样的小事件却在历史发展中创造了“风起于青萍之末”的巨大效果。

历史档案是认识“察贝恩事件”历史记忆的相对客观全面的材料。在历史文献中，对于因“察贝恩事件”引发的议会和政府之间的辩论和政党之间的争论是主体。而各方媒体视野中的“察贝恩事件”，可以丰富事件本身的细节，也因此让人们对事件有了不同角度的生动认识和深入了解。随着时间的推演，1917 年以后，乃至 1923 年仍有报道提起“察贝恩事件”，这些特质使得公众对“察贝恩事件”的记忆有了交互变化的延续性认识。记忆的内容不再单调一致，因不同国家不同民族不同政治立场等而异。最后，具有典型性的回忆录、讽刺漫画和文学作品里的“察贝恩事件”，角度更为多元，且受个人情感和政治立场的影响更多，对于该事件的描述也更加细致和生动。

对“察贝恩事件”的研究，本文仅作了初步探讨，从不同的研究角度还可以赋予其不同的历史意义。首先，这一事件是认识德国和法国的边界问题、领土之争和两国关系的微观窗口。“阿尔萨斯-洛林”和德法领土之争的大背景为“察贝恩事件”的爆发提供了土壤，德法边境问题的历史之争在这一事件上再一次淋漓尽致地展现。其次，从传统帝国史和新帝国史的辩证角度看，这一事件体现了德意志帝国中央对阿尔萨斯地方控制、镇压和影响的一面，同时阿尔萨斯地方对帝国中央的退让、反抗以及通过公众舆论向中央政府施压的一面也得以展现。接着，从社会史和文化史的角度看，“察贝恩事件”成为探讨德法文化交互影响下的阿尔萨斯地区原住民身份认同和民族情感的窗口。深深植根于法国文化的阿尔萨斯地区对德意志帝国的统治和德国人身份的认同是存在离心力的，德意志帝国对于这一问题同样深感力不从心，因此双方在爆发冲突和碰撞后会产生更激烈的镇压和反抗活动，而双方之间的距离也随之越来越远。最后，从大众传媒和新闻研究角度看，这一事件是大众传媒影响和推动历史事件发展的典例。“察贝恩事件”在经过媒体报道后因其戏剧性的起因和经过受到了新闻界和公众舆论的极大关注，这一事件中蕴含的意义也被媒体和舆论的讨论扩大，事件也随之不断升级。各方媒体以此事件为引子，在舆论界展开了对德意志帝国政治体制这一意义重大的话题的讨论，“察贝恩事件”也因此成为一战前夕引发帝国政治动荡的关键事件。

在探讨“察贝恩事件”的真相以及对该事件的记忆由具体到抽象，由短期到长期的运动过程之余，我们可以发现“察贝恩事件”反映了一战前的德国政治与社会现状，通过该事件也可以看出法国对于阿尔萨斯地区的渴求，它与法德边境领土的历史之争密切相关，与“一战”的爆发以及战后的领土分割相关。可以说，“察贝恩事件”发生后在德国产生的政治和社会动荡，在某种程度上成为德国发动第一次世界大战的原因之一，也成为德国战败后法国要求重新获得阿尔萨斯-洛林地区的理由。但反过来，“一战”的爆发也促使“察贝恩事件”匆匆结束，这一事件在德国政治体制、中央与地方的关系和社会舆论方面产生的持续性影响也随之冻结。因此有学者猜测，如果在“察贝恩事件”中德意志帝国内部政治意见统一，且及时妥善处理中央与地方的矛盾，控制和安抚国内外公众舆论，那么是不是可以避免“一战”的爆发。当然，历史研究者无从假设和改变历史，但这也从侧面反映出“察贝恩事件”的深刻影响。

随着历史的进展，阿尔萨斯地区在德法之间的争夺并没有结束，希特勒上台后将阿尔萨斯地区夺回，“二战”后阿尔萨斯地区重新属于法国。对于察贝恩事件的记忆也成了探寻德法领土之争背后的历史文化原因的窗口。察贝恩所属的阿尔萨斯地区历经德法百年争夺，其有关德国和法国的民族情感和认同对于德法关系问题的探讨具有重要意义，而各国对该事件的看法和记忆的差异也可以成为思考德法关系、历史文化差异的重要线索。

作者王炎坤，华东师范大学历史学系硕士生，于2018年4—7月在德国柏林自由大学做访问学生。

柏林非洲街区更名争议始末

梁静怡

近年来，柏林非洲街区内的三条街名引发了持久、激烈的公共讨论。街区中绝大多数街名与德国殖民历史有着深厚渊源。2004 年以来，柏林的黑人社群与相关社会组织致力于推动非洲街区更改街名，要求撤除其中三条纪念殖民统治者的街名，重新冠以非洲反殖民斗士之名，进而将该地打造为反殖民历史纪念空间。更名倡议声势日渐壮大的同时也招致了街区居民的剧烈反对。双方僵持不下，街区更名至今悬而未决。本文将梳理这场关于历史街名的更名始末，再进一步分析这场争议的核心问题。

一　非洲街区的历史背景

19 世纪下半叶，威丁区的开发为新地名入驻柏林街头提供了空间。这一时期，德意志帝国的工业快速发展，原本只是柏林城外的一个农村的威丁区也在这一时期被并入柏林，成了柏林的工业用地。与此同时，为了解决随之涌入的大量工人的住房问题，威丁区兴修了大量住宅区。[1] 这些新住宅区内纵横交错的街道，成了城市地名的实验场。

1　Alexander Honold, “Afrika in Berlin: Ein Stadtviertel als postkolonialer Gedächtnisraum”, *iz3w*, No. 278/279 (2004), S.57.

1899年，德皇威廉二世将威丁区一片新住宅区中的两条街道分别命名为多哥街（Togo straße）和喀麦隆街（Kameruner Straße）。这两条街道命名后，柏林市政当局在一份相关报告中提及了公众对这一做法的欢迎："公众慷慨激昂，愈发频繁地要求类比其他国家首都的做法，用殖民地为街道命名。"[1] 这两条街道也绝非后无来者的特例，恰恰相反，它们仅仅是拉开了一场更大规模的命名运动的序幕。早在计划这两条街道名称的方案之时，柏林市政当局就对这片区域的街名布局有长远规划："除此之外，正在规划建设的米勒街、斯街和荣芬海德（Jungfernheide）之间的地段，要为其余德国殖民地地名也逐渐成为街道名称提供机会。"[2] 直到1918年德国"一战"战败，失去所有殖民地，这片区域内又相继有十条街道以非洲地名和德国殖民活动家命名，分别是非洲大街吕德里茨街（Lüderitzstraße, 1902）、[3] 几内亚街（Guineastraße, 1903）、[4] 非洲大街（Afrikanische Straße, 1906）、德兰士瓦街（Transvaalstraße, 1907）、[5] 斯瓦科普蒙德街（Swakopmunder Straße, 1910）、[6] 温德和克街（Windhuker Straße, 1910）、[7] 纳赫提噶尔广场（Nachtigalplatz, 1910）、[8] 奥塔维街（Otawistraße, 1911）、[9] 刚果街（Kongostraße, 1912）、[10] 桑给巴尔街（Sansibarstraße,

---

1　Geheimes Staatsarchiv (GStA) PK: HA I Rep. 77, Tit. 1319, Nr. 2, Bd. 17. 转引自 BER (Berliner Entwicklunspolitischer Ratschlag e. V.), *Dossier: Straßennamen mit Bezügen zum Kolonialismus in Berlin*. Berlin: BER e. V., 2016, S.50。

2　Geheimes Staatsarchiv (GStA) PK: HA I Rep. 77, Tit. 1319, Nr. 2, Bd. 17. 转引自 BER (Berliner Entwicklungspolitische Ratschlag) e. V., Hrsg., *Stadt neu lesen: Dossier zu kolonialen und rassistischen Straßennamen in Berlin*, Berlin: BER e. V., 2016, S.50。

3　吕德里茨街纪念殖民先驱阿道夫·吕德里茨（1834—1886），1883年他从纳马族酋长处购得了奥兰治河（Der Oranje）河口地区的大量土地，一年后，这一地区成了德国最早的殖民地之一，德属西南非（今纳米比亚）。

4　几内亚为西非沿海地区地理名称，17世纪勃兰登堡公国曾在这里修建了一座用于奴隶贸易的堡垒，前德国殖民地多哥与喀麦隆也坐落于此。

5　德兰士瓦为南非共和国旧称。德国曾在布尔战争中支持德兰士瓦反抗大英帝国，1907年得名的德兰士瓦街纪念1902年南非独立。

6　斯瓦科普蒙德为德属西南非（今纳米比亚）的一座小城市。

7　温德和克，旧德属西南非、今纳米比亚共和国首都。

8　纳赫提噶尔大街是纪念地理学家、帝国西非总督古斯塔夫·纳赫提噶尔。

9　奥塔维是当时德属西南非的一座小城，矿产丰富，1900年在柏林成立的奥塔维煤矿与铁路公司（Otavi Minen-und Eisenbahngesellschaft, OMEG）大量开采了这一地区的矿藏。

10　以非洲著名河流刚果河命名。1884—1885年在柏林举办的非洲会议（Afrika-Konferenz）也被称作刚果会议（KongoKonferenz），这场会议拉开了欧洲列强瓜分非洲的序幕。

1912）。[1]

与当时的殖民博览会和柏林城中常见的人类动物园（Völkerschau）一样，命名街道的目的在于拉近殖民地与首都的距离，向柏林市民宣传帝国在遥远的南半球的殖民征服事业。[2]“命名是将某物提升成为社会话语层面的有效存在”，[3]通过街道名称，殖民事业潜入了柏林市民的日常生活之中，并由此上升至社会意识层面。

进一步而言，这些街道名称潜移默化地向公众传输了对既定殖民事业的肯定态度和对继续扩张的渴求。桑给巴尔岛是1885年德国在东非沿岸取得的殖民地，早在1890年被移交至英国人手中，并且严格意义上只是英国的保护领地（protectorate），其直接领导者仍是桑给巴尔苏丹。但直到1943年，德国都一直希望能够取得对这个具有重要战略和经济价值的小岛的控制权，[4]1912年的命名正是这个诉求的体现。显然，柏林市政当局没有简单地将德国殖民地的地理名称依次排列在街道之中，而是挑选了一些至少在他们眼中值得纪念的地点或人物。因而，这些街道名称实际表达的不是对业已完成的殖民事实的客观陈述，而是官方对某些特定殖民活动的重视及期望。

1918年第一次世界大战结束，德国战败，被迫放弃所有殖民地主权，但这并没有影响首都柏林殖民街区的继续扩张。已丧失的海外殖民地重新被安置在柏林的城市空间中。1927年，殖民街区又增添了五位新成员，分别是杜阿拉街（Dualastraße）、[5]赞比西街（Sambesistraße）、[6]塞内加尔街（Senegaltraße）、[7]坦噶街（Tangastraße）、[8]乌干达街（Ugandastraße）。[9]纳粹期间，又新命名了达

1　桑给巴尔岛是1885年德国在东非沿岸取得的殖民地，1890年被转交到英国人手中。

2　BER, *Stadt neu lesen: Dossier zu kolonialen und rassistischen Straßennamen in Berlin*, S.50.

3　Jani Vuolteenaho and Lawrence D. Berg, “Towards Critical Toponymies”, p.10.

4　BER, *Stadt neu lesen: Dossier zu kolonialen und rassistischen Straßennamen in Berlin*, Berlin: BER e. V., 2016, S.56.

5　杜阿拉为喀麦隆的一个操杜阿拉语的民族，同时也是喀麦隆境内一座港口城市的名字。

6　赞比西街以非洲著名河流赞比西河命名，该河流经纳米比亚。

7　塞内加尔是一条非洲河流同时也是一个非洲国家的名字，塞内加尔曾为法国殖民地，第一、二次世界大战期间德国渴望取得对该国的统治权。

8　坦桑街得名于坦桑尼亚北部的海港城市坦噶，坦噶地区曾为德国殖民地，属于德属东非。

9　乌干达街得名于西非的乌干达王国。第一、二次世界大战期间德国曾将其纳入“德属中非”的计划中。

马拉街（Damarastraße, 1937）、[1] 穆哈齐街（Mohasistraße, 1937）、[2] 乌桑巴拉街（Usambarastraße, 1938）、[3] 彼得斯大道（Petersallee, 1939）。这些新出现的街名大多是前德国殖民地的地名、人种或民族的名称，只有彼得斯大道是为了纪念前德国殖民统帅卡尔·彼得斯（Carl Peters）。

这两波新的命名浪潮与一战后的殖民修正主义（revisionism）不无关系。“德国殖民统治的结束并没有为殖民主义画上句号”，无论是在政治还是在大众文化之中，对殖民地的追求和想象都经久不衰。[4] “恢复德国的殖民权利”是魏玛共和国时期国会中少有的各方意见相通的话题，尽管它只是一个边缘的政治性话题。进入纳粹统治时期，收复殖民领地的情绪则愈发高涨，殖民地问题甚至上升为了“德意志民族的生存空间”问题。[5] 恰是因为被剥夺殖民地，反而更加渴望殖民地，魏玛共和国与纳粹时期出现在殖民街区的街道，则正是这一情绪在城市空间中的表达。

加纳街（Ghanastraße, 1958）是非洲街区中唯一一条“二战”后被命名的街道，纪念 1957 年加纳共和国作为撒哈拉沙漠以南第一个独立国家的成立。这也是最后一条加入非洲街区的街道。

二　更名争议的来龙去脉

1. 21 世纪前：风平浪静

尽管与特定意识形态相关的街道名称最容易随着政权更迭被迅速逐出公共空

1　达马拉人为纳米比亚的一个民族。

2　街道得名于东非卢旺达境内的穆哈齐湖。该街道的命名与 1937 年纳粹统治下的殖民修正主义运动有关，这场运动提出德国应将今天的卢旺达共和国和坦桑尼亚联合共和国吞入德属东非。

3　乌桑巴拉是一座今坦桑尼亚联合共和国境内的山。

4　Sebastian Conrad, *German Colonialism: A Short History,* New York: Cambridge University Press, 2008, pp.186–188.

5　同上书，p.188; BER, *Stadt neu lesen: Dossier zu kolonialen und rassistischen Straßennamen in Berlin*, Berlin: BER e. V., 2016, S.51.

间，[1]但非洲街区的街名景观（Namescape）却在整个德国动荡的20世纪中被完整地保留了下来。期间唯一有所调整的只有以德国殖民扩张先锋卡尔·彼得斯命名的街道。卡尔·彼得斯（1856—1918）是德属东非殖民地开拓者和后来的统治者，在位期间，他对德属东非殖民地人民施行了残忍的暴力与屠杀，因而得名“刽子手彼得斯”（Hänge-Peters）。1895年他的残暴行径引发了帝国议会的激烈讨论，1897年，他因“屡次滥用职权”而被解除了公职。[2]第三帝国期间，德国重燃殖民热情，他被神化为殖民先锋，受到官方推崇，频繁出现在纳粹的宣传中。[3]1938年的彼得斯大道正是在这一背景中出现的，它直接反映出纳粹官方有意为其平反的态度。[4]1986年，社民党（SPD）向威丁区政府提议将彼得斯大道更名为阿尔伯特·史怀哲街，以纪念1952年诺贝尔和平奖得主阿尔伯特·史怀哲（Albert Schweitzer），但这一倡议遭到了基民盟（CDU）的拒绝。最终威丁区政府决定街名保持不变，但宣称其所纪念的人物不再是卡尔·彼得斯，而是同姓的基民盟政治

1 从20世纪柏林的街名变更历史中便可管窥这一趋势：世纪初普鲁士为街道打上了军国主义与帝国主义的烙印。魏玛共和国成立后旋即覆盖上对共和价值的赞扬，摘下帝国议会大厦前国王广场（Königsplatz）的街牌换上共和广场（Platz der Republik）。纳粹上台后又立刻破除了其前任留下的痕迹，增添上自身的价值观，将夏洛滕堡区（Charlottenburg）的帝国总理广场（Reichskanzlerplatz）变为了阿道夫·希特勒广场（Aldof-Hitler-Platz）。“二战”战败后全面的去纳粹化运动又迅速抹除了城市空间中的纳粹遗产，1946年柏林街头出现了上千个新街名。冷战期间东柏林更是再度迎来了新的纪念对象：共产主义。两德统一后的今天，人们已经无法在谷歌地图里搜索出曾经的斯大林街了。关于柏林街名的历史变迁可参见 Maoz Azaryahu, “Street Names and Political Identity: The Case of East Berlin”, *Journal of Contemporary History*, Vol. 21, No. 4 (1986), pp.581-604.; Maoz Azaryahu, “The Politics of Commemorative Street Renaming: Berlin 1945-1948,” *Journal of Historical Geography,* Vol. 37, No. 4 (2011), pp.483-492.; Maoz Azaryahu, “German Reunification and the Politics of Street Names: The Case of East Berlin”, *Political Geography,* Vol. 16, No. 6 (1997), pp.479-493。

2 在德国国内，卡尔·彼得斯也是一位积极投入的殖民政治家。1884年，他参与了德国殖民促进会（Gesellschaft für die deutsche Kolonisation），即后来的德国东非公司（Deutsch-Ostafrikanische Gesellschaft）的创建；1887—1889年间，他担任德国殖民协会（deutsche Kolonialgesellschaft）的主席并极力在政治层面游说，推行殖民扩张政策。1891年，他共同创办了提倡帝国主义扩张的泛德意志同盟（Alldeutscher Verband）。1897年卸职后，他仍然通过私人商业活动频繁参与殖民事务，剥削殖民地人民。详见 Karin Bruns, “Peters, Carl”, in *Neue Deutsche Biographie* 20, Online-Version, 2001, S.239-240, https://www.deutsche-biographie.de/pnd118790536.html#ndbcontent; BER, *Stadt neu lesen: Dossier zu kolonialen und rassistischen Straßennamen in Berlin*, Berlin: BER e. V., 2016, S.25。

3 Karin Bruns, “Peters, Carl”, in *Neue Deutsche Biographie* 20, S.239-240.

4 Alexander Honold, “Afrika in Berlin”, S.59.

家、纳粹抵抗运动家汉斯·彼得斯（Hans Peters）。[1]

2. 2004—2007 年：初现争议

21 世纪前，城市空间中的殖民维度鲜少引起柏林民众的关注。[2] 直到 21 世纪初，德国主流社会才开始关注、批判并反思德国历史中的殖民篇章，柏林城市空间中的殖民历史——非洲街区的街道名称问题——也正是在这一背景中逐渐发酵，愈演愈烈，最终成为一场僵持不下的公共争议。

2004 年是德国殖民历史开始走进公众视野的一年。这一年是德属西南非大屠杀的 100 周年，在此之际，德国主流媒体纷纷追溯了这一尘封多年的历史事件，并谈及德国的官方道歉与历史赔偿、对殖民历史的重估与反思、德属西南非大屠杀与犹太大屠杀之间的亲缘性等相关话题。[3] 相关社会组织 [4] 也频繁活动，组织大屠杀纪念仪式、反抗殖民与种族主义的街头游行、反殖民视野下的城市导览活动相关学术研讨会等等。这些组织及其支持者普遍认为，直至今日非洲人民所遭受种族歧视的根源深埋在殖民历史中，要想消除当下及未来的压迫，就必须彻底地反思殖民历史；然而长久以来德国主流社会都没有充分认识到德国的殖民活动给非洲人民带去的伤害，因此他们希望殖民历史与种族歧视能成为一个德国公众关切并热烈讨论的

---

1 Ulrich Van der Heyden, “Das Afrikanische Viertel”, S.262-263.

2 不过也存在尝试修正殖民历史的个别案例，例如在柏林策伦多夫区（Zehlendorf）的柏林自由大学校区内的三个街名（Iltisstraße, Lansstraße, Takustraße）就曾在 20 世纪 90 年代引发争议。详见王琼颖：《历史记忆如何转型——以柏林“庚子大沽之战”纪念街道更名为例》,《全球史评论》2015 年第 1 期，第 156—172 页。

3 相关报道有：Andreas Conrad, “Ein schwarzes Kapitel”, *Tagesspiegel*, 10.01.2004, https://www.tagesspiegel.de/berlin/ein-schwarzes-kapitel/480854.html; Peter Wozny, “Remembering the Herero Rebellion”, *Deutsche Welle*, 11.01.2004, https://www.dw.com/en/remembering-the-herero-rebellion/a-1084266; “100 Jahre Herero-Aufstand: Geschichte eines Völkermords”, *Tageszeitung*, 10.01.2004, https://taz.de/!s=&eTagAb=2004-01-10&eTagBis=2004-01-10/; Harald Stutte, “Herero-Aufstand: Keine Entschuldigung auch nach 100 Jahre”, *Tagesschau*, 13.08.2004, https://www.tagesschau.de/ausland/meldung226252~magnifier_pos-0.html。德国独立新闻媒体平台 indymedia 系统整理了 2004 年德媒关于德属西南非大屠杀的报道，详见 https://de.indymedia.org/2004/01/71560.shtml。

4 主要是一些长期关注德国及全球范围内的非洲人权、殖民主义、反种族主义、移民和难民等话题国际组织，比如：全球非洲代表大会（global African congress），国际人权联盟（Internationale Liga für Menschenrechte），受迫群体协会（Gesellschaft für bedrohte Völker），柏林反种族歧视倡议（Antirassistische Initiative berlin, ARI），勃兰登堡州难民倡议（Brandenburger Flüchtlingsinitiative），非洲反殖民会议（Anticolonial Africa Conference），在德黑人倡议组织联盟（Initiative Schwarze Menschen in Deutschland Bund e. V.）等等。

话题。[1]

最开始在公共和政治讨论中引发争议的街道名称位于非洲街区，是位于米特区的默伦街（Mohrenstraße）及其同名地铁站（U Mohrenstraße）。这条街得名于1706年，勃兰登堡-普鲁士公国参与奴隶贸易的时代，几经波折，街名保留至今。"Mohr"是德国人对黑人的旧称，隐含愚蠢、糊涂、不信神、劣等的意味。[2] 2004年，柏林米特区议会左翼党议员克里斯托弗·齐尔曼（Christopher Ziermann）向区议会提交了一份倡议，要求为默伦街另寻新名，废除现行的具有殖民色彩的名称。[3]

这份倡议在一定程度上获得了媒体与公众的关注和讨论。媒体普遍对这份倡议持怀疑态度，但各个关注非洲议题的社会组织很快表态支持，一些专家学者也参与了讨论。但是提交倡议的左翼党在2005年初撤回了倡议，默伦街更名也自然不了了之。撤回倡议很可能是因为默伦街更名争议的双方僵持不下，为了准备2006年的区议会选举，左翼党策略性地避开了这一可能对选情产生不可控影响的话题。[4]

尽管默伦街更名失败，但这次街名争议很快扩展到了非洲街区。2005年2月，米特区政府教育与文化委员会（Ausschuss Bildung und Kultur，后简称委员会）在区议会提交了一份倡议，便提到已存在"关于所谓的非洲街区的讨论"。[5] 据此推测，应该在2005年甚至更早些时候，人们就已经开始讨论非洲街区的街名问题了，一些本地反殖民的团体和非洲社群也很可能已经开始关注并有意推动这一话题了，以至于基层政府注意到了这一动向。此外，那时民间的讨论很可能已经有一定规模

---

1 "Facing the Past to Liberate the Future: Colonial Africa in the German Mind", Humanity in Action Deutschland, accessed December 30, 2019, https://www.humanityinaction.org/knowledge_detail/facing-the-past-to-liberate-the-future-colonial-africa-in-the-german-mind/; "kolonialismus: 100 Jahre Herero — Aufstand", indymedia, 11.01.2004, https://de.indymedia.org/2004/01/71560.shtml.

2 关于"Mohr"一词的考证可参见 Susan Arndt und Ulrike Hamann, "Mohr_in", in Susan Arndt und Nadja Ofuatey-Alazard, (Hrsg)., *Wie Rassismus aus Wörten spricht, (K) Erben des Kolonialismus in Wissensarchiv deutsche Sprache: Ein kritisches Nachschlagewerk*, Münster, DeutschlandVV: Unrast Verlag, 2011, S.649−652。

3 Jennifer Engler, "Renaming Streets, Inverting Perspectives: Acts of Postcolonial Memory Citizenship in Berlin", p.48.

4 参见 BVV-Mitte, "Drucksache 1711/II: Zur kristischen Auseinandersetzung mit dem deutschen Kolonialismus im öffentlichen Straßenbild", 15.02.2005; Jennifer Engler, "Renaming Streets, Inverting Perspectives," p.49。

5 BVV-Mitte, "Drucksache 1711/II: Zur kritischen Auseinandersetzung mit dem deutschen Kolonialismus im öffentlichen Straßenbild", 17.02.2005.

了，以至于米特区政府不得不主动将其纳入了政治讨论的议程之中，着手处理城市景观中的德国殖民主义思想。在同一份倡议中，教育与文化委员会提议，既然一时间无法定夺默伦街是否更名，并且讨论已经从默伦街扩大到了非洲街区，那不如先深化对城市空间中的殖民符号的批判讨论；委员会申请举办论坛，专门探讨“（米特）区内公共街道中的殖民与种族主义的非洲形象”，尽可能广泛地检视一切与之相关的案例，最后再初步决定应当如何进一步处理这些问题。[1] 这一倡议很快在区议会中获得多数通过。[2]

从反思殖民历史到批判城市公共空间，再从默伦街到非洲街区，这便是这场非洲街区更名争议的缘起。讨论持续深入，对德国殖民历史的反思自然也愈发清晰而具体，于是，人们最终抵达了非洲街区，将这个德国历史文化中的“异物”，从“早已遗忘的历史中”挖掘了出来。[3]

3. 2008—2015 年：愈演愈烈

如前所述，2008 年时非洲街区尚未成为柏林本地广受关注的公共争议。从社会实践的角度看，若想要吸引更多社会讨论，进而取得更宽广的行动空间，就至少应该先发展出一方相对统一、明确的阵营及其立场与诉求，明确地向公众展示问题何在。这大致在 2008 年左右，一些关注非洲相关问题的民间组织开始将批判地记忆非洲街区的殖民历史视作一个具体的实践项目，从反殖民的视角出发编写非洲街区的历史，并且一面通过社会活动、利用新闻媒体向公众宣传，另一面积极介入基层政治寻求改变，扩大实际影响力。

2007 年，随着默伦街与非洲街区更名问题的持续发酵，柏林后殖民协会（Berlin Postkolonial）应运而生。该协会坐落于非洲街区内的喀麦隆街，主要致力于在柏林-勃兰登堡范围内开创“反种族歧视的、批判殖民主义的记忆文化”。[4] 实际上，该组织的首要项目便是以非洲街区为代表的殖民街道名称的记忆与更名，具

1 BVV-Mitte, “Drucksache 1711/II: Zur kritischen Auseinandersetzung mit dem deutschen Kolonialismus im öffentlichen Straßenbild”, 17.02.2005.

2 BVV-Mitte, “Drucksache 1711/II: Beschlüsse”, 18.02.2005.

3 Alexander Honold, “Afrika in Berlin”, S.56.

4 Berlin Postkolonial’s Facebook page, accessed December 30, 2019, https://www.facebook.com/pg/berlinpostkolonial/about/?ref=page_internal.

体工作是调查、搜集并整理其历史渊源。2008 年，柏林后殖民协会和德国黑人倡议组织（Initiative Schwarze Menschen in Deutschland, ISD）在柏林发展政策研究会（Berliner Entwicklungspolitischer Ratschlag e.V., BER）的协助下，出版了一本小册子：《卷宗：与殖民主义相关的柏林街道名称》（*Dossier: Straßennamen mit Bezüge zum Kolonialismus in Berlin*）。[1] “柏林城市景观中仍存在不计其数的对德国殖民主义的正面指涉”，这本小册子尽可能地搜集了柏林一切与殖民主义相关的街道，[2] 逐一讲解了每条街道的命名历史过程，特别强调了其同负面的殖民思想的关联；更进一步地，作者在此书中提出了明确的要求，对于其中大多数街道，只需要树立信息牌特别指出殖民的历史背景即可，而对于其中少数以“殖民先驱者”命名的街道，更改街名刻不容缓；并且特别强调更改街名并不是要抹除殖民历史，新的街名应当纪念殖民反抗斗士，通过这种方式保留街道与殖民的联系，只是纪念的意义完全颠倒了。[3]

在书中所列出的需要更名的街道中，有三条位于非洲街区，分别是吕德里茨街、纳赫提噶尔广场和在 20 世纪 80 年代曾引发争议的彼得斯大道，皆以殖民活动家为名。吕德里茨街纪念殖民先驱阿道夫·吕德里茨（1834—1886），1883 年他从纳马族酋长处购得了奥兰治河（Der Oranje）河口地区的大量土地，一年后，这一地区成了德国最早的殖民地之一，德属西南非（今纳米比亚）。[4] 纳赫提噶尔广场纪念的古斯塔夫·纳赫提噶尔（1834—1885）是一位研究非洲地理的学者，1884 年被任命为帝国西非总督（Reichskommissar für Westafrika）。为了保障德国在西非沿岸的商业利益，他迅速建立了多哥、喀麦隆和德属西南非三块保护领地（Schutzgebiete）。[5] 彼得斯大道最初的命名者是残暴的殖民统治者卡尔·彼得斯。

---

1 柏林后殖民与在德黑人倡议组织负责编纂，柏林发展政策研究会协助出版。

2 作者甚至将以俾斯麦、德皇威廉二世和普鲁士国王腓特烈三世命名的街道也列入了名单之中，因为这些历史人物都曾经推行殖民活动。因而柏林最著名的弗里德里希大街（Friedrichstraße）也成了批判的对象。

3 Joshua Kwesi Aikins and Christian Kopp, *Dossier: Straßennamen mit Bezügen zum Kolonialismus in Berlin*, Berlin: BER (Berliner Entwicklunspolitischer Ratschlag) e. V., 2008, S.1.

4 Horst Gründer, “Lüderitz, Adolf”, in *Neue Deutsche Biographie* 15, Online-Version, 1987, S.452, https://www.deutsche-biographie.de/pnd11857504X.html#ndbcontent.

5 Claus Priesner, “Nachtigal, Gustav”, in *Neue Deutsche Biographie* 18, Online-Version, 1997, S.682–684, https://www.deutsche-biographie.de/pnd118586173.html#ndbcontent.

《卷宗》的作者特别刻画了这三人作为德国殖民事业“帮凶”的形象。尽管纳赫提噶尔生平的主要工作是地理学研究，但作者用更大篇幅强调了他在担任西非总督的一年中建立的殖民地对于德国殖民事业的奠基性意义；在吕德里茨的例子中，作者特别指出他的“土地购买合同”的欺诈性质，[1] 以及恰是这块骗来的土地为随后德国正式在非洲殖民提供了最初可能性。[2] 另外，这本小册子也没有提及彼得斯大街所纪念的对象已在1986年变更为另一同名政治家，只论述了卡尔·彼得斯的残暴统治以及彼得斯大道更名的必要性。

《卷宗》的编写与出版使非洲街区街道更名真正成了公共空间中的一个讨论话题。在此之前的讨论大多被包含在城市与殖民这一泛泛的话题中一笔带过。通过系统性地梳理与阐释柏林城市空间中殖民主义残留的问题，倡议者们发现与其他单条街道或较小的殖民街区（例如柏林自由大学内的三条相邻的街道）相比，非洲街区中与殖民主义与种族歧视关联的街道密集，并且整个街区与殖民存在多种复杂的意指关系，空间中的殖民语境更加饱满且具有攻击性，因而非常适合被用作反思空间中的殖民歧视的具体实例。在《卷宗》中，非洲街区这个典型案例吸引了更多笔墨，脱颖而出成为一个自身相对独立的话题。

2010年8月23日至10月3日，柏林后殖民协会策划了一场以“自由道路！殖民街道名称·后殖民记忆文化：历史、艺术和参与”（Freedom Roads! Koloniale Straßennamen · Postkoloniale Eerinnerungskultur, Geschichte, Kunst und Beteiligung）为题的展览（后文简称“自由道路！”展），专门探讨非洲街区的街名以及如何记忆殖民的历史遗产问题。“自由道路！”一词既表达对非洲街区街道名称去殖民化的希望，也寓意非洲国家从殖民抗争走向民族独立的历史道路。在这次展览中，更名的倡议者们对非洲街区的更名方案提出了更具体的设想，提议将吕德里茨街更

1　吕德里茨在非洲“骗取”而非“购买”了土地，合同中土地的计量单位为“Meile”，签订契约的纳马族酋长约瑟夫·弗里德里克斯（Joseph Frederiks）认为“Meile”指英国长度计量单位英里，即约1.6千米，而吕德里茨却将其解释为德国的地理学计量单位，1里约7.4千米，为前者的四倍多。参见 Marion Wallace and John Kinahan, *A History of Namibia from Beginning to 1990*, New York: Cambridge University Press, 2011, pp.116–117。

2　Joshua Kwesi Aikins and Christian Kopp, *Dossier: Straßennamen mit Bezügen zum Kolonialismus in Berlin*, S.14–15.

名为科尔内利乌斯-弗雷德里克斯街（Corneliu-Fredericks-Straße）[1] 或者安娜·蒙贡达街（Anna-Mungunda-Straße），[2] 将纳赫提噶尔广场更名为曼加-贝尔广场（Manga-Bell-Platz）。[3] 而两年前《卷宗》出版时，更名倡议者们仅仅列举了一个备选列表，尚未提出一个细致的更名方案。2016 年区议会确认的更名方案与倡议者们此时提出的建议方案大致相同。

尽管很难直接评估上述的种种民间活动对公众的具体影响，例如究竟有多少人读过《卷宗》或参观过“自由道路！”展览，参与者的背景、政治倾向如何，但区政府方面的反应至少表明，且不论是否需要、能够或者如何更改街道名称，区政府至少赞同这些活动中提出的两个诉求：批判反思非洲街区历史和允许被殖民者版本的历史叙述得到表达。

2007 年 11 月 20 日，米特区教育与文化委员会提议在非洲街区设立信息牌，并附上了草拟的信息牌文本。文本简要介绍了非洲街区的路名渊源以及背后强烈的殖民幻想和扩张主义情绪，还有德国殖民时期在非洲的暴行。[4] 其中有两点值得注意。其一，虽然委员会提议设立历史信息牌的目的在于突出“历史关联和街名涉及的人物的行径”，但实际上文本中并没有详述吕德里茨、纳赫提噶尔和彼得斯三人的殖民活动，仅避重就轻地一笔带过了三人的生平：

> 卡尔·彼得斯，德国殖民政治家。
>
> 阿道夫·吕德里茨（1856—1918）。不来梅商人；1883 年购入安格拉-佩奎那港（Angra Paquena），后以他的名字命名为吕德里茨港。这座港口后成为德属西南非的核心地带。
>
> 古斯塔夫·纳赫提噶尔（1834—1885），医生、非洲旅行者，1867—1874 年间在提贝斯提高原（Tibesti）和苏丹地区考察，1884 年将多哥与喀麦隆纳入

1　科尔内利乌斯·弗雷德里克斯是马及马及战争中的纳马族反抗领袖，吕德里茨正是从纳马族人手中骗取了大量土地。

2　安娜·蒙贡达是一位反抗种族隔离的女性，在纳米比亚被视作民族英雄。

3　曼加-贝尔广场意在纪念杜阿拉（今喀麦隆）国王和殖民抵抗运动领袖鲁道夫·迪亚拉·曼加·贝尔（Rudolf Duala Manga Bell）。

4　BVV-Mitte, “Drucksache 0554/III: Informationstafel im Afrikanischen Viertel”, 14.06.2011.

德国的保护之下。[1]

这些叙述语言冷静克制，仿佛无论是从主观意愿还是实际行为来看，这三人都与德国在非洲的殖民活动毫无瓜葛。其二，这份文本仅承认纳赫提噶尔广场和吕德里茨街两个地名仍然纪念殖民活动家，暗示彼得斯大道的问题则早已随着纪念对象的更正迎刃而解了。11 月 23 日，区议会接受了提案，表示将会参照提案中的文本设立历史信息牌。[2]

但针对这份早在 2007 年末即已通过的提案，直到 2011 年 5 月区议会才彻底敲定了提案具体实施的事项。提案之所以没能在 2007 年得到立即实施，原因很可能是更名倡议者们不满意委员会提交的信息牌文本，要求修改文本内容。该提案 2011 年 6 月 20 日的批注提到，2007 年到 2011 年间，民间非政府组织也加入文本的编写工作中，双方一直在协商讨论纪念牌上的文字应呈现何种历史。[3] 2011 年 5 月，双方就非洲街区历史信息牌的内容达成一致：信息牌将同时包含一段区议会拟定的文本、一段非政府组织方面的文本和一段前两个文本之间的衔接文段。[4] 与 2007 年的笼统含糊的文本相比，2011 年区议会拟定的文本则直截了当地指出非洲街区正是历史上德国对非洲的殖民心态在城市空间中的“镜像投射”，并详细叙述了街名纪念的三个历史人物如何促进了德国的殖民活动，提到情况复杂的彼得斯大道时，也承认这条街道仍然存在问题并持续引发争议。[5] 非政府组织[6] 方面撰写的言辞则更加激烈，义愤填膺地直指德国对殖民负有历史罪责，特别是对赫雷罗和纳马人的大屠杀、在殖民地建造的集中营、用非洲人进行的活体医学实验、在国内举办的人种动物园和曾经参与过的奴隶贸易，批判德国长久以来对殖民历史

---

1 BVV-Mitte, “Drucksache 0554/III: Informationstafel im Afrikanischen Viertel”, 14.06.2011.

2 BVV-Mitte, “Drucksache 0554/III: Beschlüsse”, 23.11.2007.

3 BVV-Mitte, “Drucksache 0554/III: Informationstafel im Afrikanischen Viertel”, 14.06.2011.

4 BVV-Mitte, “Druckache 2112/III: Aufstellung einer Informationstafel im Afrikanischen Viertel”, 10.05.2011.

5 同上。

6 主要有在德黑人女性组织（Schwarze Frauen in Deutschland Afrika e. V.）、柏林－勃兰登堡非洲委员会（Rat Berlin-Brandenburg e. V.）、非洲未来国际组织（AfricAvenir International e. V.）、在德黑人倡议组织以及柏林后殖民协会等非政府组织参与了非洲街区历史信息牌的文本编写。

缺乏反思与忏悔，要求德国对曾经的罪行承担历史责任；更改路名，并将非洲街区打造为“批判殖民意识形态的记忆场所”便是承担历史责任的具体措施之一。[1] 最后简短的衔接文段解释了在一块历史纪念牌上同时呈现两种立场的历史意识的用意：“历史并非铭刻在巨石上的恒定之物，它必须持续为当下的问题提供新答案。”同时展示两种立场，特别是柏林非裔社群的历史理解，有助于呈现不同的历史问题与答案。[2] 2012 年 1 月 17 日，区议会确定在米勒街与奥塔维街路口竖立信息牌。[3]

回顾 2008 至 2011 年间非洲街区更名争议与城市空间中的殖民意识形态批判议题的发展，可以明显看出议题的扩展和深入。到 2011 年，非洲街区的更名争议进一步扩大、受到更多关注，从这一年发生的两件事情中可以管窥这一趋势。第一件事情是，2011 年一个立场鲜明的反对非洲街区街道更名的民间团体成立了，名为“支持非洲街区倡议组织”（Initiative Pro Afrikanisches Viertel，后文简称 IPAV）。IPAV 在组织宣言中表明，它是一个代表非洲街区以及威丁区的居民的公民倡议组织。起初，街区的居民们对街区更名倡议秉持轻松的心态，并没有特意计划成立一个相关组织作为回应，但随着这场“讨论在非洲街区以外的人们的推动下变得极其政治化、以利益为导向”，他们开始反对这场“专横”的讨论，要求以更加“清醒和事实导向的”的态度看待街区路名问题。[4] 街道更名的危机感日益加剧，于是部分街区居民在 2011 年 4 月成立了支持非洲街区倡议组织。尽管 IPAV 从未明确将其目的表述为反对非洲街区街名变更，但它实际举办的活动皆为反对更名的政治行动，例如在街区内组织反对更名的座谈会、动员居民提交抗议信等等。IPAV 的成立在某种程度上说明非洲街区街道更名已经从一个被单方面地推动、寻求公众关注但公众仅被动接受的议题，发展为了反对更名的公众无法再坐视不管、不得不主动采取措施应对的争议。

1 BVV-Mitte, “Druckache 2112/III: Aufstellung einer Informationstafel im Afrikanischen Viertel”, 10.05.2011.

2 同上。

3 BVV-Mitte, “Drucksache 2112/III Vorlage zur Kenntnisnahme”, 14.02.2012.

4 “Über Uns”, IPAV (Initiative Pro Afrikanisches Viertel), accessed December 30, 2019, https://www.pro-afrikanisches-viertel.de.

第二件事情是在2011年米特区议会的换届选举中非洲街区街道更名成了党派选举的政治承诺。特别是基民盟直接打出“为了一个历史的威丁区—反对非洲街区街道更名”和“为了融入德国社会—反对平行社会（Parallelgesellschaft）与‘多元文化幻想’（Multi-Kulti-Träumereien）”的选举口号。[1] 其余主要党派，例如社民党、绿党和左翼党虽然没有直接以非洲街区为竞选的宣传口号，均不同程度地在其选举计划中表态支持非洲街区成为殖民历史的纪念空间或街道更名。[2] 2011年米特区议会选举以社民党获得了29.1%的最高支持率告终。[3] 但随后支持非洲街区更名的社民党选择与持反对立场的基民盟组成执政联盟，双方并没有将非洲街区的路名问题纳入两党签订的联合执政协议中，决定在这一任期内（2011—2016）暂时搁置更名。[4]

尽管不进行更名，但区政府仍然采取了举措进一步反思探讨非洲街区的殖民问题，2011年，区政府决定将非洲街区打造为学习与记忆场所[5]（Lern-und Erinnerungsort，后文简称LEO），这一项目旨在推进非洲（殖民）历史进入威丁区中小学校的课堂；2013年，SPD议员汉克（Hanke）再次提出议案要求更名，未果。

自2008年起，关于威丁区非洲街区更名问题的新闻报道与评论文章也频繁出现。

---

1 CDU Wedding Berlin, “Unserer Programm”，不过基民盟并没有在其完整的选举计划书中提及记忆文化或者街道更名事宜，参见CDU Berlin, Wahlprogramm “Das Muss Sich Ändern”, 2011。

2 社民党没有直接支持非洲街区街道更名，而是表示博物馆、纪念碑以及其他记忆景观是柏林文化吸引力的重要组成部分，促进首都记忆文化的进一步发展即包括“将‘非洲街区’打造为一个后殖民的记忆场所”，参见SPD Berlin, Wahlprogramm “Berlin Miteinander”, 2011, S.42；绿党支持非洲街区更名，在其选举计划的“牢记痛苦记忆”一节中特别提到要关注柏林作为“殖民大都市”的历史，更改街道名称，终止街道名称对殖民活动者的纪念，参见Bündnis 90/Die Grünen Berlin, Wahlprogramm “Eine Stadt Für Alle”, 2011, S.214；左翼党同样支持这一议题：“左翼党支持公开商讨更改与殖民有关的街道名称，并积极参与柏林后殖民主义的讨论。应当将非洲街区进一步发展为一个后殖民的记忆场所。我们致力于竖立一个纪念殖民主义、奴隶贸易与剥削受害者的纪念碑”，参见Die LINKE Berlin, Wahlprogramm “Das soziale Berlin”, 2011, S.50。

3 Amt für Statistik Berlin-Brandenburg, “Wahlen in Berlin am 18. September 2011”, Potsdam, 2011, S.126.

4 Jennifer Engler, “Renaming Streets, Inverting Perspectives”, p.50.

5 记忆场所（Erinnerungsort）一词是皮埃尔·诺拉（Pierre Nora）“Les Lieux de Mémoire”概念的德文翻译，中文对应翻译应为记忆之场。但“记忆之场”一词在中文语境中具有较强的学术意味，但此处是在一个更宽泛的学院外的社会语境中使用这一术语，因此翻译为记忆场所以避免过于学术化的理解。

4. 2016 年至今：僵持不下

2016 年 3 月，基层政府开始实际处理非洲街区的更名问题，搜集街道居民意见，组织评审团审议新名称，到 2018 年底决定更改非洲街区的三条街道名称。具体方案为：吕德里茨街改为科尔内利乌斯－弗雷德里克斯街（Cornelius-Frederiks-Straße），彼得斯大道 1 号至 26 号更名为安娜－蒙贡达大道（Anna-Mungunda-Allee），27 号至 34 号更名为马及－马及大道（Maji-Maji-Allee），[1] 纳赫提噶尔广场更名为曼加－贝尔广场（Manga-Bell-Platz）。[2] 米特区议会最后通过的这一更名方案和 2010 年"自由道路！"展览所构想的方案几乎重合，而这种重合显然并非偶然。因为从始至终，是柏林的非裔群体以及广泛地关注殖民与种族问题的组织推动了非洲街区更名的整个过程，倡导更名的一方与政府合作密切。这也招致了反对更名的组织 IPAV 的不满，频繁组织街道居民抗议，召开关于街道名称的讨论会，向区政府提交抗议信等等。

2019 年米特区政府文件正式公示了非洲街区三条街道的新名称，意味着更名已经生效。但 IPAV 继续组织居民抗议更名，主要理由是区政府在作出更名决议的程序上忽视了街区居民的政治参与权利，将街道意识形态化、政治化，决议专断，并在短期内向区政府提交了上千封抗议信。目前非洲街区是否更名有待更高一级法庭决定。

三　争议的核心：非洲街区作为批判殖民历史的纪念空间

1. 支持与反对的观点梳理

在这场争议中，要求更名一方的主张与诉求相对统一、逻辑连贯：非洲街区街道名称的历史命名过程表明街区与德国历史上的殖民热潮与殖民修正主义思想息息相关，非洲街区是一个饱含殖民侵略意味的城市公共空间。特别是，其中三条街道

1　BVV-Mitte, "Drucksache 1118/V: Neue Straßennamen im Afrikanischen Viertel", 15.05.2018.

2　BVV-Mitte, "Drucksache 1405/V: Nachtigalplatz wird Manga-Bell-Platz", 02.11.2018.

的名称纪念了殖民领袖，这些名称时至今日仍然象征着对非洲人民的负面评价，以至于在某种程度上纵容甚至助长了至今仍然猖獗的种族歧视。就连已经更改纪念对象的彼得斯大街也不例外。因此，这三条街道必须被重新命名，新的名称应当是抗击德国殖民者的（女性）领袖，以彰显被殖民者的能动性，并通过其他各种形式批判地为非洲街区的殖民历史做注，令其转变为一个批判殖民历史的纪念空间。[1]

反对方则在争议的不同阶段从多个角度表达了反对意见。除了显而易见的更改街名所需要花费的经济与时间成本，IPAV 方面还从历史、传统和道德方面表达了反对：1）充分认可殖民的不公正，但改名恰恰抹除了殖民历史，从而消灭关于殖民历史的讨论，不是合适的保护历史遗址的方法；[2] 2）街道名称是历史遗产，不能轻易更改，这些街名本身承载了街区历史；[3] 3）街道名称并不会造成歧视，例如人们走在俾斯麦街，也会知道要反对军国主义促进社会民主；[4] 4）改成陌生的名字会给非洲街区造成负面影响。IPAV 在其官网上呼吁居民抗议时直言："您难道愿意住在马及马及街（Maji-Maji-Straße）吗？"[5] 街区居民对这些新的难以发音与记忆的街名感到不适[6]；5）彼得斯大街已经不再纪念殖民统治者卡尔·彼得斯了，因此不再需要更改；[7] 6）理解对德国殖民历史的反思与批判之必要性，但这种批判不应当将日常生活也政治化和意识形态化，街道名称不应该成为"空洞的象征符号"和表面的政治功夫；7）街道名称与街区居民直接利益相关，因此不应当让一个来自（非洲街区）之外的提案来毁掉一个街区的认同[8]。此外，反对方还提及了行政程序方面的理由：1）由于彼得斯大街已经不存在殖民歧视的问题，对彼得斯大道的更名则

---

1 "Debattenforum", the website of "freedom roads!", accessed March 14, 2020, http://www.freedom-roads.de/frrd/forum/read.php?2, 19, 38#msg-38.

2 "Argumente", IPAV, accessed March 14, 2020, https://www.pro-afrikanisches-viertel.de/index.php/argumente.

3 "Anwohnende", IPAV, accessed March 14, 2020, https://www.pro-afrikanisches-viertel.de/index.php/anwohner.

4 "Widerspruchsmuster", IPAV, accessed March 14, 2020, https://www.pro-afrikanisches-viertel.de/index.php/widerspruchsmuster.

5 同上。

6 同上。

7 "Debattenforum", the website of "freedom roads!", accessed March 14, 2020, http://www.freedom-roads.de/frrd/forum/read.php?2, 19, 38#msg-38.

8 BVV-Mitte, "Drucksache 2376/II: Keine Straßenumbennung im Afrikanischen Viertel", 22.08.2006.

违反《街道法》；[1] 2）更名的决议过程不透明，没有进行公开辩论，也没有对更名的重要步骤作出说明，违反了 1999 年 10 月 15 日颁布的《柏林信息公开促进法》（Gesetz zur Förderung der Fnformationsfreiheit im Land Berlin）；[2] 3）更名过程没有仔细搜集居民意见，决策缺乏街区居民的公民参与。

反对方还提议了妥协方案，指出若万不得已一定要更改街名，那么新名称应当更温和，比如国际上名声斐然或在当代历史中作出杰出贡献的非洲人，例如来自非洲的诺贝尔文学或和平奖获得者等等，[3] 而不是倡议者们所提议的那些“反德国”的非洲英雄人物。

2. 双方争议的核心问题

仔细分析双方论点，可以发现街名争议的核心问题并非表面上的街道名称是否改变，而是一个更深刻、激进的问题：是否要通过街道名称的更改，进一步将非洲街区这一公共空间改造成为一个批判德国殖民历史的纪念空间。

如果目的仅仅在于抹除非洲街区内具有殖民与种族歧视色彩的街道名称，那么大可选择更中性的名称，例如用数字编号或者用颜色命名（“二战”后德国清理与纳粹意识形态相关的街道名称时便使用过这一方法）。但支持更名方明确指出，非洲街区不能因为更名而丧失了其与殖民历史的关联，新的街道一定要突出反抗殖民的维度；“街道名称既是城市中的向导，也是历史中的向导”，[4] 非洲街区的新街名应当成为一种新的对空间对历史的向导。倡议者将这种既保留与殖民的联系又彻底翻转了对殖民主义的态度的更名方案比作流行音乐中的“混音”，即对原始音轨的创造性改编，认为“这种有意识的混音与取样的美学与意图不仅可以并且应该用在音乐上，也应该用在城市的记忆景观上”。[5] 倡议者们的最终目的在于塑造出新的殖民历史记忆景观，而更名则是达到这一目的的必要手段。在空间的功能上，倡议者们也希望非洲街区能成为柏林的第二个梅-阿依姆河岸，后者通过更名成了殖民与种

1　“Politische Gremien”, IPAV, accessed March 14, 2020, https://www.pro-afrikanisches-viertel.de/index.php/politische-gremien.

2　同上。

3　“Anwohnende”, IPAV, accessed March 14, 2020, https://www.pro-afrikanisches-viertel.de/index.php/anwohner.

4　Joshua Kwesi Aikins and Christian Kopp, *Dossier*, S.1.

5　Joshua Kwesi Aikins, “Berlin Remix: Straßennamen als Chance zur postkolonialen Perspektivumkehr”, S.302.

族相关议题的活动场所。[1]

倡议者们指出，与其他欧洲大都市（例如巴黎、伦敦、马德里）甚至其他德国城市（例如不来梅、纽伦堡和汉堡）不同，柏林对其自身的殖民历史仍然缺乏认识和探索。身为纪念碑之城的柏林并没有竖立关于德国殖民历史的公共纪念物。[2] 现存的仅有一块纪念在殖民战争中阵亡的德国将领与将士的纪念石碑，[3] 而这块纪念碑与殖民最直接、最惨痛的受害者们毫无关系。但柏林——作为当时德意志殖民帝国的首都，这座城市本身绝非其纪念景观所表现的那般清白，相反，它处处沾染着殖民的罪恶：城内曾分布大量殖民地管理机构与殖民相关团体，例如帝国外交部的殖民部门，殖民地警备部队（Schutztruppe）[4] 的司令部，德国殖民协会（deutsche Kolonialgesellschaft）等等。[5] 在更大的层面上，可以说更名倡议者们批判和更换非洲街区内的部分歧视性的街名意在发掘和纪念柏林城市史中的殖民维度。

细察反对方的主张，我们同样可以很清晰地看到，激起部分街区居民危机感的也正是将非洲街区打造为反殖民空间这一尝试。与支持更名方融贯、坚定的立场相比，反对方在不同场合和争议的不同阶段声扬的主张实际上多有互相矛盾之处，反映出一种无论以何种理由也要阻止更名的姿态。他们一方面反对街道名称与城市空间为政治所用，另一方面又下意识地流露出“城市街道的名称关涉意识形态”的想法，否则他们不会发表更名会“毁掉街区认同”的言论；并且德国近代的街道更替的历史也清楚地表明，街道名称在很大程度上是当权者天然的政治宣传舞台。另外，反对方的三个妥协方案同样暗示我们，相比撤销现有街名，他们更无法接受的是倡议者们提出的新名称，因为反对方哪怕退到最后一步（即同意更名，但新名称最好使用诺贝尔奖得主名），也抗拒与自己日常生活紧密相关的城市空间变为反殖

1　Joshua Kwesi Aikins, “Berlin Remix: Straßennamen als Chance zur postkolonialen Perspektivumkehr”, S.289.

2　Susanne Förster, *Negotiating German Colonial Heritage in Berlin's Afrikanisches Viertel*, p.520.

3　Joachim Zeller, “Kolonialdenkmäler in Berlin”, in Ulrich Van der Heyden und Joachim Zeller, (Hrsg)., *Kolonialmetropole Berlin: Eine Spurensuche*, Berlin, Deutschland: Berlin Edition, 2002, S.175.

4　直译为保护军，实际上德国也将其非洲殖民地视为“保护领地”（Schutzgebiete），在今天看来是政治隐语。

5　Ulrich Van der Heyden und Joachim Zeller, (Hrsg)., *Kolonialmetropole Berlin: Eine Spurensuche*, Berlin, Deutschland: Berlin Edition, 2002, S.11－12.

民（因而也在某种程度上是反德国的）空间。

四　结论

安克斯密特不无赞同地将吕森史学理论的核心命题提炼为“一切历史最终都是政治史”。这不是在说一切历史的研究对象都是王臣将相，贬斥普罗大众的日常生活，认为它们不构成严肃历史研究之对象，而是说现代历史意识之出发点、历史认识之驱动力以及历史表现之形式都无可避免地受到现实（政治）需求的影响，历史认识本质上是“实践性知识”，具有极强的改造现实的导向，因而历史必然是政治的。[1] 无视历史与政治之间无法割裂的关联，坚决声称“为历史而历史”，无疑是掩耳盗铃。历史如此，城市空间更是如此。尽管前文贬斥了海德格尔式的、飘荡着本质主义幽灵的地方观，但他那句名言“筑造即栖居”的确有意义地启发了我们反思自身与空间的关系：城市及其公共空间不是人类为安置自身而建造的外在于人类存在的居所，城市空间就是人类存在本身，亦如城市社会学家罗伯特·帕克（Robert Park）所言，“人类在建造城市的过程中重塑自身”。[2] 不同城市空间的形态与布局对应不同的社会面貌与城市经验，这也意味着谁掌握了城市空间的控制权，谁就掌握了一种社会控制权。大卫·哈维对城市的研究便揭示了新自由主义意识形态主导的资本运作如何创造出一种区隔的、“私化的公共空间”，而这种特定的空间形态不仅符合且进一步巩固了新自由主义伦理以及随之滋生的社会不公，更使原本就岌岌可危的对理想城市——理想的存在栖居之所的认同，公民权和归属感变得更加脆弱。[3] 城市空间，它过去如何、当下如何、未来又将如何，这些问题都与权力和权利紧密相关，因而空间同样是政治的。

由此，可以发现本文所分析的这场非洲街区的更名实践与争议实际上也是一场

1　F. R. 安克斯密特：《历史表现》，北京：北京大学出版社，2011 年，第 281—294 页。

2　Robert Ezra Park, *On Social Control and Collective Behaviour: Selected Papers*, Chicago and London: The University of Chicago Press, 1967, p.3.

3　David Harvey, “The Right to the City”, *New Left Review,* No. 53 (2008), pp.31 - 33.

政治的抗争。第一，这一争议实际上是对城市空间以及其中的历史解释权的争夺；第二，争夺的双方是社会中的少数族裔和德国本土的主流群体，这是一场自下而上、自外而内的挑战，折射出在全球化背景下柏林这座移民大都市中多元文化与本地文化之间的碰撞与冲突。我无意宣扬一切都是政治的傀儡的，可以为政治所利用的观点，仅想表明，既然历史与空间皆含有政治属性，那么研究者就应当对其中伦理道德和社会公义的维度保持警觉，追问社会中谁拥有改变历史叙述与城市空间的权利，谁又被排除在外？城市空间以及其中现存的历史意识是如何被历史地生产出来的？这种生产表达了谁的政治诉求？是否构成了对另一部分人的压制？如果它有失公正，人们又该如何改变当下的版图？而非洲街区街道更名这一桩柏林本地的小案例则为我探索以上问题的答案提供了一个具体而微的切入口。

作者梁静怡，华东师范大学历史学系硕士生，于2018年10月—2019年8月在德国柏林自由大学做访问学生。

“两个舆论场”的互动：试论20世纪初的德国大众政治——以“每日电讯报事件”[1]为例

吴郑洋

19世纪的中后期，随着资本主义经济的发展以及第二次工业革命的影响，整个欧洲社会发生了翻天覆地的变化。新的阶层的出现与兴起极大地影响到了欧洲国内政治的格局。传统的社会格局接近崩坏，人口的集中与各种新思想的传播使整个社会产生了许多传统的政府体制无法应对的问题。而这些新兴的社会力量则抓住这样的契机，主动谋求政治参与，试图在新形势下，获取更多的利益。借由这样的机会，欧洲的统治机制开始发生了巨大的变化，上层有产者再也无法垄断政治权力，就在短短的几十年时间里，西欧主要国家都完成了向全体（或绝大多数）男性公民代议制的转变。[2]这种不完全的全民民主制度[3]带来了选民范围的急剧扩大，这也就意味着获得政治权力的最重要途径变为了吸引更多的民众选票。而获取更多的

1　1908年10月，英国每日电讯报刊登了德国皇帝威廉二世为改善德英关系而发表的评论。评论内容包含了德国政府特别是威廉二世本人对于英国的友好态度、德国民众的反英情绪以及法俄两国对于英国的不友好。这一评论迅速引发了英国、法国、俄国等国的巨大不满，英德关系迅速恶化。与此同时，这一评论也深深地刺激了德国的民众，引发了巨大的国内政治危机。这就是历史上著名的“每日电讯报事件”。

2　德国和法国在1871年确立成年男性公民代议制，瑞士在1874年，英国在1884年，西班牙在1890年，比利时和荷兰则是在1893年和1896年。

3　较为完全的全民民主制度是包括女性在内的成年公民所有人都可以获得参政议政权利的制度。不完全的全民民主制度也存在着诸如德意志帝国早期形式全民民主大于实际全民民主的情况。

选票则要依赖于现代政党，一种新的政党政治就诞生了，政府由政党领导。在大众获得广泛的政治权利之后，大众社会内部的复杂性就更加凸显，各个群体所需求的利益各不相同，最为代表的表现就是各种利益集团的出现。他们借助支持某些政治家，帮助其获得政治权力从而影响国家政策，为自身的特殊利益服务。“自 19 世纪最后 30 年起，经过欧美国家一般都有过的上层有产者代议政治这一过渡阶段，现代大众政治——‘一般公民或臣民广泛参与政治事务’成为日益广泛乃至近乎普遍的国家政治形态。因此，如同近现代国际体制的其他一些基本要素（包括其基本环境、界限、结构等）经历的变更一样，现代大众政治及其国际效应的兴起是 19 世纪开始出现的世界政治重大趋势。”[1] 在这样的背景下，欧洲的大众政治格局逐步形成。对于德国而言，大众政治的发展程度虽然不及英国那么快，但是依然成了德国政治中不可忽略的一个成分。需要指出的是，本文所指的大众政治是指区分于官僚政治的一种政治形态，如高层的贵族由于不属于官僚政治的范围，同样属于大众政治的范畴，而这些贵族的观点往往可以在事件发生的第一时间得到表达。

无论是政党政治还是利益集团，都是政治机制变化的产物。教育的初步普及再加之大众传媒的飞速发展，便形成了现代意义上的大众舆论。在 20 世纪初，报纸的大量发行营造了一种公众意见场域，它与官方意见场域之间的互动是笔者所关注的焦点。20 世纪初的欧洲，最主要的媒体形式就是以报纸为代表的传统纸质媒体。对于大多数不会离开家乡的中下层阶级而言，这是他们获取新闻等知识的最主要平台。与此同时，由于缺乏表达意见的机制和通道，大众的意见也大多只能借由媒体的转述加之选举投票的选择来表现出来。所以民间的舆论场的构成也就是意见构成主要是以报纸、杂志为代表的编辑总结和表达大众观点以及民众投票选择带来的政党发声。而官方舆论场的构成则更为简单，主要是威廉二世本人的演讲与表态，政府的声明以及以外交部新闻局下属的《北德意志汇报》和《科隆日报》（*Kölnisch Zeitung*）等官方或与官方联系密切的半官方报纸。需要注意的是，这种观点的表达由于书报审查制度以及媒体、政党的趋利性，不一定能完全真实地表达大众的意见。但是我们可以借由这样一种研究路径来管窥大众舆论的意见表达。在每个舆论

1　时殷弘：《现代大众政治的兴起与其欧洲国际政治效应》,《史学月刊》2000 年第 2 期，第 91 页。

场内部也有不统一的声音，比如民间舆论场中不同党派的看法，以及官方舆论场中皇帝与政府的不同意见。但是舆论场在整体上由于群体极化现象[1]的影响导致舆论场的意见趋向于一致且极端，比如民间舆论场中，民族主义有着至高无上的地位。这两种舆论场互相对立又互相统一，大多数情况下，官方舆论场更能引导民间舆论场的发声。尤其在国家政府决策领域，国家的权威性会带来官方舆论场的强势。然而，民间舆论场也不是可以任由官方舆论场摆布，当民众的力量汇集起来，官方舆论场也无法招架，最终带来民间舆论场的反噬。

一 威廉二世统治前期的大众政治

前文已提到，威廉二世统治时期正是德国政治经济高速发展的时期，这样的时代使得“很多德国人真诚地相信，德意志民族的技术、思想和勤劳将使德国上升为一个世界大国，并且愿意为此作出贡献。用一句话来概括，那就是当时的德国正处于一个激情燃烧的年代……然而富于激情的年代往往也是容易激动、容易走向非理性的年代”。[2]这个时期的民间舆论场正处于一种民众意见的整合阶段，也就是从繁杂到统一的过程，此时的民间舆论场会出现一种“协同过滤”的现象。作为民间舆论场发声器的报纸，在复杂的舆论环境中，并不能发挥较大影响力，导致此时大量的报纸倾向于与官方立场保持一致，官方舆论场在民众中发挥的作用更加明显。而它们作为意见领袖，使得媒体的受众选择性地过滤掉了与官方意见相左的信息。换言之，民众的意见高度趋同于国家的引导。

在俾斯麦时期，民间的舆论场则是处于一种民众意见的聚集阶段，也就是从无到有的形成过程中。首相就很善于利用舆论来构建政治上的优势。在普法战争期间，为了刺激法国从而达到煽动德意志民族主义的目的，他悄然修改了“埃姆斯电

1 正式提出群体极化（group polarization）这一概念的是美国当代法哲学家、芝加哥大学法学院教授凯斯·桑斯坦。群体极化可以被定义为，团体成员一开始即有某些偏向，在商议后，人们朝偏向的方向继续移动，最后形成相对统一而又极端的观点。

2 徐弃郁：《脆弱的崛起：大战略与德意志帝国命运》，北京：新华出版社，2014 年，第 176 页。

报”，并适时地向媒体透露从而借助舆论的力量。俾斯麦预测电报“在午夜之前就将传遍巴黎，在那里不但由于内容，而且由于传播方式，将造成高卢公牛看到红布一样的景象。但效果主要将取决于我们和别人对战争起因的印象；‘我们是被侵略者’这点是重要的，而高卢人的傲慢和容易暴怒则有助于我们做到这点，只要我们在欧洲面前（就我们不用国会这个传声筒而可能做的而言）宣布：面对法国的公开威胁，我们无所畏惧就行了。”[1]最终法国迫于舆论主动宣战，而南德四邦也迫于舆论加入战争。但俾斯麦时期的大众媒体发展尚不成熟，大众的意见无法有效地形成一种民间舆论场。加之俾斯麦高超的政治手段，“用一种超出预期的方式来满足相关势力政治诉求，其程度甚至超越了后者自身的主张，然后再调过头来对其加以限制，使之处于可控、‘无害’的状态。”[2]但对于威廉二世来说，他并不具备这样的能力。

关于威廉二世的性格，有研究者指出他的性格接近自恋型人格，即“受到伤害的他或她就必须通过寻求持续的外部支持不论哪个客体，全凭自己的需要而定来保持自己的心理平衡，从而表现为对赞美的无限需要，否则就会感觉到自身的不完整、低自尊、不平衡，或较明显的攻击性——这均是衰弱的自身应对形形色色伤害的反应”。[3]对于威廉二世，舆论只是他实行“个人统治”、获取政治权威尤其是满足自尊心的工具。他并不在意舆论的滥用会带来什么样的后果。事实上在威廉二世统治的前期，这种“工具”屡试不爽。以海军建设为例，在威廉二世统治时期，海军发展是一个极为重要的话题。由于海军建设的急速发展，英德两国产生了无法调和的矛盾。威廉二世有着强烈的海军情结，他在回忆录中曾写道：“我对海军有一种特殊的激情。它很大程度上是来源于我的英国血统。当我还是一个小孩时……我就特别欣赏巨大的英国军舰，这让我在内心中憧憬着有朝一日建造属于我的军舰。当我长大时，我也想要拥有一支和英国一样强大的海军。”[4]但在当时的德国国

1 奥托·冯·俾斯麦：《思考与回忆——俾斯麦回忆录》（第二卷），杨德友、同鸿印等译，北京：三联书店，2006 年，第 77 页。

2 徐弃郁：《脆弱的崛起：大战略与德意志帝国命运》，北京：新华出版社，2014 年，第 82 页。

3 刘鑫：《威廉二世研究》，华东师范大学硕士论文，2008 年，第 18 页。

4 William Ⅱ, *My Early Life,* New York: George H. Doran, 1926, p.220.

内，他的造舰计划受到了很大的阻力，直到 1897 年，德国国会仍然拒绝追加海军预算。面对这样的情况，威廉二世充分利用了舆论宣传所带来的巨大影响。“它也是德国历史上第一个……通过系统而持续地熟练操纵舆论以实现一个军事—政治计划的尝试。”[1] 威廉二世对于皇帝威望的运用极为巧妙，他认为演讲可以成为巩固皇帝权威的一个重要途径，同时通过演讲中刻意突出某些问题，公众的观点也可以被引导。“在一定程度上，至少在最初阶段，他的言论似乎有助于世界政策和海军的‘流行’。无论是一艘新战舰下水，或一座新桥梁的开放，或一尊雕像的落成，他都利用这些机会来阐述德国需要一支强大海军的理由。”[2] “1897 年，威廉二世在德国科隆莱茵河新桥落成典礼上声称：‘让三叉戟（希腊神话中，三叉戟是海神波塞冬的武器，象征海权）掌握在我们的手中。’1905 年，威廉二世在不来梅竖立他的父亲皇帝弗里德里希三世的雕像，1913 年在威廉港竖立法国海军上将科利尼的雕像。他利用这两次机会来说明建立一个强大的战列舰队的重要性。”[3] 对于皇帝来说，舰队代表着德国的海外权益，是“世界政策”的一部分。正因此，威廉二世频繁借助国际事件来制造大众舆论，无论是“克鲁格电报事件”还是“摩洛哥危机”，都造成了英德之间关系的恶化，德国民众对于英国海军的恐慌，而这些最终都在威廉二世的努力下成了德国民族主义烈火熊熊燃烧的燃料，也最终促进了人民对于海军政策的支持。

威廉二世的各种舆论引导的行动根本上服务于皇帝的政治野心。无论是国内事务还是国际关系，他都通过舆论手段来帮助自己达到目的。他最为熟练的技巧是首先通过演讲方式调动民众情绪。如著名的“匈奴演说”，此演说成功为德国军队在中国的烧杀抢掠提供了依据。其次利用极端民族主义组织或官方宣传机构，刻意影响舆论。上文已提到威廉二世与德意志海军协会等诸多极端民族主义团体关系密切，他的暗中协助，促使德国海军扩建法案的一次次通过。另外就是借助外交转移国内矛盾，“威廉二世政府在对外方面需要一次明显的成功，以便反过来对国内产

1　刘鑫：《威廉二世研究》，华东师范大学硕士论文，2008 年，第 68 页。

2　李富森：《威廉二世时期德国海军战略与政策研究》，华中师范大学博士论文，2014 年，第 75 页。

3　同上书。见论文第 78 页注释 7 与注释 8。

生影响……例如，1897 年到 1900 年的德国对华政策就带有这样一种战略考虑”。[1] 这在其“世界政策”的推行过程中屡试不爽。在引导国外舆论领域，威廉二世也在尽全力营造一个良好的个人形象。以英国为例，威廉二世非常了解如何利用家族与体育来引导英国公众的看法。1901 年，英国维多利亚女王病重，无论是出于孝心还是对于个人形象的重视，威廉二世立即取消了庆祝普鲁士王国诞生 200 周年的活动，并前往伦敦在病重的女王床头待了 3 个星期直至葬礼。此时正处在德国反英情绪日渐浓厚的时期，英国媒体对其给予了很高的赞誉。《每日电讯报》写道：“这次自发的访问……表明，即使（英国）曾经受过伤害，但这个伤口已经愈合，这个国家不会轻易忘记一个非常优雅的行为。”[2] 而英国民众的态度也可以证明威廉二世舆论引导的成功。在威廉二世离开英国时，《晨报》报道：“于是，人们听到四面八方都有人对他表示友好和钦佩……‘他是我们王室的一员’，然后……爆发出一阵巨大的欢呼声。帽子在空中飘动，手绢在空中飘动，一片热闹的景象。”[3] 对于德国民众而言，皇帝的这些主动示好，被官方舆论场粉饰为威廉二世对于家族的重视，以及优雅的贵族行为。这使得德国国内并没有产生批评皇帝向英国谄媚的声音。得到巨大赞誉且没有付出什么代价的威廉二世自然十分骄傲于自己舆论引导的能力，并没有发觉舆论的难以预料。

二 “每日电讯报事件”中的大众政治行为

《每日电讯报》的报道在德国的晚报上的转载立即引起了轩然大波。1908 年 10 月 30 日，斯皮策姆堡男爵夫人在日记中写道：“我的绝大多数的同胞都认为威廉二世的言论是其所做过的最可耻、最卑鄙、最轻率、最可疑的事情。我们的皇帝正在破坏我们的政治地位，使我们成为全世界的笑柄！它让人感到绝望，让我

---

1 汉斯-乌尔里希·韦勒：《德意志帝国（1871—1918）》，西宁：青海人民出版社，2009 年，第 156 页。

2 *The Daily Telegraph*, 1901, p.6.

3 *The Morning Post*, 1901, p.6.

们怀疑自己是不是在精神病院！”[1]希望逼迫威廉二世退位的想法也开始出现，这在德国这样一个拥有悠久君主专制传统的国家是极其罕见的。马克西米利安·哈登（Maximilian Harden）[2]在其主编的杂志《未来》（*Die Zukunft*）发表了三篇题为“反对皇帝”的文章。他认为：“必须采取严厉措施迫使威廉退位，否则摆脱危机的唯一途径就是发动战争。我对承诺不再有信心了。这个君主永远不会改变……为了洗清我们的耻辱和对方的嘲笑，要么我们很快就得去打仗，要么我们就要面对更换帝国皇帝所带来的悲痛，即使我们不得不承受最强大的个人压力……俾斯麦总是说，他（威廉二世）不适合这个位置。而且，在国内外都说了这么多次之后，他还能天真地以为他可以再次扮演皇帝与帝国最高权威的角色吗？这就是答案，唯一的问题是，我们是否有勇气执行。”[3]需要注意的是，哈登只是反对君主制中的威廉二世，而不是反对君主制本身。他希望威廉二世主动退位，同时也希望帝国皇帝与帝国最高权威之间的分离。这种想法当然是激进的，但是不能将其认为是一种激进分子的个人意见的表达。作为德国的重要政治力量，德国的贵族阶级在事件发生的第一时间也表达了他们自己的观点，萨克森-迈宁根公爵夫人，同样也是威廉二世的妹妹的夏洛特公主（Viktoria Elisabeth Auguste Charlotte）表示她对德国的现状深感耻辱。她建议，执政的大臣们应该在巴伐利亚王子路德维希的支持下，与威廉二世进行会面，引入一种集体决策的体制。[4]夏洛特公主作为一名保守派与皇室成员，她更倾向于保护威廉二世与皇家的荣耀。她作出这样的建议，由此而知在她眼中威廉二世已经到了一种极为窘迫的地步，为了德意志帝国与哥哥个人的利益，她希望可以得到大臣与其他君主的帮助，即使这会牺牲掉威廉二世的专制权力。

面对这样的危机，威廉二世十分惊慌，急令比洛作出回应，并在 10 月 31 日与

1　Spitzemberg, diary for 30 October 1908, *Vierhaus, Tagebuch*, p.488.

2　马克西米利安·哈登是一名著名的德国记者和编辑，于 1892 年在柏林创办了 *Die Zukunft* 杂志。哈登早年是一个狂热的君主主义者，但在后来成了君主专制的批评者。也正是他的披露引发了著名的“奥伊伦堡事件”。

3　Harden to Holstein, 15 November 1908, Holstein Papers, IV, No. 1151; Harden, “Gegen den Kaiser”, *Zukunft* of 7 November 1908, cited in Winzen, *Kaiserreich am Abgrund,* S.179, Note 2.

4　Charlotte Hereditary Princess of Saxe-Meiningen to Schweninger, 5 December 1908, Bülow’s memorandum of 12 November 1908 on the mood in the Bundesrat committee for foreign affairs, Winzen, *Kaiserreich am Abgrund*, No. 66.

比洛见面，确保危机的解决，随后比洛发表了关于此事的声明。上文提到在比洛关于皇帝的声明发表之后，一种对于皇帝的同情心态成了大众政治的主流。英国驻柏林大使馆参赞德·萨利斯（John Francis Charles de Salis）在11月3日写给英国外交大臣格雷的信中提道："即使是之前对于首相态度最温和的报纸，在声明发表之后，也开始发表希望首相为危机负责，主动辞职的社论。"[1] 愤怒的焦点开始从皇帝的不负责任转向了批评首相和其官僚团队的失职。中央党的官方报纸《日耳曼尼亚》（*Germania*），在11月3日发表言论："我们需要一个做出实际行动的首相负责，而不是对政治活动一无所知的替罪羊或是不可靠的所谓'外交官'们。"[2] 更是将矛头直指比洛本人。

这使得比洛不得不面对巨大的压力，这压力促使其将11月10日的国会辩论作为找回舆论支持的最后机会。

当首相在11月10日的国会演说结束后，德国的大众政治风向再度发生了巨大变化，进步人民党的康拉德·豪斯曼（Conrad Haussmann）在国会演讲中说道："无论是昨天还是今天，德国国会都没有人站出来为德国皇帝的行为辩护，甚至连保守派都没有……在德国，所有阶层的人都同意他们自己对形势的判断；他们被惹恼了，他们被激怒了……在德国，有人说过这样一句话：我不能容忍预言厄运的人，而说这句话的人已经创造了数以百万计的预言厄运的人……正如比洛所说的那样，皇帝的善意的确是不容置疑的，然而，皇帝在与英国人讨论时所使用的那些论据，都是企图用完全不合适的手段达到他的目的……首相谈到了这些日子的艰难。但对于皇帝来说，这也是艰难的日子吗？在未来，帝国首相必须真正地亲自指挥事务，只有当他在国会中占多数时，他才有能力对抗皇帝。"[3] 未来将会出任德意志帝国首相的格奥尔格·冯·赫特林（Georg von Hertling）在会上表示，在德国历史上，从来没有过这样的场面。一个接一个的发言者罕见地一致谴责威廉

1　萨利斯致格雷，1908年11月3日，*British documents on the origins of the war, 1898–1914.* Vol. 6, No. 128, p.203。

2　"*Die 'volle Verantwortung'*," Germania, 3 November 1908, Nr. 255, S.1.

3　Speech by Conrad, 10 November 1908, *Verhandlungen des deutschen Reichstags, Session 190/09.7, 159. Sitzung, 5414.*

二世实行了 20 年的专制统治。[1] 自由党的主席恩斯特·巴塞曼（Ernst Bassermann）谈到这是一场几乎全体一致的抗议，反对这个国家所谓的个人统治。他以本党的名义，要求国会给予首相安全保障，以免皇帝干涉政治。“没有个人情绪和冲动，没有热烈的宣称，没有过分友好的政策，也没有啪啪啪的打耳光。”[2] 社会民主党的保罗·辛格（Bausinger）在国会要求修改宪法，并指出修改后的宪法应授权议会决定战争与和平。[3] 在第二天的国会辩论中，议员们的焦点更是如此，几乎所有的政党都针对着威廉二世“个人统治”展开了持续不断的批评。而比洛则利用了愤怒的国会达成了一个微妙的共识，即反对皇帝的绝对权力，以支持“负责任的政府”。[4]

三 结论

20 世纪初德国的大众政治具有自发且难以引导的特征。在“每日电讯报事件”发生之前，民间舆论场在 20 世纪初的日渐成熟已经向威廉二世和比洛政府敲响了警钟，舆论已经不大可能完全会朝着他们所引导的方向发展。在布尔战争期间，由于 1898 年英德两国签订的《安哥拉协定》以及威廉二世对英国的友善态度，德国政府与皇帝倾向于维持一个中立的外交政策。但是大多数的媒体包括他们所影响的公众舆论，出于对布尔人[5] 的同情以及对英国的不满出现了大规模的反英浪潮。“哈曼的外交部新闻局试图对新闻界施加相应的影响，以抵制公众强烈的反英情绪，但

1 Georg Freiherr von Hertling, speech in the Reichstag on 10 November 1908, as cited inWinzen, *Kaiserreich am Abgrund*, Nr. 56. S.205.

2 Ernst Bassermann, speech in the Reichstag on 10 November 1908, Winzen, *Kaiserreich am Abgrund*, Nr. 52. p.185.

3 洛塔尔·贝托尔特等:《德国工人运动史大事记》，孙魁等译，北京：人民出版社，1983 年，第 273 页。

4 囿于笔者能力，所能寻找到的当时的报刊言论并不全面，尤其是自由主义与社会主义报刊的相关言论并未获得，笔者将来会一直寻找相关报刊，请读者理解。

5 泛德意志民族主义者认为，布尔人与德意志民族同根同源。

收效甚微，然而在政府部门中造成越来越多的尴尬。”[1]

随着民间团体及民众声音的壮大，威廉二世以及比洛已经注意到舆论的难以控制，海军协会的胃口越来越大，海军建设已经影响了经济的发展并严重触犯了英国的利益。德意志殖民公司要求殖民地的扩大又必然带来与老牌殖民国家的正面冲突。但是威廉二世和比洛政府并没有重视这一情况。此时的德国民间舆论场已经初步形成，大量的民众意见汇集成为核心的意见领域。舆论场作为一种特殊的“场域”，存在海拔的说法。[2]而在舆论场海拔的最高处，就是舆论场的制高点。德国官方在引导舆论的过程中，不经意间通过官方舆论场，向民间舆论场灌输了一个舆论的制高点，也就是民族主义。“随着时代的变化，人们的认同度也会发生变化，不同的时代，同一舆论标的物的海拔是不一样的。”[3]在20世纪初的时期，认同度最高的正是民族主义这面旗帜。而在这个理论制高点的不断使用中，民间舆论场意识到了这个制高点格外好用，这样的制高点可以存在于任意的新闻题材中，并总能取得大众的关注。如果说德国的决策层一开始乐于见到这个制高点的存在，是因为可以为“世界政策”的实施提供必要的舆论支持。但随着时间的推移，他们才发现这样一个制高点的致命性。当民族主义成为舆论制高点，那么在民间舆论场中，民族主义就成了压倒一切的存在，也就是所谓的政治正确。需要注意的是，此时德国引发民族主义浪潮的往往是奉行极端民族主义的极右翼分子，但对于大众而言，很容易忽视其中的差异。对于大众而言，凡是与民族发展相违背的立场就要受到民族主义的审判。前文所提到，德国海军建设时期存在重重阻力，在1898年的海军法案的审议过程中，保守党与社会民主党由于海军建设索要花费的巨额支出而反对这项法案，而中央党正处于观望状态，但1897年12月，提皮尔茨在德国国会上演讲，以社会达尔文主义与泛德意志主义的话语向议员们表示，扩大舰队是“德意志民族谋求生存空间的问题”。[4]此番言论一出，本来持坚

---

1 Wolfgang J. Mommsen, “Public Opinion and Foreign Policy in Wihelmian Germany, 1897–1914”, Central European History, 1991, Vol. 24, No. 4, p.389.

2 邹振东：《弱传播—舆论世界的哲学》，北京：国家行政学院出版社，2018年，第478页。

3 同上书，第479页。

4 Holger H.Herwig, *The German Naval Officer Corps: A Social and Political History, 1890–1918,* Clarendon Press, 1973, p.11.

决反对意见的社会民主党马上成为“妨碍德意志民族发展”的众矢之的，社会民主党为了保证自己的选民基础，不得不再三强调社会民主党是爱国的政党，并赞成了海军建设法案。极端民族主义的浪潮成功席卷了德国国会，海军建设法案便获得了通过，而此后的三次海军法案的支持率一次比一次高，已经没有理性的力量可以阻挡由极端民族主义引发的民众的燎原怒火。这样的例子在威廉时期不胜枚举。

此时的德国民众的民族主义热情已经充分被调动起来。在“每日电讯报事件”发生以后，民间舆论场中因民族主义所带来的批判不绝于耳。舆论的矛头首先指向了威廉二世在布尔战争期间对于英国的帮助。《莱茵-威斯特法伦报》批评威廉二世：“德意志民族的灵魂将被深深地伤害，因为它的皇帝制定了一个战争计划，用这个计划消灭英勇的布尔人，同种族的兄弟姐妹……难道皇帝也参与了破坏和掠夺三万布尔人的农场，把妇女和儿童关进致命的集中营的计划吗？”[1]《每日评论》的观点则直指威廉二世对于德国民众的“背叛”：“布尔战争时期的德国人会相信，当全国为布尔人筹集资金，当布尔将军们受到热情的欢迎时，他们的皇帝……正在制定一个消灭这些布尔人的战役计划吗？”[2]另外的矛头则是对应了威廉二世关于国内反英情绪的观点，认为这样极大了损害了德国的国际形象。社会民主党的机关报《前进报》在文章中指出：“因为德国和英国的无产阶级已经结成了同盟，皇帝再一次被误导，破坏了我们之间的关系。”[3]与此同时，德国媒体对于这一事件可能会引发英国人的嘲笑而感到不满。《泰晤士报》驻柏林记者报道明显带有喜悦的情绪：“民族主义者和泛德媒体认为这背叛了他们最珍视的理想，他们正在咬牙切齿，因为英国人永远不会回应威廉二世的友好示意。”[4]威廉二世的这篇文章本意是想改善英德关系，他没有想到这篇报道在国内会带来如此巨大的问题。自每日电讯报事件开始以来，并没有太多媒体的关注点在于威廉二世试图打破德国的外交孤立，也没有很多媒体或个人在为威廉二世

---

1 Rheinisch-Westfälische Zeitung, 1908 年 10 月 29 日 , Nr. 15874, S.2。

2 “Die neueste Londoner Indiskretion”, *Tägliche Rundschau*, 1908 年 10 月 29 日， Nr. 509, S.1。

3 “Kaiserliche Politik”, *Vorwärts*, 1908 年 10 月 29 日 , Nr. 254, S.1。

4 “William II and His Policy”, *The Times*, 1908 年 10 月 31 日， S.7。

辩护。英国驻柏林大使馆参赞在给英国外交大臣的报告中提道："即使是那些平时或多或少倾向于皇帝观点的媒体，也对皇帝在采访中的言语和行动表示十分遗憾。"[1]

通过威廉二世和德国政府的带动，民族主义成功成为民间舆论场的制高点。而围绕着制高点，民间舆论场在带动民众情绪方面产生了显著的效果。"媒介似乎常把我们的注意力导向某些特定的问题或争端上。这一效果被称为大众媒介的议程设置功能。"[2]也就是说，威廉二世试图设置的议程是英德关系的改善，但媒体所设置的议程却并非如此。民间舆论场作为民间意见的一个综合体，面临着场内倾向性的统一及场内制高点的确立。其中媒体议程设置的改变必然是一个漫长的过程，转变从20世纪初就已经开始，民族主义精神的影响使得媒体突出报道有关于民族主义精神的新闻，而忽视了其他方面的新闻报道，舆论选择性地获取信息，就会带来舆论的针对性越来越强，直至每日电讯报事件，舆论的倾向性已经过于强大。事实上，无论是英国媒体还是德国媒体，都设置了各自不同于皇帝的议程。对于英国媒体而言，他们更倾向于否认皇帝的善意，并讥讽和嘲笑皇帝。《每日快报》称："（报道所包含的）这些消息令人惊叹，但无助于改变英德关系。"[3]每日邮报则称威廉二世的说法是"一个非常惊人的悖论"，并嘲讽布尔人可能会乐意看到"克鲁格电报"的作者反而和他们的敌人站在一起。[4]而德国媒体则更喜欢将其与民族主义挂钩。也就是说英国媒体在持续的对皇帝的不信任情绪中，更倾向于报道威廉二世不值得信任的一面，并加以嘲讽。而德国媒体在民族主义的制高点作用下，选择了忽视事件本身带有的外交属性，将其报道重点放在民族主义问题上，而这种无异于雪上加霜的行为，给威廉二世的形象带来更加巨大的伤害。这种议程设置的功能使得该问题的一方面在民众心目中的重要性得以提升。

---

1 萨利斯致格雷，1908年10月30日，"British documents on the origins of the war, 1898-1914", Vol. 6, No. 125, p.201。

2 沃纳·塞佛林、小詹姆斯·坦卡德：《传播理论：起源、方法与应用》，郭镇之、孟颖等译，北京：华夏出版社，2000年，第244页。

3 *"The Kaiser and Great Britain"*, Daily Express, 1908年10月30日，p.11。

4 *"The Kaiser's Revelations"*, Daily Mail, 1908年10月29日，p.6。

纵观每日电讯报事件全局，民间舆论场的形成对于每日电讯报事件的发生与发展都有着强烈的促进作用。对于德国决策层来说，民间舆论场的形成本身并不是一件坏事，它拥有着巨大的潜力，如果合理引导会带来巨大的利益。可是问题就出现在了他们对于民间舆论场的利用过程中。两个舆论场之间本来存在着一种相对平衡状态，官方舆论场的适当引导就可以很好地疏通民意，但是民间舆论场的迅速壮大是德国决策层所始料未及的。

德国决策层在拥有话语权的情况下，没有合理利用话语权，反而将国家的大量宣传都与民族主义挂钩，使得民族主义成为最为重要的舆论话语。一旦出现国家无法使用民族主义话语的情况就等于是将政府用权威确立起来的话语权拱手让人。民族主义的浪潮同时带来的还有民间舆论场的不合理性。民间舆论对于民族主义所需要的海外扩张和海外竞争的期待越来越高，这些期待往往又并不考虑现实的外交以及经济军事情况，而政府一旦有妥协或难以满足要求的迹象，整个舆论场就必然将责任归咎于政府，乃至实行“个人统治”的皇帝。

在每日电讯报事件中，对于皇帝与政府的不信任感也同样让民间舆论场的势头难以压制。皇帝对于英国的态度让民众产生了深深的背叛感，政府对舆论的反复引导加上外交政策的来回变化让政府在外交领域失去了民众的信任。更重要的是信息失衡所导致的巨大失望。20世纪初的欧洲，公共外交成为外交发展的一大方向。秘密外交渐渐失去了它的魅力，让位给更加能调动国民情绪的公共外交。威廉二世在舆论引导过程中频繁使用公共外交手段，但却始终通过秘密外交的手法与外国达成妥协，这是德国民众所不能接受的。威廉二世的对民众表里不一的态度最终造成了民众对于其“个人统治”的极大不满。

在危机发生之时，民间舆论场会产生明显的舆论倒逼行为。那么官方舆论场此时的回应就显得至关重要。官方舆论场的回应会进一步影响民间舆论场热度的持续时长，如果官方舆论场对其回应，民众关注可能消退，转移到官方舆论场的引导方向上。如果不回应或者回应不当，官方舆论场的权威与力量就会得到进一步的削弱。每日电讯报事件中，比洛在国会的演讲虽然起到了挽救其声望的作用，但是对于整个危机的解决并没有太多帮助。“媒体都在抱怨，它（比洛的演讲）根本没有回应质询，它缺少澄清和决断，尤其是并没有给出如何防止这样的事件再次出现的保证。”[1] 而更需要出现来回应危机的威廉二世却在危机愈演愈烈之时放弃回应，出现在了南德的森林猎场之中，这对威廉二世的声誉造成了不可挽回的损失，同样也让民间舆论场的舆论更加难以平息。

如果是民间舆论场的不合理发声从根本上影响了每日电讯报事件，那么造成这种情况的元凶也必然是官方舆论场自己。从本质上讲，两个舆论场并不存在必然的冲突，两个舆论场是可以合理共存一同维护社会的共同发展的。“两个舆论场的对立不仅不是问题，而且还有着巨大的社会价值，两者不能为对立而对立，应在促进社会文明进步的共同目标上保持统一。也就是说，官方和民间两个意见场域，应在身份上保持各自的特性，而在目标和行动上趋向一致。”[2] 德意志帝国时期的两个舆论场同样如此。从本质上说，民间舆论场所代表的民族主义立场与官方舆论场中国家利益的立场并无矛盾，都是谋求德意志民族的发展，但是民间舆论场的极端化造成了冲突的产生。两个舆论场需要达成两个舆论场共同参与的理性共识。首先双方要明确以公共利益为标杆的目标，对于德国而言，民族主义无论在什么领域都是一个有效的武器，但是过度使用无异于饮鸩止渴。所以德意志帝国在引导舆论时，如果可以将舆论引导至公共利益领域，会减少舆论失控的危险。也就是说把公共利益作为双方舆论场的有效共识，以合理发展自身力量，保护公民权益为目标是引导舆论的关键所在。其次双方要以平等沟通为前提，官方舆论场并不能因为自己代表官方立场而保持高高在上的姿态，而要认识到民间舆论场的重要作用，并合理对话，化解民意才是关键。德国政府一味利用民间舆论场，但忽视民间舆论场的重要作用，必然会带来民间舆论场的反噬。民意得不到释放的后果就是民间舆论场对官方舆论场的对抗。最后理性是共存的基础，民间舆论场与官方舆论场内部都有不同的声音，需要理性地对待每一条意见。同样，每个舆论场都要保持理性，尤其是官方舆论场要引导民间舆论场走向理性。但是在 20 世纪初民族主义高涨的大背景下，保持理性尤为困难，不仅仅是民间舆论场，官方舆论场同样陷入了狂热之中。最为

---

1 格申（Edward Goschen，时任英国驻柏林大使）致格雷，1908 年 11 月 7 日，*British documents on the origins of the war, 1898–1914,* Vol. 6, No. 134, p.275。

2 曾丽花：《官方舆论场与民间舆论场博弈研究》，湖南大学传播学院硕士学位论文，2016 年，第 44 页。

可怕的是，当时整个欧洲都处于一种非理性状态。每日电讯报事件中，民间舆论场的狂热已经难以引导，那么就需要在事件发生前克制民族主义的狂热宣传，只有将民族主义狂热的浪潮扼杀于舆论兴起的早期阶段，才能避免造成更大的麻烦。

作者吴郑洋，华东师范大学历史学系硕士生，于2019年4—8月在德国奥格斯堡大学做访问学生。

魏玛德国大众媒体中的美国形象
——以道威斯计划为例

王丝语

一　绪论

对德国而言，世界上没有哪个国家像美国那样影响着20世纪德国人的命运。[1]虽然美国在一战后仍然奉行孤立主义，希望能够保持美国的不结盟状态，但是其作为正在崛起的资本主义大国，已经不可避免地插手欧洲事务，特别是和当时作为欧洲焦点的德国关系密切。“孤立”和“不结盟”其实只是意味着美国践行着另一种方式的参与。

在20世纪20年代，美国的共和党政府不愿对欧洲承担政治上的义务，转而采取了主要从经济上介入欧洲事务的运作方式——由官方制定总体经济政策，然后由非官方代表去实施。因此，当时美国和欧洲之间的交往主要呈现在经济方面。道威斯计划就是这种经济外交的典型范例。它是协约国赔款委员会为解决“一战”后德国赔款问题而提出的计划，由美国人道威斯主持制定。在该计划执行期间，来自美国的资本对德国进行了大量投资和贷款。不论是在道威斯计划酝酿、审议还是执行期间，美国参与程度都较大。道威斯计划是美国和魏玛德国非常重要的一次经济外交活动，这也是本文选取道威斯计划作为美德关系研究切入点的

1　Christian Schwaabe, *Antiamerikanismus: Wandlungen eines Feindbildes*, München: Verlag Fink, 2003, S.1.

原因。

目前，在魏玛共和国时期美德经济互动方面，国内研究者们主要是从美国的角度来探讨美国对德国的经济援助和在德国赔偿问题上的介入。如陈从阳的《美国因素与魏玛共和国的兴衰》一书着重强调了美国在道威斯计划酝酿、制定、各国通过以及执行等一系列环节中的重要作用，并且认为美国在德国经济复苏中扮演着不可忽视的角色。王宏波在《从道威斯计划看 20 世纪 20 年代美国经济外交》《一战后美国在德国赔偿问题上的政策演变》等文章中认为，美国共和党政府虽然保持对欧洲不承担政治义务的孤立主义政策，但是仍然被自身利益所驱使，利用其经济力量积极开展经济外交，广泛介入世界事务，特别是德国赔款问题。[1] 程文进在《一战后美国的欧洲战略和 20 世纪 20 年代的美国对德政策》一文中也表达了相似观点。他指出，第一次世界大战后，美国确立的欧洲战略是：极力使欧洲保持和平稳定，以利于美国在欧洲进行经济扩张。美国在 20 世纪 20 年代实行的以解决德国赔偿问题为核心的对德政策即服务于这一欧洲战略。[2]

国外学界对于美德经济外交研究的著述更加丰富，研究视角也更加开阔。埃伯哈德·科尔布（Eberhard Kolb）在其著作《魏玛共和国》（*The Weimar Republic*）中特别指出将经济政策和社会生活相联系的研究方向，如魏玛共和国的社会政策和社会冲突、财政政策及其对社会问题的影响、国际框架和赔偿政策的作用等等。塞巴斯蒂安·哈夫纳（Sebastian Haffner）、玛丽·富布卢克（Mary Fulbrook）等研究德国史的学者都在其著作中表明：虽然赔款的总金额没有确定，但是道威斯计划仍然减轻了德国战败赔款的负担；除此之外，美国在此时以一种对德国比较有利的方式来涉足欧洲经济。除了探讨道威斯计划对德国的有利性和重要性的研究之外，还有不少学者注意到了道威斯计划的缺陷。阿尔布雷希特·里奇尔（Albrecht Ritschl）在《1920—1933 年的德国转让问题：主权债务视角》（*The German transfer*

1 王宏波：《从道威斯计划看 20 世纪 20 年代美国经济外交》，《首都师范大学学报》（社会科学版）2002 年第 3 期，第 107—112 页；王宏波：《一战后美国在德国赔偿问题上的政策演变》，《中国青年政治学院学报》2003 年第 2 期，第 69—74 页。

2 程文进：《一战后美国的欧洲战略和 20 世纪 20 年代的美国对德政策》，《济南大学学报》2003 年第 4 期，第 37—41、92 页。

problem, 1920–1933: a sovereign-debt perspective）一文中指出道威斯计划中的设计缺陷——它对商业债权的转让保护给德国及其商业债权人都带来道德风险，并且认为正是这样的道德风险导致了向杨格计划的过渡和失败以及1931年德国的债务危机。[1]

诚然，道威斯计划有所缺陷，但是学术界都一致同意其在德国“一战”后经济复苏方面所起到的重要作用。不过，目前对以该计划为代表的美德经济外交研究大多是从国家宏观层面，从经济和政治的视角进行。而从社会视角入手，探讨公众舆论中的美德关系的研究则较少。魏玛时期的德国公共领域已经发展得较为成熟，可以将之作为一个研究视角切入。

魏玛共和国作为德国第一个诞生的共和政体，其所制定的《魏玛宪法》规定了公民的权利，包括新闻自由的权利。宪法规定：“人民在法律范围内，有以语言、文字、印刷和图画自由表示意见的权利……任何人不得妨害，并不得实行检查。”这就为报业的发展提供了相应的较为宽松的环境。在魏玛共和国成立后的十几年间，德国报业空前繁荣，由1914年的2 200家报纸，上升到1932年的4 703家，总销数2 500万份，为德国报业史上的高峰。[2] 报纸受众广、信息丰富、时效性强的特点，使其在魏玛共和国时期成为非常重要的公共领域，也是各方势力进行舆论宣传的重要工具。正如《法兰克福报》的一位记者所说：“现实只存在于人们手里的报纸中，只有报纸才能让他们看到世界……在一个民主国家，新闻界是迄今为止最重要，事实上几乎是所有意见的唯一来源。”[3] 通过报纸这一在当时最为重要的大众媒体，能够较好地反映出公众舆论的走向和趋势，以及这一时期德国政治文化尤其是政治公共领域的特点。

因此，本文拟从德国的大众媒体入手，一窥德国舆论对于道威斯计划的态度，从公共领域层面考察美德关系，并进一步探讨逐渐深入欧洲事务的美国在德国媒体中的形象，及其形象塑造的原因。

1 Albrecht Ritschl, *The German transfer problem, 1920 –1933: a sovereign-debt perspective*, *European Review of History: Revue européenne d'histoire*, Vol. 19, No. 6, December 2012, pp.943–964.

2 张允若编：《外国新闻事业史教程》，北京：高等教育出版社，2003年，第136页。

3 Bernhard Fulda, *Press and Politics in the Weimar Republic*, New York: Oxford University Press, 2009, p.203.

二　回响与形象：魏玛德国报纸中的道威斯计划

在魏玛德国，诸多报纸的编辑或撰稿者都是国会或者州议会的成员。在1924年，13%的国会代表都是专业的政论家。[1]除了媒体从业人员与政治关系密切之外，再加上各政党都有其机关报，以及部分出版集团有着特定的政治倾向，因此，此时期的报纸媒体通常带有一定的政治色彩。此外，出于立场阵营和商业利益的原因，各报纸分裂为竞争性的、经常是相互敌对的通信网络。[2]由于政治性和竞争性，对实际情况进行有选择性的报道、政论评价多于报道事实内容、通过新闻技巧引导读者观点等等情况都会出现在魏玛德国的报纸媒体之中，并且在道威斯计划的相关报道中尤其凸显。

在1924年的德国报纸中，道威斯计划的身影不可谓不显著。德国新闻界从一开始就对道威斯计划十分重视。从美国派遣专家、成立专家小组进行考察，直到道威斯计划出台、伦敦会议通过道威斯计划，大众媒体对道威斯计划都有着详细的报道，并且在不同立场的报刊中对道威斯计划以及美国在其中所扮演的角色都评价不一。

1. 酝酿时期：偏见与认可

道威斯计划是和《凡尔赛条约》所规定的德国巨额赔款紧密相连的。1921年，这笔赔偿金额最终确定为1 320亿帝国马克。由于德国表示无力按时偿还赔款，要求延期6个月，1923年1月，法国和比利时军队占领鲁尔，将鲁尔煤矿作为“产品抵押”。全德以一致的愤怒对抗这一入侵，可以毫不夸张地说，自从1914年8月以来，整个德国的情绪从来不曾像那些日子里那样一致。[3]德国人这种由鲁尔危机引起的激动民意，在之后的道威斯计划的舆论中也有反映。法比占领后，鲁尔采取消极抵抗，矿井停产，数十万工人失业。一方面，魏玛政府不断增加财政拨款支持鲁尔区的消极抵抗，另一方面，它又必须用外汇向外国购买煤

1　Bernhard Fulda, *Press and Politics in the Weimar Republic*, p.20.

2　同上书，p.21。

3　埃里希·艾克：《魏玛共和国史：从帝制崩溃到兴登堡当选（1918—1925）》（上），高年生、高荣生译，北京：商务印书馆，1994年，第237页。

炭来维持国内所需，这使得财政状况本来就不佳的德国政府更加雪上加霜。1 月中旬，1 美元约等于 1 万马克。1 月底，1 美元就可兑换将近 5 万马克，7 月底，1 美元的价格超过了 15 万马克。[1] 德国货币几乎已经失去了作用，经济状况严重混乱。8 月，施特雷泽曼（Gustav Stresemann）上台组阁，结束了鲁尔的消极抵抗，并积极争取国际和解。

美国自巴黎和会的外交失败后，一直以来采取孤立主义的外交政策。但是英法的战债问题，以及战债背后的德国战争赔款问题涉及其自身的利益，因此，美国联合英国通过外交手段，希望与法国达成和议。在法国发生财政危机之后，法国总理普恩加莱（Raymond Poincaré）为了获得英美金融家的帮助，不得不在德国赔款谈判问题上让步，同意了美国总统柯立芝（Calvin Coolidge）的建议——把赔偿问题放到国际范围内解决。此时终于有了一个愿意坐下协商解决问题、较为和谐的国际环境。

1923 年 11 月 30 日，赔偿委员会一致决定，成立两个专家委员会：一个负责研究如何平衡德国预算和稳定德国货币，另一个负责研究德国资金外流问题。并且赔偿委员会作出了一个更加重要的决定——邀请美国专家参加委员会的工作。

1924 年 1 月 14 日，专家会议在巴黎召开。美国银行家道威斯（Charles Dawes）被任命为第一个专家委员会的主席，主持委员会工作的开展。来自纽约的杨格（Owen Young）被任命为副主席。虽然道威斯、杨格等人只是以个人身份参加到专家委员会之中，但是其身后美国政府的影子却是不能忽视。在道威斯、杨格等专家飞往欧洲之前，特地到华盛顿接受了美国总统柯立芝、国务卿休斯（Charles Hughes）等政府人士的嘱托。由美国人担任在政治意义上具有决定性意义的第一个委员会的主席，这足以看出各国对和美国合作的重视。不过另一方面，虽然道威斯是美国派去的专家，但是并非是正式的政府派遣。在德国报界的眼中美国这样的非正式做法似乎就只是意味着一桩“生意”，认为美国在本质上就是一个精明的商人形象——既想获得利益，又不想承担责任。[2]

---

1 埃里希·艾克：《魏玛共和国史：从帝制崩溃到兴登堡当选（1918—1925）》（上），高年生、高荣生译，北京：商务印书馆，1994 年，第 246 页。

2 *General Dawes*, *Vossische Zeitung* 15. Januar 1924, Morgen Ausgabe 1.

1月15日，《福斯报》(*Vossische Zeitung*)[1]、《德意志日报》(*Deutsche Tageszeitung*)[2]等德国报纸纷纷在头版头条报道道威斯的就职讲话，足可见其重视程度。道威斯的讲话被认为“残酷而坦率”。一方面，他言辞犀利地批判了“民族自豪感和自私利益”“民族主义煽动者”以及各国官僚和政治因素；另一方面，他也承认，在这被坚决要求赔款的5年中，德国的经济已经濒临崩溃了，而当德国经济逐渐破灭的时候，所有欧洲盟国都会受到冲击，德国支付赔偿的能力也是欧洲支付能力的重要组成部分。所以，他希望各国达成共识与合意，呼吁以理性态度实现紧密合作。[3]这些看似不偏不倚，并且很有责任心的话语，确实为此次国际合作和专家委员会工作的开展定下了良好的基调。在之后的工作中，专家委员会也确实是秉持这样的理念，摒弃政治因素而专注于德国经济问题，以冷静和理性对抗民族主义。这样的姿态也得到了部分德国媒体的信任和认可。但是，正如《福斯报》所评价的一样，因为道威斯的工作涉及的是德国的战败赔款问题，这让德国社会对其带有先入为主的偏见，道威斯所扮演的角色注定是“不会被感激的并且困难重重的”。[4]另一部分德国媒体对道威斯发表的讲话并不认同，他们指出道威斯所用的词语，如“所有国家的民族主义煽动者”“秃鹫”等，是专门针对德国；这些词语的使用使得讲话更加符合法国听众的胃口，他讲话的目的是为了强调与协约国的友谊。甚至《福斯报》还特地转载了法国《小巴黎人报》(*Le Petit Parisien*)[5]的评论：“已经很久没有听到有人用如此热情的话语来庆祝盟国之间的合作了。”[6]

1　《福斯报》是乌尔斯坦（Ullstein）出版集团的著名的柏林报纸，是柏林最古老的报纸。它代表了自由资产阶级的立场。由于政治形势，该出版物在1934年被迫停刊。在1925年至1932年期间，其销量在4万至8万之间浮动。

2　《德意志日报》是在1894年至1934年德国跨区域的日报。最初，它的主要读者构成为中产阶级、农民、医生和律师，之后读者群又扩大到大土地所有者、大工厂主、银行家和政府官员。它在政治上靠向德意志人民党（Deutsche Volkspartei）和德意志民族人民党（Deutschnationale Volkspartei），较为保守。1925年至1932年的销量由3万逐渐降至2万。

3　*Unter amerikanischem Vorsitz*, *Vossische Zeitung* 15. Januar 1924, Morgen Ausgabe 1.

4　*General Dawes*, *Vossische Zeitung* 15. Januar 1924, Abend Ausgabe 1.

5　《小巴黎人报》是1876年10月15日至1944年8月17日发行的法国日报，是第三共和国统治下的主要报纸之一，它是第一次世界大战前夕法国四家最大的日报之一。

6　*General Dawes*, *Vossische Zeitung* 15. Januar 1924, Abend Ausgabe 1.

虽然德国媒体对于道威斯和国际专家的印象从一开始便带有一定程度的偏见，对作为战胜国并且和协约国站在一边的美国也没有多么友好。但是不可否认的是，不管是德国，还是法国英国，都认为道威斯及其所领导的专家小组所作的工作都是非常有必要的，其所持的国际合作、缓和德国赔偿的理念都是值得信任的。在此之前，赔款委员会已经在一个几乎无法解决的问题中纠缠了很长时间，他们无法消除政治偏见，也不能向任何一个实事求是的前进步骤表示欢迎。[1] 而现在，在道威斯专家委员会的主持下，赔款问题终于有了眉目。

2. 道威斯报告正式提出：抗拒与理解

1924 年 4 月 8 日，道威斯专家委员会在巴黎向赔款委员会提交了他们为之努力工作了三个月的专家委员会报告，也称为道威斯报告。4 月 16 日，在巴黎发表的一份公开信中，德国代表团称，这份报告是“迅速解决赔偿问题比较切合实际的基础”。德国政府也随后表示，专家们的建议提供了一个“可供商榷的基础”，愿意与专家委员会携手合作。但是，德国国内的舆论环境并非如政府表态的一般乐观自持，特别是右翼已经“狂怒”了。[2]

德意志民族人民党（Deutschnationale Volkspartei）的党媒《德意志报》（*Deutsche Zeitung*），[3] 甚至认为道威斯计划意味着“奴役”，专家们的建议意味着“法国对德国的政治统治”。不仅如此，该报还指出道威斯计划隐含了英、美、法三国对于德国不同的利益阴谋，该计划正是“英国和美国的金融利益，以及法国的主权利益之间的已经解决的计划”。[4]《德意志日报》认为，“所谓的专家报告是对德国不合理的要求”。[5]《柏林人民报》（*Berliner Volks-Zeitung*）[6] 大声疾呼“要求无条件恢复德国

1 埃里希·艾克：《魏玛共和国史：从帝制崩溃到兴登堡当选（1918—1925）》（上），高年生、高荣生译，北京：商务印书馆，1994 年，第 296 页。

2 *Das Echo des deutschen Presse*, *Vossische Zeitung*, 10. April 1924, Morgen Ausgabe 3.

3 《德意志报》是属于德意志民族人民党的精英型政治报纸，持以保守的政治立场。在 1925 年的销量约为 6 万，之后销量逐渐减少。

4 *Das Echo des deutschen Presse*, *Vossische Zeitung* 10. April 1924, Morgen Ausgabe 3.

5 同上。

6 《柏林人民报》是 1904 年至 1944 年在大柏林地区出版发行的德国地方日报。它是莫斯（Mosse）出版集团旗下的大众报纸，无特定的政治立场。1925 年至 1932 年的销量在 7 万至 9 万之间。

经济主权”。[1]保守的《十字报》(*Kreuz-Zeitung*)[2]有所保留,但最后也提出了一个问题:“如果从一开始就没有任何结果，那么今后几个月继续就专家报告进行谈判是否合适。”[3]它清楚地表示德国人民对于专家报告不可接受的态度，认为各国在专家报告基础上的商议也不会有任何结果。德意志人民党（Deutsche Volkspartei）的党媒《德意志汇报》(*Deutsche Allgemeine Zeitung*)[4]的声明更有预见性，它虽然指出了专家建议被德国人内心接受的困难程度，但是最后得出的结论是“德国将必须非常客观但非常激烈地处理专家意见”。[5]事实证明，最后的结果也正是如此——虽然国内舆论对于专家报告并不友好，但是德国政府也不得不在专家报告的基础上和协约国进行进一步的谈判。如上所见，偏右翼的报纸所创造的舆论环境并不理想。与之相比，在偏中间派的报纸中，公众舆论没有如此偏激，存在着一定的反转倾向。中央党（Deutsche Zentrumspartei）的党报《日耳曼尼亚报》(*Germania*)[6]就要善意一些，其标题是“后悔的时期?”，要求专家报告需要得到仔细地审查，不要盲目接受，“无论如何，它们为国际辩论提供了基础，如果是在有意识的信仰共同体下进行辩论的话，似乎比欧洲外交官之间迄今为止进行的对话更有望取得更大的成功”。[7]民主党（Deutsche Demokratische Partei）和偏左翼的社会民主党（Sozialdemokratische Partei Deutschlands）的意见是相似的，他们都认为选择接受

1 *Der Bericht der Sachverständigenkomitees*, *Berliner Volkszeitung* 9. April 1924, 72. Jahrgang Nr. 171, Abend Ausgabe 1.

2 《十字报》的正式名称是《新普鲁士报》(*Neue Preußische Zeitung*)，因其报纸标题正中冠以铁十字勋章，所以被简称之为《十字报》。从1848年到1939年，它是普鲁士和之后的德国帝国以及魏玛共和国的跨区域的国家日报。其政治倾向十分保守，偏向德意志民族人民党。其报纸销量在1万左右。

3 *Das Echo des deutschen Presse*, *Vossische Zeitung* 10. April 1924, Morgen Ausgabe 3-3.

4 《德意志汇报》于1861年在柏林创刊，1945年停止发行。它是德意志人民党（Deutsche Volkspartei）的政治报纸，政治倾向较偏右。1925年的发行量在8万左右，之后逐年降低。

5 *Das Gutachten der Sachverständigen*, *Deutschen Allgemeinen Zeitung* 9. April 1924, Morgen Ausgabe 1.

6 《日耳曼尼亚报》是1871—1938年在德国全境发行的一份日报。它最初作为天主教保守主义政党“德国中央党”的党报而创立，逐渐发展成为最具影响力的天主教报纸。魏玛共和国时期，中央党（Deutsche Zentrumspartei）成了最重要的政党之一，它逐渐从一个民族保守主义的宗教性政党转变为一个基督教民主主义的全民党，可以与当时从左翼到右翼的几乎所有其他党派组建联盟。与之相应的，《日耳曼尼亚报》的政治立场也在逐渐向中间移动。1925—1931年间，该报的销量稳定在4.3万份左右。

7 *Das Echo des deutschen Presse*, *Vossische Zeitung* 10. April 1924, Morgen Ausgabe 3.

专家报告利大于弊。社民党机关报《前进报》[1]（*Vorwärts*）的社论表现出左翼人士对道威斯报告更高的接受程度，它认为专家报告意味着一定程度的进步，并希望可以在该报告的基础上“建立一个持久和平和加强经济合作的新时代”。[2]对于社民党而言，他们的忧惧并非来自道威斯报告本身，而是该报告出台所导致的右翼获得的支持率的增长。自由主义的《福斯报》对专家报告虽然有保留意见，但是基本上还是支持的。它认为“赔偿的主要目的是使德国摆脱来自国外的经济和政治外交统治”，财政上的牺牲是可以被接受的，因此“德方不能拒绝专家的计划，它必须成为德国认真讨论的基础”，甚至喊出了“德国人民的荣誉比金钱更高贵”的口号。[3]

虽然不同立场的报纸对专家报告的接受程度不一，但不可否认的是，所有媒体对该报告都并非真心实意地欢迎，只是右翼的声音更加偏激，而中间派和左派更加理智。德意志人民在心理上对专家报告是较难接受的，被迫的情绪或多或少掺杂在其中。这样的排斥主要来自：对战败国身份的排斥和对沉重的战败赔偿的拒绝；对赔偿重压下德国人民未来生活的担忧；还有对恢复德国经济主权和自由的期望。很遗憾，专家报告对以上三点德国人的最主要的诉求，都没有给出令人满意的答案。德国人虽然在感性上对专家报告持有抗拒态度，但是在理性上，他们也知晓，在当时的情况下，接受专家意见是唯一的正确选择。这样的抗拒心态虽然在“德国人不得不低头接受谈判”的事实面前稍微收敛，但它自凡尔赛条约以来一直深藏在德意志民族心中，很容易就被引爆。

不过，舆论针对的主要是道威斯计划本身和政府接受专家意见的举措，对于美国在其中所发挥的作用，德国报纸也还是进行了比较公正的评价。《福斯报》评价：专家的意见仅仅是准备，纯粹是经济基础，在此基础上，有意识地消除了所有政治因素；该专家报告十分重要，无论是盟国政府还是德国政府都不能轻易忽略国际专家的发现；“委员会的权威，特别是美国专家的合作，将使报告具有重要意义”。[4]

---

1 《前进报》是德国社会民主党（Sozialdemokratische Partei Deutschlands）的党报，于 1876 年创刊。1925 年至 1932 年的销量由 10 万逐渐降至 6 万左右。

2 *Der Sachverständigenbericht überreicht*, *Vorwärts* 9. April 1924, Abend Ausgabe 1.

3 *Die Vorschläge des Daweskomitees*, *Vossische Zeitung* 10. April 1924, Abend Ausgabe 1.

4 *Die Vorschläge des Daweskomitees Das Gutachten*, *Vossische Zeitung* 10. April 1924, Abend Ausgabe 1.

显然，在赔款事务上——从专家委员会的组建到专家报告的出台——德国媒体不得不承认美国专家在经济计划制定上的权威性。他们都意识到，是在道威斯的理念引导下，专家报告才摒弃了以往常常占据重要地位的政治因素，而这显然和美国的影响是不可分割的。

6月6日，魏玛国民议会举行了有关专家报告的政治辩论，最后以247票对183票通过了道威斯的报告。媒体除了对此次投票和施特雷泽曼的讲话进行了大幅报道之外，不少媒体还报道了美国方面对于这一结果的反应。它们指出，美国方面对此十分满意，特别是负责该计划执行的美国金融界；华尔街甚至认为现在已经消除了双方建立债券联系的最主要障碍，因为比预期情况更好的多数派证明，在德国支持合理的经济理解的人占多数。[1]但实际上，国会对专家报告的通过和政府的支持并不能代表德国社会的主流态度，报纸此时的舆论引导风向仍以对道威斯计划的反对和怀疑为主。因为，即使在理智上对经济和解持理解态度的德国人，在感性上也会对接受专家报告感到无奈。

3. 伦敦会议：舆论的大爆发

1924年7月16日至8月16日，英法德等国在伦敦举行会议，以专家报告为基础进行多方谈判。此次会议对今后欧洲大国间的关系走势十分重要，甚至一贯秉持孤立主义的美国也派遣了官方代表凯洛格（Frank Kellogg）参加此次会议。不过凯洛格明确表示，除非是在美国利益受到直接影响的情况下，否则他不会干预谈判；美国不会签署议定书，也不会对伦敦会议决定的执行负责。此外他还表示，如果希望美国参与德国债券，德国债券的利息支付必须优先于赔偿金的支付，也就是要优先保障美国的利益不受损害。并且美国政府还告知英国政府，如果法国要在此次会议上讨论债务问题，美国将会退出此次会议。这些表态在德国人看来，更加凸显出美国作为一个非常“精明的生意人”的模样。[2]不过即使是如此“袖手旁观”的态度，也还是表明美国在欧洲事务中的逐渐深入。

在伦敦会议上，虽然各方就道威斯计划基本达成了一致，但对于道威斯计划的

1 *Amerika und die Reichstagsabstimmung*, *Vossische Zeitung* 8. Juni 1924, Morgen Ausgabe 2.

2 *Amerika beschränkt die Vollmachte Zurückhaltung des Beobachters*, *Vossische Zeitung* 16. Juli 1924, Morgen Ausgabe 1.

源头——法比军队入侵鲁尔区——却仍存在较大分歧。双方在法国和比利时撤军的期限问题上争论不下。德国国内，特别是民族主义者，对撤军的呼声极高。德国代表团不得不顾及舆论，他们明白，如果想要争取德国民众接受道威斯计划，就必须向德国公众舆论作出让步；并且，他们也希望将日益增强的国内压力转变为谈判中的施压方式。因此，德国代表团在撤军问题上不愿缓和态度。不过无论是德国还是法国，都不愿就此将谈判的火花完全熄灭，因为双方都无法承担这样的后果。虽然美国表示不会对会议进行干涉，但是也并不妨碍其发挥影响力。美国大使凯洛格和英国首相麦克唐纳（Ramsay Macdonald）成功地在此事上对法国施加了影响。最后，法国总理赫里欧（Edouard Herriot）妥协，将撤离鲁尔区的期限从自道威斯计划生效起提早到自签署议定书起一年内，大致将撤军时间提早了将近两个月。

在德国作出最后表决之前，其他各国代表对于伦敦会议结果的满意度较高，并且认为德国“即使没有实现所有愿望，他们也不应该对伦敦会议的结果感到不满意”。[1] 如果不抱成见地看，确实如此。由于麦克唐纳的帮助和赫里欧的迁就，德国取得的东西已经超过有理由期望得到的。[2]

但是德国的舆论并非如各国代表一般满意。8 月 16 日，德国国会通过了伦敦议定书。通过道威斯计划和伦敦议定书的声明一经发出，便在右派中激起了人们“期待中的愤怒的呼声”。偏向德意志民族人民党的《柏林地方导报》（*Berliner Lokal-Anzeiger*）[3] 表示不论是在经济上、政治上还是心理上，法国将再占领鲁尔一年的要求不可接受，“政府在占领问题上采取了迄今被认为是完全不可能的立场”，并且表示这些让步是“毁灭性的”。[4] 右翼的《德意志日报》所用的字眼更加严厉，它认为伦敦会议是失败的，并且把责任推到了德国代表团的身上；它将道威斯计划视作为了鲁尔自由而不得不作出的让步和牺牲，它发出诘问：“道威斯计划给德国带

1 *Vergebliche Bemühung*, *Vossische Zeitung* 16. August 1924, Morgen Ausgabe 4.

2 埃里希·艾克：《魏玛共和国史：从帝制崩溃到兴登堡当选（1918—1925）》（上），高年生、高荣生译，北京：商务印书馆，1994 年，第 315 页。

3 《柏林地方导报》在 1916 年接受德意志民族人民党政治家、媒体大亨阿尔弗莱德·胡根贝尔格（Alfred Hugenberg）的注资，加入胡根贝尔格出版集团后，在政治上就逐渐向该党靠拢。1925 年至 1932 年的销量在 19 万至 22 万之间，1925 年达到销量高峰，约为 22 万。

4 *Das deutschnationale Echo*, *Vossische Zeitung* 16. August 1924, Abend Ausgabe 3.

来了可怕的牺牲，而如果德国代表团甚至连政府及其政党所说的‘鲁尔自由’都没有落实，它实际上又希望给予德国人民什么样的权利？”[1]《十字报》也表示“因为一年的撤出期限，道威斯报告是不能接受的”，并且还试图拉拢德意志人民党的右翼站在自己一边。[2]前皇帝威廉二世，也对美国媒体表示：道威斯计划和伦敦公约是“受到可耻的偿还债务的谎言的影响”。[3]在保守派看来，接受道威斯计划及其所带来的指控和沉重负担的重要前提是：法比军队撤出占领区，鲁尔重获自由，德国主权恢复。而德国政府在没有完全达成以上前提的情况下接受伦敦议定书，被右派舆论认为是一种妥协和让步。反对派激烈地表达对政府的不信任和对道威斯计划的怀疑，以此煽动民众，给魏玛政府后续推行该计划制造了舆论障碍。这种言论可以说并没有高超的政治智慧，反而怀疑和吓退了那些谋求和解并为此作出具体努力的国内外政治家。[4]

除了对伦敦议定书铺天盖地的指责外，也有部分舆论指向更为理性，承认道威斯计划的可行性，以及对德国当时情况的有利性，但是也对道威斯计划可能造成的影响持保留态度。曾任德国巴伐利亚州议员的莱辛费尔德伯爵（Hugo von Lerchenfeld）在他的《黎明》一文中认为，道威斯报告对解决德国赔偿问题的意义，就犹如黑夜即将散去前的黎明。该报告的重要性在于，第一次把有关赔偿的整个问题放置于经济基础之上，并且摒弃了政治因素和协约国对德国拥有偿还无限制赔款能力的幻想。但他也认为该报告存在缺陷：它满足了英国对德国合理的经济扩张诉求进行打压的目的，也成了法国对德国进行排挤和限制，以此来保证自己国家安全需求的工具。并且这种相互的不信任感会加深各国之间的隔阂，加剧欧洲的紧张局势。所以最终，他对德国的未来既满怀期望又充满不安：“道威斯报告及其所孕育的精神，可能会开启全新的一天。但现在太阳还没有升起，日光才刚刚出现，谁知道我们到底会遇到晴空万里还是疾风骤雨呢？”[5]德国财政部长路德（Hans

1　*Das Echo des deutschen Presse*, *Vossische Zeitung* 10. April 1924, Morgen Ausgabe 3.

2　同上。

3　*Doorn und Dawes*, *Vossische Zeitung* 2. September 1924, Abend Ausgabe 3.

4　埃里希·艾克：《魏玛共和国史：从帝制崩溃到兴登堡当选（1918—1925）》（上），高年生、高荣生译，北京：商务印书馆，1994 年，第 316 页。

5　Hugo Lerchenfeld, “Dawn”, *Foreign Affairs*, Vol. 3, No. 1, Sep. 15, 1924, pp.112－123.

Luther）也在讲话中表示了接受道威斯计划将要付出高昂的代价，并将面对诸多艰难的问题，但是为了更伟大的利益和理念，“每个人都必须克服严重的问题，在许多情况下，甚至必须抛弃个人信念，以达成伦敦协议。尽管这个决定对每个人来说可能都是艰难的，但必须为我们的祖国打开通往更美好未来的道路”。[1]

4. 执行之后：情感与理智的斗争

伦敦议定书于1924年8月30日签署后，便得到强有力的执行。德国报纸继续跟进了道威斯计划的后续实施情况：9月1日，柏林按道威斯计划执行第一批偿付；9月3日，美国人帕克·吉尔伯特（Parker Gilbert）被任命为赔款代理人；9月27日，德国国有铁路公司成立；9月30日，德国工业债券银行成立；10月4日，国家银行实行改组；10月10日，8亿金马克的道威斯贷款合同签订，并且其中绝大部分由美国银行家承担。毫无疑问，道威斯计划的成功执行使得德国经济逐渐恢复。

在道威斯计划的跟进报道中，有关德国债券在美国、英国、意大利等地的发行情况，各报纸都有所涉及，并且都特别报道了德国债券在开盘时的受欢迎程度：诸多人为了购买提前排队，债券很快即被公众超额认购，其价格在收盘前上涨。各报纸对此的态度也是觉得“满意”，暗含着一种对未来经济发展的信心。[2]它们相信这证明了在德国重新又有了稳定的货币并具备和平发展的前提后，西方对德国经济力量和能力的信任。但是这样的“满意”是对德国未来展望的满意，是对危机之后的发展机遇的满意，并非针对道威斯计划，也并非针对美国。

虽然道威斯计划得以顺利进行，但是几乎没有转变舆论风向，几乎没有报纸对道威斯计划怀以真诚的善意，特别是右派的报纸。在道威斯计划已经被国会通过并生效，无法再撼动其法律地位的情况下，德意志民族人民党仍然在竞选宣传和报纸报道中利用道威斯计划，来鼓吹他们偏激的外交理念。他们的逻辑是：《凡尔赛和约》是基于德国战争罪责的谎言，道威斯计划源自《凡尔赛和约》，而它的实施正是证明了减轻德国人负担的必要性，因此有必要进一步就战争罪责问题和协约国进

1 *Die Reichsregierung zur Schuldfrage*, *Vossische Zeitung* 30. August 1924, Morgen Ausgabe 4.

2 *Die deutsche Anleihe überzeichnet*, *Vossische Zeitung* 15. Oktober 1924, Abend Ausgabe 4.

行讨论，甚至颠覆，这样就可以彻底摆脱《凡尔赛和约》对德国人的奴役。[1]对其他中间派政党而言，德意志民族人民党的言论不仅令人难以接受，而且在外交上也非常危险。民主党在法兰克福的公开选举会议上，对德意志民族人民党表示质疑："与德意志民族人民党一起制定政策是不可能的，因为他们质疑我们辛勤工作和作出诸多的牺牲所取得的一切。与他们一起执行道威斯计划，就像让他们决定如何分配道威斯计划所带来的负担一样不理智。"[2]

虽然右翼对道威斯计划的态度较为偏激，所幸中间派还是比较理智。他们认为，既然国会已经通过了道威斯计划，该计划便具有了强制执行的效力，人们也有执行它的义务。民主党表示，德国社会尤其是经济界，有义务协助道威斯计划的执行，这不仅仅是和外国进行经济往来的诚实前提，更是为了确保内部和外部的和平。[3]并且希望通过这样的方式在接下来的选举中，促使更多选民接受民主理念，而非被右翼的宣传冲昏头脑。道威斯计划甚至成了检验德国共和制度的牢靠程度和民主理念普及度的一道关口。

由道威斯计划所带来的德国报纸媒体在政治上对美国的抵触情绪，并未因来自美国的资本大量涌入德国而消减。如在盟国对鲁尔占领所得进行分配的报道中，特别提到美国提出了获得赔偿的要求，英国财政部长却以美国已经没收了足够多的德国资产和未批准《凡尔赛条约》为由，否认了美国参与赔偿的权利。[4]这样的报道无疑是再次突出了美国的"贪婪"，强调美国继续将战争罪责的帽子扣在德国的头上。在即使不为民族主义的情感所动，能够用足够理性的头脑进行冷静分析的政论者看来，美国的举措还是别有所图。他们特别指出：虽然德国已经从美国获得了承诺的贷款援助，但是道威斯计划是基于美国重返欧洲，德国仍然需要对美国保持警惕。[5]

1　*Immer noch Ja und Nein, Neuer deutschnationaler Aufruf*, *Vossische Zeitung* 29. Oktober 1924, Morgen Ausgabe 3. *Mecklenburger Politik*, *Vossische Zeitung* 30. Oktober 1924, Morgen Ausgabe 3.

2　*Gertrud Bäumer in Frankfurt*, *Vossische Zeitung* 1. November 1924, Abend Ausgabe 3.

3　*Der demokratische Parteitag, Einmütige Zustimmung der Wirtschafter*, *Vossische Zeitung* 2. November 1924, Morgen Ausgabe 1.

4　*Das Programm der Finanzminister*, *Vossische Zeitung* 24. Dezember 1924, Abend Ausgabe 3.

5　*Deutschlands außenpolitische Notwendigkeiten, Hoeßsch am Vortragspult*, *Vossische Zeitung* 2. November 1924, Morgen Ausgabe 3.

此外，除了因阵营和利益不同而对美国产生的敌对情绪之外，德国报纸对美国的报道还增加了一种自卑、落差感和不甘的情绪。在战前作为帝国主义大国的德国，却因为战争的破坏和赔款的负担，经济发展远远落后于美国，甚至还要依靠美国的贷款来拯救脆弱不堪的经济。面对后来居上的美国，这种落差感，使得当时的学者甚至认为“和美国比起来，德国已经沦落为了靠配给份额过活的乞丐”。[1]

三 多面的美国形象和塑造的原因

纵观道威斯计划酝酿、出台、通过再到执行的整个过程，可以看到，德国各大报纸媒体虽然有不同的立场和看法，但其主流是对被迫接受道威斯计划的无奈和不满。

虽然更加理智的人会认识到，美国引导下的道威斯计划对德国而言总体上是利大于弊的，国际间的和解与合作对德国的发展更加有利。但是诸多德国媒体对此并不买账，他们尖锐地指出道威斯计划将给德国带来的负面影响。不过这样的指责不仅仅是针对美国，还有反对派对政府的抨击以及民族主义者对公众的煽动。道威斯计划这一外交事件恰好成了德国国内政治暗流涌动的鼓风机，也成了政党之间进行政治博弈的筹码。

德国报纸通过对道威斯计划的报道，塑造了一个多面的美国形象。它既是一个合作者，给德国提供了资金贷款，促进德国经济恢复元气，还间接地对法国施加影响，为德国和法国关系缓和提供助力；但它又是一个站在德国对立面的敌人，它与协约国站在一方，它进攻并占领德国的领土，也是德国想要恢复大国地位所需要面对的一个强大的竞争对手。它既是一个拥有强大实力、不容小觑的强国形象，以至于德国无法忽视与美国在道威斯计划上合作的重要性，也不得不承认道威斯委员会的权威性、能力和勇气；但是它更是一个像夏洛克一样精明狡猾的商人，它参与此次合作的真正目的是为了自己的国家利益，是为了重返欧洲的外交政策，是为了其

---

1 *Deutschlands außenpolitische Notwendigkeiten*, *Vossische Zeitung* 2. November 1924, Morgen Ausgabe 3.

经济扩张，其形象带有深厚的物质主义和功利主义色彩。

德国报纸对美国形象的多面塑造，主要是由以下几个原因所导致的。

1. 民族主义心理

在《凡尔赛条约》之后，主要由右翼党派建构的决心报仇雪恨以弥补战争损失和 1918 年战败的耻辱情绪逐渐普遍化，痛苦和屈辱成了战后德国人普遍具有的一种心理，德国人民生活在集体偏执疯狂中。[1] 甚至这样的情绪被投射到了共和国制度上，在许多人看来，“民主”这个词简直就是耻辱和日益加剧的经济崩溃的同义语，人们对共和国政府的怀疑和指责纷至沓来。在遭到国外的重击和承受国内各方面的攻击的背景下，居高不下的政治暴力：频繁的暗杀、政变图谋、罢工和示威游行，就是魏玛共和国初期的历史特征。[2] 在这样紧张和保守的总体氛围下诞生的道威斯计划，点燃了德国人民的情绪，引爆了民族主义心理的一次大爆炸。

道威斯计划的源头是为了解决赔款问题，而德国人民为实施道威斯计划、完成规定的赔款，必须承受沉重的负担。该计划把一些苛刻的条款强加给德国，如：没有确定赔偿总数和最后期限；德国政府以关税、铁路、工业债券等作为贷款抵押；需要承认债权人在国家银行和国有铁路上的管制权。虽然道威斯计划对德国的赔款要求，比法比军事占领鲁尔时要求的领土抵押要有所减轻，但仍然是对德国主权的限制。[3] 在施特雷泽曼看来，政治优先于经济，财政牺牲是可以接受的前提。他认为：“我们的生死存亡并不取决于多付或少付 10 亿金马克……关系到我们生死存亡的是莱茵区和鲁尔区必须留在德国。”[4] 为此，德国可以接受道威斯报告中的指控，并付出高昂的代价。但接受道威斯计划是建立在承认德国战争罪责的逻辑基础上，这又是民族主义者无论如何都不能接受的前提。[5] 道威斯计划没有改变自《凡

1　里昂耐尔·理查尔：《魏玛共和国时期的德国：1919—1933》，李末译，济南：山东画报出版社，2005 年，第 211 页。

2　玛丽·弗尔布鲁克：《德国史：1918—2014》，卿文辉译，上海：上海人民出版社，2018 年，第 38 页。

3　Heinrich August Winkler, *The age of catastrophe: a history of the West, 1914-1945*, translated by Stewart Spencer, Yale University Press, 2015, p.235.

4　威廉·冯·施特恩堡主编：《从俾斯麦到科尔——德国政府首脑列传》，许右军等译，北京：当代世界出版社，1997 年，第 262 页。

5　孟钟捷：《论魏玛德国大联合政府（1928—1930）的终结》，《经济社会史评论》2018 年第 4 期，第 15—31、125 页。

尔赛条约》以来世界各国对德国作为战争挑起者的“诬告”，战争罪责的负担仍然被强加在德意志人民身上，德国仍然要背负战争赔款的重担。不仅仅是民族主义者和右派，可以说德国社会的大部分都难以忍受这样的指责。右翼甚至在道威斯计划签订之后，希望通过对战争罪魁祸首的颠覆，来避免因战争罪行和失败而承担所有的义务。因此，无论如何，只要一个计划涉及处理德国战败和《凡尔赛条约》的问题——无论它由谁提出——德国人民在情感上都难以轻易地接受它。美国作为盟国的一员，也持有对德国战争罪责的指控，也在赔款问题上表示强硬的态度。这样相互敌对的立场，就使得德国报纸中塑造的美国形象带上了敌对的色彩。

魏玛政府当然明白，战败的代价必然是沉重的。它也清楚，即使对德国主权的限制大大有损于民族自尊心，但不仅客观情况需要如此，而且它也适合于防止过去几年对德国不利的政治争端。[1] 可是政治公共领域对此问题的表态，不是一场理性的探讨，而是一次民族主义情绪的宣泄，它迎合了当时德国社会汹涌的保守主义浪潮。

2. 文化优越感

德国著名的音乐评论家阿道夫·魏斯曼（Adolf Weißmann）在道威斯计划实施后不久，就注意到了经济、政治和文化之间的相互作用力。伴随着美元在德国经济界重要性的加强，美国对德国文化的渗透也在逐步加深。他在发表于《福斯报》和《柏林日报》（*Berliner Tageblatt*）[2] 上的一篇名为《我们的音乐和美国》的音乐评论中告诫德国社会，要警惕美国凭借强大的经济优势对德国音乐的影响力逐步增强所带来的危险：“今天，我们比以往任何时候都必须更加提防在我们有着无可争议的优势的一个领域被美元奴役：音乐……它关系到我们艺术的独立性；它关系到我们必须通过抵御美国的经济优势来捍卫的理想价值观。”[3]

---

1 埃里希·艾克：《魏玛共和国史：从帝制崩溃到兴登堡当选（1918—1925）》（上），高年生、高荣生译，北京：商务印书馆，1994 年，第 317 页。

2 《柏林日报》由鲁道夫·莫斯（Rudolf Mosse）创办，是 1872 年至 1939 年莫斯出版集团旗下的一家跨区域性的大众日报。全称为《柏林日报和商业报》（*Berliner Tageblatt und Handelszeitung*）。它面向广大读者，没有特定的政治立场，逐渐发展成为德国最具影响力的报纸之一。1925 年至 1932 年的年销量约在 12 万至 17 万之间。

3 *Unsere Musik und Amerika*, *Vossische Zeitung* 2. November 1924, Morgen Ausgabe 2.

在德国历史上，文化构成了德意志民族意识的基础，文化意义上的民族先于并召唤着政治意义上的民族。道威斯计划就像一个楔子，使得美国通过资本，深深地嵌入了欧洲以及德国之中。伴随着经济扩张而来的是文化渗透和价值观的影响。随着道威斯计划的执行，在魏玛德国可以更明显地感受到美国的影响，人们甚至认为美国文化逐渐取代了旧日欧洲内部的敌人形象，[1]成了德国文化首当其冲的竞争对手。以德国古典主义文化为豪的知识精英批评受物质主义支配的美国。在他们看来，美国代表着一种功利主义的大众文明，在这种文明中，个人主义和商业利益窒息了理性和精神。[2]在报纸的文本中，美国并不仅仅是一个单纯的国家，更是成了德国人眼中的“他者”，成了一个代表着功利主义和物质主义的符号，一个与理性的充满批判精神的德意志文化背道而驰的符号。

诚然，魏玛报纸中的美国形象或许不是对美国完全正确、完整的反映，除了利益之争和民族主义的偏见之外，更重要的是，影响形象构建的因素更多来源于其自身的社会需要。正如萨义德（Edward Said）所说：“每一文化的发展和维护都需要一种与其相异质并且与其相竞争的另一个自我的存在。”[3]当某一文化在完善自身文化认同的时候，这个自我文化塑造过程中的“他者”可以帮助我们在认识“他者”的同时认识“自我”。因此，魏玛德国的报纸出于对德意志文化的骄傲和保护，还有对美国大众文明的警惕和防备，有意或无意地在文本中将美国形象同“金钱”“利益”“生意”等字眼相联系，逐渐将美国形象推向了德意志文化的对立面。

3. 政党政治

除了民族主义心理和德意志文化所带来的优越感之外，德国派系复杂的政党政治，以及各政党与大众媒体之间的密切联系，也是促成美国多面形象塑造的因素。

魏玛宪法规定，在联邦国会的选举中实行比例代表制，这意味着各个党派只要在全国的大选中获得了一定的得票支持率，便可以在国会获得相应比例的议席。按比例竞争议席的方式，使得小党不必被迫放弃意识形态和纲领并与大党联合以求得生存，从而允许和鼓励了政党分裂，形成了政党林立的局面。萨托里（Giovanni

---

1 Christian Schwaabe, *Antiamerikanismus: Wandlungen eines Feindbildes*, S.62－63.

2 T. A. Howard, *America in the European mind*, *First Things*, Nov 2006, pp.11－14.

3 爱德华·W·萨义德：《东方学》，王宇根译，北京：生活·读书·新知三联书店，1999 年，第 426 页。

Sartori）即认为魏玛德国的政党结构就是一个多党并立、互不妥协的“分裂的政党体制”。[1] 这也意味着，没有一个党派能够以压倒性的优势赢得大选。因此，国会中的几个主要政党常常不得不联合起来，组成大联合政府。然而，主要党派的观点相互碰撞，又难以形成能够顺利运作的联合政府。

施特雷泽曼在 1923 年 8 月上台组阁，他领导的大联合政府包括他自己所在的德意志人民党以及社会民主党、民主党和中央党。虽然政府一度控制住了当时德国的混乱局面，但是反对派对政府的措施并不认同。在短短的几个月之内，施特雷泽曼的内阁两次分崩离析，进行重组。最后还是因国会对政府投出不信任票，施特雷泽曼于 11 月 23 日倒台。在这个政治上危机重重的关头，作为中央党主席的马克斯（Wilhelm Marx）于 11 月 30 日出任由中央党、民主党和德意志人民党组成的少数派内阁的总理。在新内阁中，施特雷泽曼也继续担任外交部长一职。马克斯认为，鉴于各政治阵营争吵不休，所持的极端观念相互排斥，因此“中间政策”是达成可以接受并实际可行的解决方案的唯一途径。[2] 在马克斯内阁执政期间，外交问题，特别是调整德国向协约国支付战争赔款这一迫在眉睫的问题处于中心地位。然而政府的“弹性”谈判战略，被右翼政党和人民党右翼视之为“妥协”，并遭到强烈攻击。右翼势力强烈反对道威斯计划，称该计划为“第二个凡尔赛和约”，甚至大肆攻击法国、英国、美国等。在 1924 年 5 月的大选中，执政各党损失惨重，而极左和极右政党的议席令人不安地增加了。特别是德意志民族人民党首次成了国会最大的国会党团。并且，由于它与有势力的经济集团、旧政权的领导人物有着密切的关系和合作，加上同民族社会主义集团也有着断断续续的联盟关系，它的力量实际上大大超过其国会党团所代表的政治势力。[3] 德意志人民党要求让德意志民族人民党参加政府，以期组成右翼集团；德意志民族人民党自身也表示希望参加政府。但是，右翼在外交上激进的方针，有违马克斯希望继续执行的中间派外交政策，因

---

1 Giovanni Sartori, *Parties and Party Systems, Vol. 1*, New York: Cambridge University Press, 1976, pp.85－131. 转引自 Leon D. Epstein, *Parties and Party Systems: A Framework for Analysis, Volume I, The American Political Science Review*, Vol. 72, No. 2, (1978), pp.766－767。

2 威廉·冯·施特恩堡主编：《从俾斯麦到科尔——德国政府首脑列传》，第 298 页。

3 科佩尔·S·平森：《德国近现代史·下》，范德一、林瑞斌、何田译，北京：商务印书馆，1987 年，第 554—555 页。

此，马克斯主要出于外交方面的原因拒绝片面向右翼扩大内阁。[1]右翼与政府不仅仅在外交政策上有所纷争，更是存在政治利益上的争夺，两者的分歧进一步扩大。于是，双方围绕道威斯计划这一备受关注的公共话题，对舆论高地展开了激烈的争夺。道威斯计划成了在野党利用舆论攻击政府的一个发力点。

魏玛共和国的比例代表制和政党政治，一方面反映了德国政党力量结构和民意的分布，另一方面也强化了多党纷争的局面。[2]由于没有任何一个政党在国会能够形成绝对多数的优势力量，各届政府没有能力对媒体进行引导或是管控，魏玛德国更不具备可以将德国社会整合为一体化的力量。于是各党纷纷以本党目的为先，相互攻讦，以舆论宣传造势，期望争取更多的选民支持，满足本党的政治经济利益。这样的内政外交分歧表现在报纸舆论上，便成了不同政治倾向的媒体之间为了不同的政治目的而对同一个事件进行有选择性的报道和政论宣传。艾克斯坦因（Modris Eksteins）提到，“德国政治的强烈派系主义也被带到了媒体里面，很大比例的报纸都只完全报道一个具体、狭隘的社会团体”，这些媒体的个别化裁剪充分反映了“地方性和地方忠诚、文化和宗教等方面根深蒂固的分化”，以及“政治的碎片化”。[3]不同报纸对道威斯计划和美国的不同态度，即反映出各政党之间的博弈和纷争。

综上所述，我们可以看到，德国媒体对美国形象的如此建构，不仅体现出德国社会对美国的态度是一种复杂的糅合物，杂糅了诸多民族情绪在其中；还反映出印刷媒体分裂为竞争性的、经常是相互敌对的舆论网络，这是魏玛德国政治文化的重要特征。[4]

美国作为战胜并且“奴役”德国的战胜国之一，让受到《凡尔赛条约》束缚的德国人难以释怀，这使得德国报纸，特别是右翼的报纸，对美国形象的塑造带有根深蒂固的民族主义偏见。并且，伴随着美国在德国经济上的影响力增加，美国对传

1　威廉·冯·施特恩堡主编：《从俾斯麦到科尔——德国政府首脑列传》，第 302 页。

2　马敏：《德国选举制度对政党政治的影响分析》，《德国研究》2002 年第 1 期，第 32—36、78—79 页。

3　Modris Eksteins, *The Limits of Reason: The German Democratic Press and the Collapse of Weimar Democracy*, New York: Oxford University Press, 1975. 转引自杰克·斯奈德：《从投票到暴力：民主化和民族主义冲突》，吴强译，北京：中央编译出版社，2017 年，第 119 页。

4　Bernhard Fulda, *Press and Politics in the Weimar Republic*, p.21.

统的德意志文化的分解也在逐步增强，引起了德国知识精英的警惕。在复杂的民族情绪之外，因为政党纷争而分裂为竞争性的、带有浓厚政治性的报纸媒体，为了自己立场的政治目的，而对新闻采取有利于自己的方式进行报道和宣传，这种政党政治所导致的对报纸新闻普遍的功利主义态度，对美国形象的建构起到了推波助澜的作用。

四 结语

德国传播学的奠基人之一卡尔·毕歇尔（Karl Bücher）认为：新闻界采用大众的思想潮流，为大众提供意识形态和方向，从而成为公众舆论的机构，并在此基础上提出对国家的要求，人民的意见只能通过在报纸上发表而变成“公众舆论”。[1] 因此，当时的魏玛德国社会对道威斯计划究竟持以什么样的态度，美国在魏玛公众舆论中究竟以什么样的形象出现，这些问题的答案可以从报纸媒体中寻找蛛丝马迹。

1924年间，在魏玛共和国有关国外新闻的报道中，媒体关注最多的是法国和英国，其次是苏联和美国。英法德三国作为欧洲的大国，外交纠纷较多，因此媒体也会给予更多的关注。而美国在欧洲事务中所涉还并未太深，相较之下有关美国的内容报道要少一些，并且美国在报道中所涉之事基本都是和德国密切相关的，较少会有单独的特别的报道。但随着道威斯计划的逐步开展，美国的身影在新闻报道中出现的次数渐渐增多，可见美国在德国和欧洲事务中的影响力逐渐加强。

在道威斯计划的酝酿时期，德国媒体对道威斯计划还怀有一定程度的好感。这好感来自部分德国人的理性，以及对美国参与的重视，对道威斯委员会理念的认同：消除政治因素、国际合作和缓和德国赔偿。但是这样的略微好感却随着道威斯计划的步步推进，逐渐被固有的民族主义偏见、德意志文化情感和政党纷争所消磨。在专家报告出台后，没有任何报纸对该报告是持以真正欢迎和认可的态度，右翼已经“狂怒”，对道威斯计划进行猛烈的抨击和谴责；中间派的报纸则表示无可

1 Karl Bücher, *Gesammelte Aufsätze zur Zeitungskunde*, Tubingen, 1926, S.53－54. 转引自 Bernhard Fulda, *Press and Politics in the Weimar Republic*, p.204。

奈何的理解和接受。在伦敦议定书签署后，德国公众舆论对道威斯计划的抗拒和指责达到了一个顶峰。虽然道威斯计划可以促进德国经济的恢复和国际关系的缓和，对德国当时的紧张局面有一定程度的控制作用。但是该计划的目的是为了解决赔款问题，其正当性和合理性来自协约国对德国战争罪责的指控和德国战败的耻辱。该计划作为《凡尔赛条约》的衍生品，在德国报纸看来，其本质仍然是束缚德国的镣铐之一，是对德国的“奴役”。因此，大部分魏玛德国报纸，特别是右翼报纸，选择性地着重强调道威斯计划强迫德国进行战争赔款这一根本目的，以及该计划将给德国带来的沉重后果。即使在来自国外的资金流入德国之后，右翼对该计划的攻击也仍然没有停止。他们希望通过技巧性的报道方式和蛊惑人心的竞选宣传，以此达到他们的政治目的。

魏玛报纸对道威斯计划的报道、评价不一，反映出德国社会的复杂心态。一方面，德国民众在民族情感上对目的是解决赔款问题的道威斯计划难以接受。但是另一方面，有识之士也认识到，赔偿的主要目的是使德国摆脱来自外国的经济和政治压力，对德国而言接受比拒绝更有利。于是，德国民众对道威斯计划的签订怀有被迫、无奈和不甘的权宜心态，这样的心态也折射到了在道威斯计划中起到重要作用的美国的形象塑造上。

德国大众媒体一方面对美国怀有自“一战”而来的民族主义敌意，以及因国家利益冲突所产生的敌视，由此塑造了一个敌人和竞争对手的形象；另一方面又不得不认可美国的实力，和美国在道威斯计划中的作用，承认其作为一个实力不容小觑的强国形象。一方面重视和美国的合作，承认接受道威斯计划利大于弊，对其合作者的形象表示认可；另一方面又怀疑美国的诚意，对其真正目的充满提防，把其描绘成一个功利主义和物质主义的商人形象。这样多面的美国形象的塑造，暗含了德国公众舆论对美国扩张和国际影响力加强的防备，体现了魏玛德国公共领域对“他者”和“自我”关系的探讨，在竞争与合作、对抗与交流中寻找平衡。

作者王丝语，华东师范大学历史系本科生，于2018年7月参加第三届华东师范大学历史教育海外研修暑期学校。本文为她的毕业论文，指导教师是范丁梁。

肆 德国学生在中国工作站

历史传授的新视角

希尔维亚·格罗斯尼克（Sylvia Großnick）

（奥格斯堡大学）

至2018年，奥格斯堡大学人文历史系与华东师范大学历史学系的合作关系已有七年之久。通过海外交流项目，奥格斯堡大学的学生希尔维亚·格罗斯尼克对中国的历史教学和传播方式有了深刻的了解。她在《奥格斯堡国际校友报》上分享了自己的经历。

“历史在其他国家和文化中如何传播？”——从我一开始研究历史学并准备成为一名教师的时候起，就对这种超越地方的文化和历史的谚语十分感兴趣。感谢奥格斯堡大学历史教育学首席教授苏珊·波普（Susanne Popp）和华东师范大学历史学系之间的密切合作，使我有机会在华东师范大学访学期间体验到视角转换。我非常荣幸能够成为奥格斯堡大学人文历史系首位赴华东师范大学历史学系交流的访学生，而华师大已有数位本科生和研究生在奥格斯堡历史系做过访问生。

自2011年以来，两所研究机构一直保持着密切的合作关系。基于此，奥格斯堡大学举行了研究项目、学术会议以及两届暑期学校等活动。我第一次与华东师范大学的师生接触是在2016年。我参加了第二届中德暑期学校，主题是“在学校和公众中间进行历史传授”。我与来宾的热烈交流真正激发了我对中国文化中历史传授问题的兴趣：在中国如何组织历史教师培训、中国的教育体系尤其是如何在校内外传授历史是那段时间我的兴趣所在，也成为我计划前往华东师范大学访学的动机之一。

一 有必要反思以往以欧洲为中心的历史观念模式

这是我第一次离开欧洲前往中国。我花了数周来准备这次行程，做好一切应急措施，并最终于 2017 年 11 月出发。为期 5 周的访学受到了德意志学术交流中心（DAAD）的 PROMOS（提高德国大学生流动性计划）奖学金资助。根据 2016 年暑期学校的议题，我接触了多样的学习课程，这使我有机会探索历史文化以及历史传授中的中国文化。在选择课程时，我得到了华师大历史学系主任孟钟捷教授以及奥格斯堡大学历史教育教席合作伙伴的支持。

关于历史教育、全球史和公众史学的课程都是用英语进行的。一些特定的基础课程帮助我了解中国学校历史教学的主要方法和原则。我对能够有机会将既有的中国方法与我们大学教授的概念进行比较，发现它们的异同并思考将它们组合的潜在方式特别着迷。除了理论，我还获得了体验历史传授和参加历史教师培训的机会：在上海一所中学进行旁听，然后进行全体讨论，从而产生了重要的思考，并且有机会比较中国主要的教学目标和既定的教学过程与我在奥格斯堡习得的理论和实践

图 5 本文作者希尔维亚·格罗斯尼克在外滩

图 6 本文作者拍摄的华东师范大学闵行校区图书馆

知识。

特别参加的世界史讲座，它向我展示了反思自己习以为常的历史观和欧洲中心观的必要性。我感到非常惊奇，在中国访学期间亲身经历了这种观念的转变。我在与孟钟捷教授和李月琴教授的交流中受益匪浅。李教授还负责协调上海历史教师的培训。此外，我也有机会通过与学生的讨论来学习不同的视角。

二　打破陈规开辟有价值的新观点

除了参加大学课程（这是我在 ECNU 访学的重要内容）之外，我还参观了大学以外的文化机构。我对在某些博物馆中传播历史内容的方法以及中国政治和社会制度中的纪念文化的特点尤其感兴趣。我参观了上海博物馆、南京科举博物馆、杭州的中国丝绸博物馆等，这些都给我带来了宝贵的经历。南京大屠杀遇难者纪念馆和中山陵等纪念地也很有意义。在我每次参观过程中，都有华师大热诚的学生陪伴，我们也因此能够共同探索和讨论与德国相异的历史传播和纪念文化等。

12 月 9 日，我怀揣着诸多有趣的、关于历史传播德中视角的研究灵感回到了慕尼黑。我希望在奥格斯堡硕士“传播学教学法”课程中充分利用这些新思想，我计划在历史课程的基础上继续学习。我特别期待今年夏天继续参加奥格斯堡历史教育系开设的第三届历史传播暑期学校。我鼓励奥格斯堡大学的同学们抓住任何机会出国，即使只有几个星期，因为扩展自己的视野能使我们看到令人惊奇的崭新且有价值的观点。

为期五周的华东师范大学历史学系交流
——对中国学校与公众历史传播的认识

爱娃·克劳斯（Eva Kraus）
（奥格斯堡大学）

从 2019 年 3 月 2 日到 2019 年 4 月 6 日，我有幸在华东师范大学进行海外研修，这是我历史课程的一部分：多年来，我系与华师大的历史学系之间一直存在合作关系，我的这次访学归功于华东师范大学历史学系主任孟钟捷教授和奥格斯堡大学历史教育首席教授苏珊·波普的支持。通过参加 2018 年的第三届中德暑期学校，我已经能够与中国学生互相交流，并且增加了我对在中国学校和公众中传授历史的兴趣。在为期五周的时间里，我有机会亲身体验了中德历史文化之间的异同，了解中国历史课程的结构，并且参加了相关的专业课程。

我尤其感激拜访过的几所初中和高中，甚至在那里上课。我从中发现了中德历史教育的巨大差异：尽管德国在大学层面上对全球史观有要求，但历史课程仍然非常以欧洲为中心，而在中国，“世界历史”却是历史课程的基本组成部分。因此，学生们已经对 20 世纪的欧洲事件和发展有了广泛的了解，这给我留下了深刻的印象。该课的目标是弄清楚《凡尔赛条约》的规定并对这一和平条约的重要性作出历史判断，基于潘诺夫斯基—沃尔菲尔模型的经典三段论，借助《凡尔赛条约》的讽刺漫画进行分析。由于我正在学习成为一名小学老师，所以能够教高年级学生也是一种全新的体验。

通过与其他中国师生一起参加提高历史课教学质量的会议（诚之课堂），通过

图 7

任小奇的翻译，我能够对当前历史教学法的概念有更深入的了解。在几位历史学科资深教师的主持下，我们讨论了刚刚结束的现场直播课，会上特别强调了教学的重难点和课堂准备材料。

各个专业课程中的专业交流机会也非常多：李月琴教授邀请我进行关于德国历史教学法基础的演讲，并与学生讨论了与中国历史教学课标的异同。孟钟捷教授邀请我介绍第一次世界大战的弗里茨·菲舍尔（Fritz Fischer）争议，并与其他学生就历史研究的问题和困难交流了看法。

更重要的是，我还参观了几个中国纪念场所，例如“烈士陵园”和“侵华日军南京大屠杀遇难同胞纪念馆”，这激发了我进一步研究中国历史文化的兴趣，并将其作为我硕士论文的一部分，我想更深入地研究中国记忆文化的具体特征。我尤其感兴趣的是这一问题与德国反思纳粹罪行的对比研究：张纯如描述南京的残酷屠杀为“被遗忘的二战大屠杀”，这是关于记忆异同的比对研究，从犯罪者角度看德国和从受害者角度看中国，使此类事件的发展显得特别有吸引力。

除了专业需求之外，这也是一次令人印象深刻的经历。我接触了顶级大都市及其社会，尤其是那里最热情好客的人们。

我在华东师范大学的学习使我在专业和个人发展方面取得了长足的进步，我非常感激这段经历。

图 8 张纯如纪念碑

附录Ⅰ　暑期学校讲座概览

历史教育学的全球趋势

苏珊·波普（Susanne Popp）
（奥格斯堡大学）

一

在我谈到历史教育学（译者注：原文为 history didactics，国内有多种翻译，例如历史教学法、历史教学论和历史教育学等，本文根据孟钟捷教授的翻译，统一翻译为“历史教育学”）的一些全球趋势之前，我想先讲三点基本问题。

首先：由于历史教育与民族国家密切相关，许多关于历史教育学的出版物都以各自国家的语言出版。但如果这些书不是用英文书写的话，它们就很难在国际上流通。英语是世界上使用最广泛的语言，全球约有 15 亿人能说英语，平均每五个人中就有一人会讲英语，尽管母语为英语的人只有约 3 亿 6 500 万。英语广泛流行的原因在于大英帝国推行的殖民政策，现如今通过互联网传播并且在许多国家的中学被作为第二外语教授。

汉语是世界上使用第二广泛的语言，其次是印地语。全球有 11 亿人讲中文，其中有 9.82 亿人母语为汉语。[1]这意味着：在国际性学术讨论中，使用英语写作的各国学者多于使用中文写作的中国以外的学者。因此，我这里进行的概述是基于英文、法文或德文的有限的文献基础。抱歉，我对中文知之甚少。

1 译者注：原文如此，此处的数据可能与我们的常识稍有区别，不影响理解文章原意。

其次，当我谈论全球趋势时，并不意味着每个国家都对这些趋势有着明确的认知。对许多国家来说，该国的历史教育很少被国际社会认知，更不用说各国的学术性的历史教育学了。

第三，历史教育学的学者所研讨的问题与教师在学校中实际的教学内容之间是有差别的。这种差异可大可小；但根据我在德国的经验，此差异不容小觑。

请注意这些有限的初步评论，下面我将介绍什么是我所认为的“全球趋势”。

二

下面我要强调四个重要的全球趋势：历史教育学的国际化；历史热（history boom）与“历史文化”（historical culture）的各类实践；建构式的历史教育方法：历史思维（historical thinking）；对历史课程的综合讨论。

1. 历史教育学的国际化

我在这里想强调的第一个全球趋势是关于历史教育学科研本身的国际化。当然，这也是全球化发展的结果，它使世界不同地区之间的联系比以往任何时候都更加密切。这导致人们对其他国家的历史文化、历史课程和教科书越来越感兴趣，尤其是他们如何以本民族的观点来解释自己的民族历史或世界历史，或者如何构建“他者”的形象。尤其是当一个国家发生重大政治变革时，学者们就会研究这些新的政治动向是如何在新的“官方”学校历史教学中呈现的。

国际化进程不仅体现在专家们交流思想的众多国际会议上，也体现在比较不同国家的历史课程、历史教材和历史文化的特定方面的大量研究成果中。此外，某些历史教育学概念和方法在国际范围内广为传播，也可以视为显而易见的国际化趋势。在许多国家，历史教师培训计划调整、历史课程的更新和历史课本的改版都在考虑国外的做法，以便选取和采纳那些适用于自身的创新点。一个例子是现代历史教科书设计的全球传播，其中包括许多史料，许多面向学生的工作任务和大量的图像元素。另一个例子是历史能力和技能概念在国际上的传播，我会在稍后再讲这一点。

如果我们回顾历史教学国际化在全球范围内的第一批参与者，其一是联合国教科文组织，其二是国际学术团体，诸如国际历史教育学会。历史上已经证明，历史教育可以成为煽动民族之间深刻仇恨的危险的武器。因此，两个机构都致力于促进国际合作，以消除国家之间消极的刻板印象，促进民族之间的相互理解，从而促进和平共处。

直至今天，联合国教科文组织继续通过国际项目影响历史教育。我想在这方面讲两点。

（1）首先：目前，教科文组织的关注点在于跨文化的对话、少数群体的权利、历史和解以及处理历史课程中的极具争议和敏感的话题。

这里总的关注点不再是两个国家或民族之间的和平关系，而是国家之间潜在的矛盾。

（2）其次：到目前为止，我过去常常强调两国或三国共同编纂历史教科书在历史教学的国际化方面有着重要的意义。例如，包括中日韩三国共同编纂的教科书《开创未来的历史：现代东亚历史与地区和解》，[1] 德国和法国以及德国和波兰共同编纂的教科书。但直至现在——2018 年中期——似乎应该再补充一点，现在是时候说，这些有价值的项目没有对参与国的历史教育产生预期的影响。

也许现在说这些还为时尚早，但显然这些民族国家还没有准备好与其他国家分享他们对国家历史教育的控制权。从某种意义上讲，这是可以理解的：在全球化时代，教育部门是少数几个国家仍然可以作出自主和独立决定的领域之一。

2. 历史热和“历史文化”的各类实践

第二个我想讨论的趋势是所谓的全球范围的“历史热”——即在电视上充斥的各类历史节目，建造众多的新历史博物馆，大量参观者参加历史展览，在世界各地建立起越来越多的文化遗址，历史纪念日吸引大量的媒体关注和公众庆贺活动，互联网上有难以计数的历史主题的网站与博客，电脑游戏、科幻小说、电影，以及最后非常重要的公众历史杂志，沈辰成博士正在做这方面的非常有趣的比较研究。

对这一全球“历史热”还没有系统性的解释。一些学者认为，全球化的“历史

1 译者注：英文书名为 *A History to Open the Future: Modern East Asian History and Regional Reconciliation*；中文书名为《东亚三国的近现代史》；日文书名为《开创未来的历史》。

热”对个人和民族认同构成了很大的挑战。他们认为，人们需要一种归属感，政府把历史视为重要的资源，用于凝聚共同体和塑造集体自豪感。从这个角度看，“历史热”回应了人们对自我定位日益增长的寻求。

此外，另一些学者指出，新旧媒体组成的全球性媒体市场对历史热产生的影响不断增强。商业媒体为了寻求商业利润，越来越多地涉足历史话题，从而创造越来越多的相关内容，其中包括教育与娱乐，娱乐在其中占有特殊地位。

无论人们更倾向于何种历史诠释，历史教育学在历史热的各类实践中都起着至关重要的作用，因为传媒产品往往模糊了事实与虚构之间的界限，有时还会传达秘而不宣、令人质疑的政治信息，这会对学生的历史意识造成不利影响。相反，学生必须学习历史是如何被构建和呈现，进而运用到日常生活中的。学生需要大量的机会来理解，他们在日常生活中接触的历史，具有多元功能和迥异的用法。此外，把历史教育和批判性认识媒体信息的能力结合在一起，这一点具有前所未有的重要性。

当然，“历史意识”（historical consciousness）和“历史文化”（historical culture）在几十年前就已经被确立为历史教育学的基本理论概念。不过，鉴于“历史热”，历史教育与历史文化的关联性已经取得了广泛的国际认同。如今看来这也是一个全球趋势。

这也反映在世界范围内广泛建立的“公众史学”（public history）的研究方案中。公众史学已成为历史教学论的一门临近学科，其主要旨趣在于在学校以外向公众传播历史。

3. 建构式的历史教育方法：历史思维

建构式方法源于历史学学术研究中的理论思辨，后来被纳入历史教育学领域。建构这一理论概念（the constructivist theory）的核心是，历史学不可能准确地描绘过去的真实情况。当然，历史学家努力争取最大的客观性和准确性，但是这无法阻止他提出的问题与诠释会受到其所处时代的影响。这同样适用于历史学家试图从史料中获取历史信息的情况，历史建构无法完全再现过去。[1]

1 译者注：此处的史学理论基础设定是：历史是建构，建构基于史料，建构受到观察者视角的影响。请读者注意这一理论前提。

对于历史教育学，建构式的方法意味着以下几点：

第一，历史教师必须舍弃传统照搬给学生历史信息或知识的教学观念。相反，他们应该主动地改变传授新知识的方式方法，将其融入学生已有的个人信息网络中。如若不然，新知识对学生而言将变得没有意义，也就更不能加深理解。因此，建构理论对历史教育学的主要影响是历史课必须激发学生的主动性，增强他们对主题的参与性。这意味着教师应该使用各种各样的激励方法，如专题作业、小组活动、辩论、圆桌会议甚至角色扮演。他们还必须给学生分配任务，鼓励学生独立思考——例如进行比较、传递知识、解决问题、独立推理和对史料和信息进行有理有据的判断。

建构式历史教育学的一个特点是相应历史主题的视角转变，学生们能够通过变化的视角来观察历史事件，进而理解历史。他们从不同的角度审视同一主题，例如从外国旁观者、对立双方、少数群体等的角度来看待同一问题。如果学生能够从本地、跨国和全球层面上探索同一个历史事件的意义，那么类似的见解也是可能的。

此外，在全球范围内，建构方法都对历史课程产生了重大影响。此种方法导致了以能力为导向的历史课程在世界各国发展壮大。在过去的 20 年里，这种新型课程已经在全球许多国家引入。它把历史教学的主要目标定义为：学生应当恰当地把他们在历史课堂上的所学运用到他们在校内外遇到的不同情形中——例如在处理历史文化方面。

我不想深入更多细节。我希望强调的是在历史教育研究中，历史思考的概念已经取得显著进展，日益走向国际化。基于这一概念，历史课程中最重要的事情是训练历史思维的能力，尽管学生需要思考不同的历史议题。现在，对于历史思维有哪些特征，学界还未达成国际共识。例如加拿大历史学者彼得·塞克萨斯（Peter Seixas）提出，学生需要学习下列能力，从而掌握历史思维：

（1）分析历史事件和历史进程的历史意义。

（2）使用原始史料。

（3）区别延续和变迁。

（4）分析原因和结果。

（5）采用多种历史视角。

（6）理解历史诠释的伦理层面。

从传统的“历史意识”概念的角度，审视彼得·塞克萨斯的看法，一些概念不再受到重视，例如年代导向，例如真实和虚构的区别，特别是对史料的批判性理解和对历史叙述的批判性理解。最重要的是：历史教育的新概念得到广泛传播。人们重视历史思维的训练，历史教育被理解为一种头脑体操，刺激学生把历史视为一种专业研究。原则上，这一概念并不影响历史课程究竟是否倾向民族国家主体历史叙述（mater narrative）。

4. 对历史课程的综合讨论

总体而言，当前的历史课程内容的讨论多种多样：一方面，对历史思维训练的整体讨论处于优先地位，对具体历史课题的讨论则处于从属地位。其中一个显著的问题是学生们是否需要按照年代先后顺序排列学科历史课程，这一点受到很多争议。

另一方面，学术界仍然存在针对传统的基于民族国家的所谓主流历史叙事的批判性讨论。学者们继续批评主流历史叙事对于特定社会群体、文化群体和种族群体的漠视，例如少数民族、原住民（first nation）和移民等。后殖民主义的历史观在全球兴起，指向同样的批判性目标。学者批判欧洲中心和西方式的民族国家的历史教育，特别是欧洲殖民主义观点，这种历史教育不但遍及欧洲国家，而且也影响历史上被殖民统治的国家，例如印度、韩国、南非、澳大利亚和新西兰。不过，我们注意到在许多国家，甚至是整个世界范围内，老式的民族国家历史教育正在复兴，特别是其中所谓的民族自豪感和由此产生的对其他族群的负面的刻板印象。

三

由此，我们来到讲座的最后。国际历史教育最重要的目标之一是消除民族之间的偏见和促进国家之间的和平共处。不幸的是，这一远大目标在当前的全球学术研究趋势中没有发挥显著作用，当前的世界局势也并未向着和平的方向发展。

因此，让我们把中德历史教育暑期学校建设成为推动国际历史教育研究趋势转变的一次契机，我们必须意识到历史教育的重大责任在于推动跨民族、文化、政治和社会边界的互相理解。

德国历史教育的当下趋势

夏洛特·比尔-格哈默（Charlotte Buhl-Gramer）

（埃尔朗根-纽伦堡大学）

本讲座主要围绕历史课的一些主要挑战，这些挑战现在不但在历史教育研究中得以讨论，而且在教育政策之制定者的公开争论以及媒体中得以讨论。

一 对历史课的公众兴趣

几乎没有什么科目像历史这样受到公众的极大关注。关于“正确的”历史学习的争论曾经一直由不同的社会政治团体所引导，但目前对该科目的诉求已经极为多样化。

这些期待——包括抵御右翼极端主义思想——与一门最多两小时的“副科”真实的学习和授课条件，形成了鲜明对比。

二 历史能力与教学内容的关系

以下是需要讨论的问题：

——应该如何理解“历史知识”这一概念？

——21世纪的人类想要具备“历史能力”需要了解多少历史知识？深度如

何？何种历史知识？

——是否存在特定的内容或者主题，我们能够将它们作为特别好（或者特别差）的典型案例来示范性地传授或者促进历史能力？

——应该如何构建和安排历史内容？对于“取向知识”（Orientierungswissen）而言，依照时间顺序的结构化是否必不可少？

三　历史是生活的导师、“出勤主义”、历史和政治教育

公众媒体首先特别抱怨中小学生缺乏当代史知识。对当代史的重视意味着，历史课仍然被赋予生活之师的角色。

历史课有义务聚焦在那些人们应该从历史中得出的教训上——这种观点目前看来备受青睐。

历史课程不能为现在与未来提供直接的行动指南。因为历史课让经验的增长成为可能；使当下的固化和对未来的绝对诉求相对化；清醒且敏感地把过去中的可疑之处、复杂之处、偶然之处、矛盾之处以及与此同时对其他选择的思考，视为复杂现实的回旋余地。

鉴于权威主义的政治秩序，民主学习似乎又特别重要。然而，历史教育并不像“公民教育”这样的理念所构想的那样，是政治教育的子范畴。学生们在历史课上必须学会历史性地争论。

四　历史文化作为历史课的特殊取向功能

在与现实和生活世界相关联的背景下，中小学课程在历史文化层面上的扩展是毫无争议的。除了教育导向和动机概念之外，历史文化研究也有可以分析的维度。历史课中的历史文化能够在与现实的关联中，阐明历史在政治、商业、文化和大众层面的应用，由此能够参与到整个历史文化中去。历史课能够并且必须让对历史文化的合理

分析与评价成为可能。鉴于公共领域对于历史日益增长的混乱处理，这一点尤其重要。

——与之相对，历史课的学术取向应该继续发挥什么样的作用？

——历史文化分析的高水准 / 复杂性，尤其是其先决条件——历史知识是否被严重低估了呢？

——人们会选择哪些历史文化的主题和进路以及为什么？

五 媒体与历史课：历史之媒体化

无论是在媒体学自身领域，还是在教育政策和科学领域，数字媒体和数字化学习是目前热门的话题。

历史课在这里有新的学习和任务领域：学习空间、学习情境、媒体使用、媒体实践和社会实践正在改变，然而问题是，历史方法和历史认知程序的核心未发生本质的变化。

伴随着数字化而来的是历史文化的急剧变化。考虑到整个数字化和历史文化的数字化，专业特有的媒体概念应该如何进一步加强？

历史课也许是媒体教育的卓越科目之一？可能已经是这样了，因为在这里你可以学习：在哪里以何种方式如何能够调查到可靠的内容，如何对找到的信息进行批判性评估和分类，如何能够用这些媒体有意义地进行历史性的学习。

但是历史课是否由此缩减成为一个进行批判性媒体分析和创造性媒体使用的场所呢？

为了传授媒体变迁的知识，媒体和传播媒介的历史化不是历史教学的重要课题吗？（从印刷术到 19 世纪大众媒体、电影等等）

六 学生：为谁

在一个文化上具有多样性且日益碎片化的社会中——不仅仅是指迁移和包

容——中小学生群体也具有多样性和异质性。鉴于此，历史学习的生活世界指涉与历史的主体性意义已经彼此区分开来。挑战在这里：

——历史课的个性化和差异化

——针对因为不同文化特征而区分开来的中小学生群体，我们需要怎样的历史课？

——如何平衡学生的主观需求和社会的取向需求？

毫无疑问，在此有必要更多地考虑跨地区、跨国家、跨文化的历史构想，以便在不同历史空间之间建立决定性的历史关联。

七 历史课：科目独立或科目整合

历史学在许多地方都不再是一门独立的授课科目。目前，在高级文理中学之外，把不同科目整合在一起的课程，似乎更多地作为教育政策的集约型计划而出现。因此现在历史科目正在变成一个被社会挑选的授课科目。

此外，与复合科目（Fächerverbund）中的历史课联系在一起的，还有未经专业训练者授课而产生的问题，因为复合科目还没有在师范教育中占据固定的一席之地。

八 教师教育

（历史教育）专业性的下降与“师范教育职业化”存在着严峻的矛盾。没有一个学术型科目像历史这样，其师范教育职业化目前被纳入高等教育政策议程中。

在这个领域讨论以下问题：

历史师范生是否需要特定的专业知识课程，更确切一点说是否需要大学教师的专门参与，或者根本不需要？

历史专业的师范学生是否应该加强史学理论的研究？因为史学理论和历史教育

学论是非常紧密地联系在一起的。

在大学中如何加强专业知识教育与历史教学法教育之间的联系？

最后，目前看来非常紧迫的是，要克服以孤立的视角看待师资力量的“部分身份认同”。师资力量不会只成为，或者说，不会只是历史教师——有部分人既不在大学也不在中小学工作：教师教育如何将这一事实考虑在内？

理论实践一体化如何更好地融入教师教育的各个阶段？“师资培训”的错误观念和将实践仅仅与自身所授科目相关的狭隘理解，似乎在这里起了反作用。

欧洲的画廊
——欧洲及其图像

米歇埃尔·沃布林（Michael Wobring）
（奥格斯堡大学）

《欧洲的画廊》源于2008年9月在奥格斯堡大学召开的一次学术会议。它的主题是历史文化视野下的欧洲图像记忆。其内容包括3篇基础论文和14幅图像的分析。

在“视觉时代”，有形和无形的图像，在欧洲社会的集体记忆中，在历史意识和历史文化中，都常常发挥着被人们难以忽视的特殊作用。这本著作着重分析14幅图像史料（历史绘画和历史照片）。它们在欧洲各国历史教材中不断出现，塑造欧洲儿童、青年和公众的视觉记忆。

此前，研究者只是发现了“经典画面”（Bilderkanon）的存在，但是并没有进行深入的分析。人们对历史图像的理解局限于民族国家的层面，不过，这些历史画面作为核心组成部分，构成了“集体视觉记忆”（kollektiven Bildgedächtnisses）。人们据此形成欧洲通用的思想再现、象征符号和表达形式，进而进行历史教化。因此，围绕图像进行的想象，贯穿于图片产生以后的年代，成为跨越国界的欧洲历史影像记忆中不可或缺的元素，这些图像由此获得更多关注。

虽然历史图像的使用遍及欧洲各地，但是只有有限的研究探讨历史影像意识及其在全欧洲的传播。此前，没有任何研究以图像为史料进行历史文化的案例分析。大多数相关著述不是没有考虑到，就是没有充分地考虑到历史教育的需要，特别是忽视站在欧洲整体语境下思考历史教育的重要性，原因是任何历史图像的关键信息的整理都耗时费力，尤其是此类历史画作，通常被艺术史家忽略。许多此类历史图像尚未受到学术界的分析，例如雅尔塔会议的标志性照片（参见论文）。

在本书中，专家们撰写的论文主要阐述了“影像能力”（visual literacy）这一基本概念。通过这一史学专业的标准，历史影像将被重构为图像史料。到目前为止，在跨学科的研究著作中，历史图像不一定被视为影像史料加以研究。本书中对于单一图像的分析严格遵循固定的分析框架。由此，通过相似的论文结构，为不同的研究兴趣和跨学科方法的相互比较，提供了丰富的可能性。同时，关于图像来源的考证，也为欧洲范围的合作研究，创造了可能性。

此外，这本著作通过对“经典画面”的研究，从文化学角度审视图像，论述了“影像能力”这一核心概念。主要的相关因素包括：图像应用的标准和图像加工技术的潜力与局限性。总结而言，本书的探索不但可以促进人文学科的研究，对历史文化和历史意识的美学维度进行更深入的挖掘，而且可以通过解答历史人文教化、历史教学法和媒体教学法等方面的问题，发展欧洲和平文化。

传统的欧洲历史叙述

加斯特斯·科贝特（Justus Cobet）
（杜伊斯堡—埃森大学）

迄今为止，传统的欧洲历史叙述仍然是德国大学历史系的制度性课程框架，同时也是德国学校历史教育的知识背景。

一　什么是欧洲历史叙述？

它不是欧洲大陆的历史，而是“在欧洲被讲述的历史（*It is history as it is told in Europe*）”。从这个角度看，欧洲意味着西欧及其在新世界的延展，例如美国和澳大利亚，亦即：西方。在这种语境下，历史获得了整体的视角，囊括人类生存的所有时间和空间，亦即：人类史、世界史和全球史。在时间范畴内，欧洲叙述是一种宏大叙事，世界史以欧洲为特定的起点。换句话说，这种欧洲史的起点是古典时代（antiquity）。

二　欧洲历史的持续性线索：时间和空间的组织

1. 起点：古典传统

延续至现代的历史连续性线索逐渐形成，来源包括：（1）希腊史学；（2）希伯来圣经中的近东历史。希腊化时代以后，两种叙述源泉互相融合，罗马人继续推动这一进程。

荷马、赫西俄德和古希腊史学（公元前700—前550）、荷马史诗叙述历史的起点，例如特洛伊战争、赫西俄德神谱叙述世界的创造。从荷马史诗，公元前5世纪希罗多德和史学的起源，到修昔底德，西方的传统被叙述为连续不断的历史线索：时间和空间凝聚为延续性。这也是历史思维的起源。

希伯来圣经是犹太人的圣典，它融合了历史叙述和其他文学形式。圣经的叙述令人印象深刻。历史叙述的起点是创造世界，经过大洪水、亚伯拉罕和摩西等，结合了古代近东中东的历史：美索不达米亚、叙利亚、巴勒斯坦、埃及以及希腊化时代的犹太人。

两种传统在希腊化时代实现合流。亚历山大大帝开创了希腊化时代。在埃及的亚历山大里亚，图书馆成为东到印度、西到意大利不同传统融合的中心。希腊语成为不同传统交流的媒介，合成世界已知区域的历史，对西方传统的形成造成决定性影响。罗马人继续推进传统融合，他们从希腊语发展出拉丁语，希伯来语圣经被译成希腊语，然后被译为拉丁语，成为基督教圣经旧约。

地理成为历史叙述传统的一部分。史学之父希罗多德记述希波战争史，兼及周边地区。他的记述构成公元前5世纪希腊人已知世界的历史，世界首次被分为欧洲、亚洲和非洲。

亚历山大大帝征服波斯帝国。在希腊语言和希腊文化主导的欧洲古代世界的语境下，亚历山大的远征大幅扩展了地理知识及其文化影响，最远到达兴都库什山脉和印度。

在西方，地图也展示了公元2世纪罗马帝国的广袤疆域，西到不列颠和伊比利亚半岛，东到土耳其和叙利亚的幼发拉底河。

2世纪，托勒密总结古代世界的地理知识。他混合从希罗多德到亚历山大的实证知识、推理假设和数学方法。希腊人知道地球的形状和大小。托勒密用经纬度标示山川河流位置。当时的知识已经覆盖半个地球。

利用日月星辰等天文现象，南北向的纬度可以精确定位，东西向的精度无法精确测量。因此，在描述东方时，托勒密依赖不靠谱的实证知识。从幼发拉底河，到阿富汗和巴基斯坦，已知知识比较准确。他指出：商人从“石头的塔”向东旅行四个月最终到达“丝的国度”。然后，他还记载，商人从海路到达另一个“丝的国度”，两个“丝国”城市之间有山脉阻隔。

对于东方，古代西方人认为有两个中国，一个从陆路到达，另一个从海路到达。

2. 从古典时代到文艺复兴

15 世纪末，罗马帝国的终结被视为黑暗时代的开端。人们对古典著述重新产生兴趣，在此影响下，西方世界感受到文化上的重生（文艺复兴）。由此，历史分期出现了三个阶段。

5 世纪，西罗马帝国崩溃，一系列新的王国兴起。中欧的各王国建立了一个新的帝国。新帝国继承罗马帝国的法统。罗马城成为新帝国的象征性首都和罗马天主教教皇的住所。

传统的延续一分为二：东方希腊语传统（君士坦丁堡拜占庭帝国）和西方拉丁语传统。通过基督教和拉丁语文献，文化和知识的传统在各地传播、诠释和传承。

此外，希腊、波斯以及阿拉伯等东方势力也促进了古典文化的延续。大量的古代文献被翻译为波斯、叙利亚和阿拉伯语。

回到 15 世纪的西方拉丁语世界。

通过重新诠释古代作家的作品，西方经历文化重生（文艺复兴）。罗马帝国崩溃被视为蛮族入侵的结果。罗马帝国灭亡后的黑暗时代被称为中世纪。中世纪在古代和新时代之间。学者们前往东方发现古代文献，把希腊语文献翻译为拉丁语版本。人文主义学者建立学会。古代文献被视为通向未来的道路。“古代、中世纪、新时代”成为全人类历史的分期方法。古代传统成为封闭性整体。中世纪这一历史时段，区分了古代和文艺复兴的新时代。

虽然古代和中世纪之间的分界是政治事件，但是三阶段的历史分期实际源于文化视角。充当历史理解标准的不是种族、国家以及语言，而是文化。这种思维以上述方式理解古代。

1700 年左右，西欧知识界逐渐形成固定的历史分期法。世纪之交成为时代转变的重要节点。1500 年被赋予重要意义，成为新时代或近现代的标志：

1455 年，欧洲印刷术发明，书籍成为文献传播新媒体；

1453 年，拜占庭帝国被穆斯林征服；

1517 年，天主教和新教一分为二；

1492 年，哥伦布发现新大陆；

1503—1507 年，美洲大陆和新世界的概念出现。

欧洲人发现新大陆和到达远东，与未知和知之甚少的人类社会建立密切联系。他们迅速把这些人群纳入欧洲的历史叙述：

美洲土著是亚当的后裔，因此生活方式原始。

中国人在巴别塔时代从西方迁移到亚洲，因此他们的语言和西方不同。

随着实证知识不断增加，这些试图保存欧洲历史叙述的特殊视角的做法逐渐失去效力，让位于现代多元化的全球化世界的概念。（沃勒斯坦和世界体系）

3. 1750 至 1850 年，鞍型期（Sattelzeit），法国大革命 / 工业革命及其以后

法国大革命和工业革命被理解为历史延续性的另一次重大断裂。历史转向近现代世界。与此同时，史前史被发现，亦即无法书写文字的原始人。由此，三个阶段演变为五个阶段。

1500—1800 年被称为古典时代和近代早期的产物。同时代，法国大革命爆发，人们认为这标志着新时代的到来。几十年内，工业革命的推进，产生了另一种时代变迁感。它包括两方面：法国大革命中诞生了人类共同体的新形式；工业革命催生了人类主宰自然的新局面。

全球化进一步加剧，1760 年，库克发现澳大利亚，世界贸易、经济、市场和政治发生巨大变化。

鞍型期（科泽勒克）描述的是事物经过转折点后迅速发展，用于概括社会的现代化转型。

历史叙述假想全球时间框架，融合了时间的整体性和当下的全球化现实。整体叙述压倒地方差异。

历史被理解为自我推动的过程。人类在历史的宏观进程中扮演不同角色。历史进步指向光明的未来。

在欧洲叙述内部，出现了第四个历史时段，即“现代”。紧接着出现第五个历史时段。18—19 世纪，实证研究的发展得出结论，在古人所叙述的历史以前，还

存在一个史前时代。史前时代也是历史的一部分，它是人类掌握读写和制造工具以前的时代。

1867 年，巴黎世博会既展出了最新工业成就，也展出了史前时代遗物。解说词指出：人类进步的法则再也不容置疑。

欧洲叙述的诸多变体和新诠释：

- 马克思主义的历史唯物主义：19 世纪，他提出五个时段，源于欧洲叙述。历史唯物主义为各时代赋予了新的术语和诠释，保留进步作为历史发展的基本规律。

- 18 世纪的启蒙运动中，第一次出现人类发展不同步的观念。这一区别最早出现在古典的民族学中，希腊人和罗马人把自己视为世界中心和文明中心。周边人群都是野蛮人，他们是定居农民，没有城市和文字。此外还有游牧人，他们是非定居狩猎者和采集者。文字、文明、野蛮和原始等概念，在新大陆获得实践验证。苏格兰学者亚当·福格森在 1767 年发表论文阐述文明社会的历史。他区别原始、野蛮以及文明为人类发展三阶段。文明是人类共同体的第三阶段，特点是国家的出现、劳动分工的细化以及文字的产生。这一概念成为近代民族学的模板，至今仍然有影响。

- 19 世纪的史前考古研究中，学者根据大量的出土文物，把史前时代区分为不同的时期。早期分类：石器、铜器、铁器。19 世纪下半叶，学者提出：冰河期后人类转向定居，使用的石器更加精密——新石器时代。新石器时代，人类掌握了家畜养殖和农业种植。史前时代分歧与民族学模型联系在一起，分别是：原始——旧石器时代；野蛮——新石器时代；文明——金属器时代——等同于历史的开端。

- 考古学家戈登·蔡尔德提出了独特的分期理论。他认为：新石器时代和城市化的出现，其重要性近似于工业革命的重要性，其地位等同于民族学上从野蛮状态进入文明状态。由此形成新的三段分期法：原始或旧石器时代——农业社会——工业社会。在非史学界，这一观点有很多支持者，被视为有可能替代人文主义的三阶段分期法，即根据人类主宰自然的不同阶段进行历史分期。

- 最后，卡洛·齐普拉根据人类如何采集资源进行自我增殖，诠释人类进步的三大步骤——采集能源：狩猎者和采集者；控制和扩大能源：农业社会；自主生产能源：工业社会。

回顾上述的欧洲历史叙述，“老欧洲”始终主导着世界历史，起点是古典时代，终点是马鞍时代和工业革命开启近现代全球化世界。两大特点非常显著：其一，关注历史整体性，这一概念源于欧洲；其二，历史是进步的，这一叙述源于欧洲启动的变革。

三　后殖民视角下的欧洲中心观

1945 年后，非殖民化运动兴起，随之出现一系列批评、指责历史叙述即变化的方向，带有强烈的欧洲传统色彩。不过，人们如何才能够通过不同的方式，去叙述世界的历史呢？人们如何才能建构另一种时间节奏呢？即使是七卷本巨著《联合国人类史》（1994—2008），仍然以近似欧洲式的历史分期发设计自身的结构。显而易见，我们并没有其他的叙述模式。

如何处理这一现象？这一现象是否存在问题？政治正确迫使欧洲人“边缘化欧洲”，否定欧洲中心论，我们应该这么做吗？

相关讨论需要考虑两个不同的方面：其一，欧洲历史叙述的实际知识；其二，欧洲历史叙述的方法暗示。

对于欧洲历史叙述的实际知识这一层面，一方面，欧洲历史是世界历史的一部分，应当被边缘化。其他大陆、国家、地区、社会、宗教、共同体具有自己的历史记忆、历史时间节奏、历史视角和历史诠释。中国等文明古国完全可以重拾自身的历史叙述传统。

另一方面，关于许多地区和不同时代的具体历史知识，源于西方对历史知识的渴求。由此，欧洲历史学科在近两个世纪逐步专业化，它是历史知识的宝库和历史论述的基础。

而对于欧洲历史叙述的方法暗示，史学的发展伴随着特定的方法论内涵，随着学科体系的建立，专业的方法也得以普及：一方面，围绕特定历史课题的研究，需要以探索和批判可能获得的一切档案史料为基础。另一方面，面对任何档案史料、研究步骤和历史叙述，都要通过特定角度进行观察。

虽然这些做法并不能化解某些困难，但是认知这些基本的情况有助于人们之间的交流。

历史文化致力于研究历史思维在人群和国家中的运作，不局限于学术研究和学校教育。它要求人们思考：

是否批判性地运用档案史料和传统叙述？

是否通过开放的视角理解同一历史现象？

叙事是否被某些团体、国家政府有意识地工具化，从而凌驾于其他人群、共同体及其历史记忆之上？

如何处理个体和群体对历史的不同解读？

政治在何种程度上影响了特定历史叙述？

简而言之：历史文化是支配性的还是对话性的？

传统欧洲历史叙述提供了一种全球化的框架，以便重构人类的历史和具体人群的历史，从而使以全球眼光看待历史成为可能。

某些问题依然显著："我们生活的世界本身已经成了整体性的世界，但是它既缺乏叙述，也没有自己的历史。历史学家如同其他人一样，必须妥善处理此前时代遗留的叙事遗产。"

从殖民主义到全球化
——1500年以来的世界

莱因哈德·温特（Reinhard Wendt）

本次讲座的主要内容是介绍我的著作《从殖民主义到全球化——1500年以来的欧洲和世界》。这本书的主题是欧洲与欧洲以外世界之间的互动。它是为了用作当时的大学基本教材，书中新的数据比较少，新的观点比较多。在联系和交往进程中，欧洲既是主体，也是对象。内容不但包括欧洲人跨越大陆的目的和手段，而且涵盖亚洲、非洲、美洲和澳大利亚的扩张和殖民统治带来的破坏、影响、适应以及融合，在走向海外的进程中，欧洲发生了哪些深刻的变化?

日本画家圆山应举1792年创作的画作《长崎港》形象地展示了今天讲座的主题。画中场景是一艘荷兰东印度公司的船只停靠在日本南部的长崎港。画中出现的六艘中式帆船表明欧洲不过是众多全球互动的参与者之一。在画作的下方，可以观察到一个人工修筑的岛屿——出岛。数百年间，少数荷兰人居住在这个岛上，这里是闭关锁国的日本与外界交往的唯一窗口。

我的著作的研究对象是欧洲，但是这不是传统殖民史写作意义上的欧洲中心观。其中并没有叙述欧洲的光辉历史，没有探索发现，没有开疆拓土，也没有传播文明。全书贯彻查克拉巴蒂的观点——“边缘化欧洲”（Provincializing Europe）。

我对本书的介绍可以分为四部分：首先，概念和方法；其次，时间和系统的基本概念；再次，四个历史时段；最后，三个系统性维度和案例。

一 概念和方法

在欧洲历史的叙述中，我注重欧洲对于对外交往的依赖性。根据“全球史”的框架，重视跨文化的互动和交往性的进程。我选择的研究方法是“纠缠史”和“文化迁移”，关注欧洲和其他大洲相互联系的历史进程。

本书首先讨论近代早期欧洲的殖民扩张，事实上，它启动了全球化的进程。正是欧洲人，而不是其他群体，把跨区域联系的网络扩大到了全球的层面。

二 时间和系统的基本概念

为了把欧洲的历史融入欧洲对于对外交往的依赖性中加以诠释，本书把时间上的先后顺序和系统性的分类归纳结合在一起。全书分为四个章节（时间顺序）：

第一章，伊比利亚阶段或王室垄断时期（1492—1820）；

第二章，西北欧阶段或特许公司时代（1600—1857）；

第三章，欧洲主宰阶段（1857—1930）；

第四章，非殖民化、新殖民主义和全球化。

四个章节按照年代顺序排列，在每个章节中，都罗列了三种相互影响的维度（系统顺序）：

其一，从北（半球）到（南半球）；

其二，南（半球）内部；

其三，从南（半球）到北（半球）。

“从北到南维度”讨论的是，15世纪后，欧洲将世界不同大陆和区域联成网络的动机；“南南影响维度”思考的是，土著文化对殖民势力的应对。最后，“从南到北维度”研究的是，人员、事物、商品、知识和思想从殖民地反向传入欧洲。

这些概念不代表地理结构，而且具有令人遗憾的欧洲中心的意味。不过，作者认为：这是唯一可行的论述方法。

三　四个历史时段

1. 第一阶段：“伊比利亚阶段”或“王室垄断时期”（1492—1820）

葡萄牙人和西班牙人最早通过经济、政治以及文化活动造成全球性影响。当然，这种作用当时还相当有限。

葡萄牙人到达亚洲，他们延续既有交通路线和贸易文化。这一体系包括建造大量据点，与亚洲内部的贸易网相连。西班牙人在南美洲占据领地和建立统治。1521年，第一次环球航行把除澳大利亚以外的所有大陆连为一体。

伊比利亚两国的殖民扩张建立了欧洲与海外的文化联系，其中虽然存在和平贸易，但是也具有毁灭性影响。

弗朗斯·波斯特（Frans Post）的画作 *Engenho de Pernambuco* 展现了经济和文化的发展。作者波斯特于 1633—1644 年间旅居巴西。画中呈现了跳舞的奴隶（浪漫化）和糖厂的生产。如果没有早期的全球化进程，波斯特的画作就不可能出现。

2. 第二阶段：“西北欧阶段”或“特许公司”时代（1600—1857）

西北欧的贸易企业不断发展。在英国，东印度公司成为全球性跨国组织的雏形。在葡萄牙和西班牙，殖民活动完全由国家主导。此外，私人公司也发挥重要的作用。

欧洲控制大片新区域——北美、太平洋诸岛和澳大利亚。贸易活动伴随政治活动。农业生产伴随工业生产。

同时，文化交往也有所加强：欧洲殖民者和传教士的各种目的。

［演示：多元种族的巴达维亚］

演示 PPT 中人物是商人 Pieter Cnoll。右侧是他的妻子 Cornelia，她生于日本出岛，父亲是荷兰人，母亲是日本人。左侧是他们的女儿，右侧是一个奴隶和一个马来仆人。马来佣人在当时非常流行。巴达维亚还存在葡萄牙黑人和华人。1740 年，由于排华屠杀，多数华裔离开巴达维亚。之后由于劳动力短缺，有些中国人返回了巴达维亚。

3. 第三阶段：欧洲主宰阶段（1857—1930）

欧洲的主宰不但在各个殖民地确立，而且在各个国家形成，在法理上自成体系。工业化对原材料和销售市场存在巨大的需求。

从 18 世纪末，到 20 世纪初，北半球（欧美）对南半球（亚非拉）的控制加强。印度、东南亚和非洲沦为殖民地。关键词：炮舰外交、不平等条约、进军内陆、通信和交通革命、全球化进程的加速（蒸汽轮船、苏伊士和巴拿马运河、电报和铁路）。

欧洲（流出）移民运动迎来新高潮（以美国为主），印度或中国雇佣工人取代奴隶，成为种植园和采矿业的主要劳动力。

部分殖民地接纳西方的制度和价值。

欧洲自视为现代性进步的先锋，认为其他文化是落后或未开化的。

但是其中存在矛盾，例如下面两个人物所示。

［演示：Johann Baptist Anzer-Richard Wilhelm］

由于世界经济危机、中日冲突以及白人和英裔控制下的战胜国殖民地的独立运动，20 世纪 30 年代欧洲主宰阶段结束。

4. 第四阶段：非殖民化、新殖民主义、全球化

第一波非殖民化运动是“白人”的运动：从 18 世纪末到 19 世纪初，英国、葡萄牙和西班牙的美洲殖民地脱离母国独立。第二次殖民化进程（大英帝国的统治）同样也是“白人”主导的运动。第三次是“有色的”非殖民化浪潮；之后便是新殖民主义（前殖民宗主国的非正式统治）。

当代世界的复杂性——全球化背景下南半球发展状况的显著差异：“东亚四小龙”实现工业化，其他国家地区依然落后。

［演示：上海］

四　三个系统性维度和案例

案例 1　先从北到南，再从南到北（案例：传教活动）

基督教、修会和传教士社团深度融入了全球化的进程。他们经常与当地人合作。在此过程中，基督教只是欧洲宗教的一部分。早期的英国国教在非洲有最多信

徒。他们的生活相比欧洲大陆更接近天主教会。

我希望介绍的第二个案例是南方内部的影响：全球饮食习惯的变化：胡椒。

案例 2　南南影响：辣椒（Chilli pepper）的成功

辣椒表面上是亚洲的植物，但是实际情况并非如此。起初，伊比利亚殖民者（西班牙和葡萄牙）出口这种香料到南亚、东南亚和东亚。西班牙人和葡萄牙人发现了亚洲香料，并运往欧洲和东南亚，葡萄牙人把香料运往非洲、印度和日本。辣椒在韩国发展出泡菜，在中国演化为川菜，在马来西亚演化为 Sambal Oelek 或番茄酱。

案例 3　从南到北：瓷器，英语的“中国”一词

瓷器的历史表明，接触海外世界对欧洲造成了深刻的影响。

瓷器为更多海外因素融入欧洲奠定基础。人们用瓷器盛放咖啡、茶和巧克力，搭配蔗糖调味。

［演示：欧洲瓷器是中国和日本瓷器的替代品］

在欧洲瓷器制造者放弃模仿东方，形成自身设计风格前，早期欧洲生产白色瓷器，后期麦森德制瓷者模仿东方款式，开发具有“中国风”的瓷器。如果没有海外的影响，这种情况不可能发生。

1944年突袭汉堡唐人街行动
"Chinesenaktion"
——关于殖民主义与纳粹主义纠葛的研究

菲利普·伯恩哈德（Philpp Bernhard）

（奥格斯堡大学）

此次演讲，我将讨论关于1944年纳粹对汉堡华人社区的袭击——"中国行动"（Chinesenaktion）的课程计划和教材，这些都是基于"纠葛：纳粹主义时期的殖民地和种族主义信仰与行动"研究项目。该项目是我们奥格斯堡大学历史教育教席（苏珊·波普和菲利普·伯恩哈德教授）与汉堡的两个项目合作伙伴：汉堡大学—汉堡（后）殖民遗产研究中心和诺因加默集中营纪念馆（靠近汉堡）之间的合作。该项目由"纪念，责任和未来"（其德语缩写为"EVZ"）基金会资助。目前为止只提供德语版的教材，可以在项目网站上免费下载。[1]

我的报告由三个部分组成。第一部分，我将介绍项目的总体目标。在这里，我还将解释为什么对纳粹历史研究采用这样一种全球性的历史方法是滞后的，以及我们从一段纠缠不清的历史中究竟能理解什么。

在第二部分中，我将简要总结一下汉堡华人社区在"圣保利区"（St.Pauli）附近的历史以及围绕"中国行动"发生的事件，即纳粹秘密警察（"盖世太保"）在1944年5月13日对130名中国移民的突袭。经证实，17名中国公民在被送至不同

1　项目网站地址为：http://www.verflechtungen-kolonialismus nationalsozialismus.de/publikationen.html。

的难民营后因酷刑或强迫劳动而被害。然后，我将概述课程计划和教材，重点是Woo Lie Kien的传记，他在圣保利区拥有一家餐馆，并与一位白人德国女人保持着暧昧的关系。Kien在1944年6月的“中国行动”事件后被捕，并因盖世太保的酷刑而受伤。Woo Lie Kien的传记与迫害他的盖世太保军官埃里希·哈尼什（Erich Hanisch）的传记可以联系在一起。在哈尼什来到汉堡之前，1941年到1943年间，他在波兰为盖世太保工作，在那里他直接参与了犹太人大屠杀。这里的教材讨论了德国历史学家拉尔斯·阿曼达（Lars Amend）的一项主张。阿曼达的博士学位论文是关于汉堡移民社区的历史。阿曼达认为，像哈尼什这样的大屠杀凶手，在战争期间从东线战场返回德国城市，使用了他们在东欧使用过的方法，现在也用来对付被驱逐到德国城市的东欧强迫劳工以及在这种情况下用来对付圣保利区的中国移民。根据阿曼达的说法，“中国行动”的记载和整个过程都是典型空想家和像埃里希·哈尼什一般自称为“民族战士”的行为。

在演讲的第三部分，我将谈谈“中国行动”的后续。在此之后，少数中国幸存者如何争取德意志联邦共和国的经济赔偿，如何在20世纪90年代汉堡公民开始纪念“中国行动”以及此行动75周年时首次引起全国瞩目。在2019年5月12日前夕，全国新闻节目《每日话题》（*Tagesthemen*）播出了关于“中国行动”的视频。该节目讲述了77岁居住在圣保利区的玛丽埃塔·索尔蒂（Marietta Solty）。她直到今天还经营着一家名为“香港（Hong Kong）”的酒吧，她从她的中国父亲Chong Tin Lam手中继承了这家酒吧，她的父亲也是“中国行动”的幸存者。我将用2018年的一场辩论总结发言，辩论的主题是将一条纪念臭名昭著的军事指挥官阿尔弗雷德·冯·瓦德西（Alfred von Waldersee）的汉堡街道改名为“Chong Tin Lam街”。一群后殖民主义活动人士认为，纪念和尊敬曾对中国所谓“义和团运动”进行惩罚性远征的德意志帝国总参谋长冯·瓦德西（von Waldersee）已不再合适。相反，他们希望，作为纳粹政权的受害者，Chong Tin Lam应该被纪念和尊敬，应该将街道名称从“von Waldersee街”改为“Chong Tin Lam街”。

德国殖民史及其遗产的历史教学设计

菲利普·伯恩哈德（Philpp Bernhard）
（奥格斯堡大学）

在德国，探讨纳粹主义的历史问题是学术研究、记忆文化和学校历史教育的重要内容，但是处理德国殖民主义的历史只是刚刚起步。由于全球性的社会变迁和世界性的移民活动，殖民主义的历史意义与当代社会的关系日益紧密。在这样的背景下，本次讲座通过文理中学 8 年级的殖民史教学案例，阐述后殖民理论在历史教学中的作用。[1]

讲座的第一部分主要关注理论概念。后殖民理论的重要学者为萨义德（Edward Said）、霍米·巴巴（Homi Bhabha）和斯皮瓦克（Gayatri Spivak）等。类似于 20 世纪 70—90 年代的妇女运动和环保运动，后殖民理论被理解为一种“积极入世的学问”（engagierte Wissenschaft）。它提供了一种批判性的视角，适用于分析“现代”社会。

在历史学领域，后殖民理论的目标是以非欧洲中心主义的视角，重新观察“现代世界”，并且解构具有殖民主义特征的概念、理论以及角度，认识“现代”西方的历史和殖民活动的历史及其遗产的关系，把欧洲历史还原为相互联系的世界

1　“后殖民主义”（Postcolonialism）是 20 世纪 70 年代兴起的学术思潮，根据当代我国学者的简要总结：后殖民主义是对殖民主义种种影响及其后果的批判性反思，探讨殖民主义以后全球政治和文化状况的一种理论话语，带有鲜明的政治性和文化批判色彩。参见张旭鹏：《后殖民主义与历史研究》，《世界历史》2006 年第 4 期。——译者注

多元化的历史道路之一，亦即：查克拉巴蒂（Dipesh Chakrabarty）的“边缘化”（provinzialisieren）概念。[1]

讲座的第二部分主要介绍后殖民理论的核心观点和历史教育学的基本原则之间的交集。这里会列举历史文化领域的重要议题，包括全球史视野下的殖民史，同时也涉及过去和当下的不同价值体系中，围绕殖民史的历史评价出现的矛盾冲突。

在分析具体教学案例前，这里首先对巴伐利亚历史课程的欧洲中心观念进行简单批判。现有课程中，“殖民主义”和“帝国主义”等主题不是被列为专类分析，而是以案例形式，赋予意义（例如以哥伦布远航为例，认识地理大发现及其后果）。学生认识德国殖民的历史，未能衔接宏观的欧洲殖民扩张史。殖民活动涵盖 15—19 世纪。15 世纪，西班牙人登陆美洲，殖民活动兴起。19 世纪末，殖民主义发展到帝国主义阶段。在此视野下，历史教学应重视的是，19 世纪末，德意志帝国正式占有殖民地以前，德意志人已经广泛参与各种殖民活动，例如韦尔泽家族和奥格斯堡的富格尔家族，他们早已加盟西班牙的殖民活动。除商人以外，德国传教士、军人和移民也涉足欧洲殖民扩张。旅行游记的出版或殖民团体的游说也表明：德国社会的“殖民之梦”由来已久，远远早于 1884 年德国占据第一片海外殖民地。

本次讲座的重点是介绍与“后殖民慕尼黑”（[muc] münchen postkolonial）合作开发的德国殖民史教学案例和考察活动。“后殖民慕尼黑”是由民间组织发起的一项群众性活动，主旨是引导公众讨论慕尼黑城区内涉及殖民主义的历史遗迹。在此课程中，通过实地考察，学生需要理解德国殖民史不是“被殖民者的历史”，而是德国民族国家历史本身的一部分。殖民历史发展和德国城市变迁之间联系密切。课程通过纵向的视角，回顾迄今为止的历史，阐述殖民统治的不断发展和殖民思想的长期影响。

在导言课中，“殖民主义”的概念、“帝国主义”的概念和 1880 年后欧洲扩张的政治、经济和意识形态动机将得到详尽阐述。

第二课时中，将进行角度的切换。学生通过学习基库尤人（肯尼亚土著）后裔

1　查克拉巴蒂是印度“庶民学派”的代表学者，《边缘化欧洲》是查克拉巴蒂的代表性著作，基本观点是：以欧洲视角思考欧洲以外世界的历史难以避免，但是这种视角存在局限性。参见迪普希·查克拉巴蒂、吴晓佳：《边缘化欧洲的构想》，《国外理论动态》2008 年第 7 期。——译者注

的传记，以英属东非为例，理解殖民统治的残酷，了解英国人的到来对土著人生活造成的变化。学生认识到使用（西方人的）“部落”或“酋长”概念存在问题，这是殖民者通过行政手段，对土著人的身份认同进行重新的建构。

后四课时的主要内容是深入地介绍德国殖民地——德属西南非洲的历史。[1]

第三课时的内容是德国殖民统治的建立，迥异于当时殖民者的宣传，德国的殖民统治在长时间内危机重重。让学生形成多角度历史思维，立足于德国殖民者和非洲土著人的立场，分析《安全和友好协定》（Schutz-und Freundschaftsverträge）。非洲历史学家研究了土著的行动，学生需要借助这些著作，认知当地土著人的视角。德国人利用了不同土著群体之间的冲突，土著人同样利用德国人，以便满足自身利益诉求。

第四课时的内容是德国学者于尔根·齐梅尔（Jürgen Zimmerer，汉堡大学非洲史教授）提出的德国人在殖民地建立的社会形态“种族特权社会”（rassischen Privilegiengesellschaft）。

第五课时的内容是 1904—1908 年的殖民战争，包括德国殖民者对赫雷罗人和纳马人的种族灭绝。学生需要理解联合国宪章对种族灭绝的定义，对照德属西南非洲殖民地的情况。最后，学生需要思考下列问题：人们是否能通过当代的观念或者“二战”后产生的联合国宪章，追究当时人的罪责？在当时的视角下，人们是否应该谴责或者可能谴责种族灭绝的罪行？

第六课时的主题是回顾当代纳米比亚和德国关于种族灭绝这一问题的历史评价的争议。教师需要向学生呈现德国和纳米比亚双方对这一事件的不同立场，形成多角度的历史思维。在此背景下讨论：首先，德国对种族灭绝的反思，实际达到何种程度，应该达到何种程度？其次，德国是否有义务向纳米比亚作出赔偿？这一课时的核心目标在于促进学生对历史的评价，形成反思性的认识，为实地考察中潜在的类似争议作好准备。

课程的下一阶段是了解殖民地和德国城市两者之间的复杂关系及其影响。

1　德属西南非洲，相当于今天的纳米比亚。1884 年，德国占为殖民地；1904—1908 年，赫雷罗人发动起义，德国殖民者大肆屠杀赫雷罗人和纳马人，此事被认定为种族灭绝。1915 年，英属南非占领德属西南非洲，1990 年，纳米比亚独立。——译者注

在第七课时，学生了解殖民地对德意志帝国的影响。学生通过不同领域的案例，包括：流行文化领域，例如“民族展览”；学术领域，例如“民族学研究”等；法律领域，例如“杂交争议”（跨种族通婚），理解在殖民扩张背景下，种族主义在近代德国如何发展，种族理论如何演变。在第八课时，基于上述历史背景，对殖民地照片和明信片作史料分析。在第九课时，学生了解非洲去殖民化的历史：冷战时期，非洲民族国家纷纷独立建国。当前，新殖民主义的资源开发以各种形式出现。主要问题是：非洲国家面临的问题在多大程度上应归结为殖民主义和帝国主义对于整个非洲大陆的影响？独立的民族国家自身在多大程度上需要对当前的问题负责？

在进行考察前，需要以一个课时进行准备，归纳殖民主义在当代德国可能造成的影响。典型的案例是“后殖民慕尼黑”及其“后殖民行动”——要求重新命名慕尼黑涉及殖民活动的街道名称。最后是“后殖民城市考察”，学生参观“后殖民慕尼黑”项目的各种殖民史的学习点。有些案例较为明显，例如以殖民者命名的街道；有些案例较为隐晦，例如慕尼黑的民族博物馆中源于德国殖民统治的文物，来自今日喀麦隆的船首像。

考察的目标不只是让学生以眼见为实的形式，感知城市空间中存在的殖民主义的印记。在考察城市的过程中，学生可以通过手机与“后殖民慕尼黑”的网站交流更多的信息，推送学习任务的答案到“dekolonisieren”，对城市空间的非殖民化进行自主思考。

展示考察情况以后，需要对课程本身进行自我反思。其中将简要地提到，在巴伐利亚的课程标准和历史教材中，德国的亚洲殖民地，包括德国租借中国胶州湾，具有何种意义？

最后，需要回答的问题是，在历史教学中，对德国殖民史，除了传统的殖民史视角外，对后殖民理论相关方法的应用，可以达到何种程度？为此，需要对后殖民理论在历史教育中的潜在价值进行重新估计。

两个种族灭绝的比较案例——纳粹德国对犹太人的“大屠杀（Shoah）”（1939—1945）与奥斯曼帝国对亚美尼亚人的“种族灭绝（Aghet）”（1915—1917）

博德·冯·博里斯（Bodo von Borries）

（汉堡大学）

经过审慎的思考，我认为许多历史现象都是沉重而难以学习的。比如恶劣的犯罪行径、内战溃败或者是先辈们自身的过失（这里不仅仅是民族或国家，还包括家庭、部落、城市、教派、行业、阶级）。残忍的种族灭绝似乎是最令人信服的例子。基于此，这里将对20世纪的两个案例进行比较，一个是1939—1945年德国人屠杀600万欧洲犹太人（Shoah），另一个是1915—1917年奥斯曼人屠杀150万亚美尼亚人（Aghet）。事件链或其本身的过程不是我们的主要关注的内容，与此相反，我们主要寻找的是犯罪者在犯罪后的心理状态（当然也包括受害者，但此处较少研究）。

大屠杀后不久，德国被其他国家完全攻克、占领和管理。纳粹政权（以及部分德国人和奥地利人）杀害了600万犹太人（以及许多其他种族），这一事实无论如何都无法否认。因为有大量的证据支持。一些著名杀人犯被盟国的刑事法庭判处绞刑或枪决。但在德国社会内部（不久分裂为西德和东德），这个可怕的事实（大屠杀）并不是在精神层面上进行消解的，而是为了摆脱它们而将其“压抑在意识中”。官方并没有企图否认，绝大多数人只是表现得好像这些恶魔与他们自己的生活毫无关系。罪行只归咎于独裁者希特勒身边的一小群恶魔（现在都已死于战争、自杀或被处决）。因此，种族灭绝及其施暴者以某种方式被放逐，从德国流放到本土以外的地方。

被洗劫犹太人的财产得到了补偿（至少是部分补偿）。纪念活动开始制度化，学校必须开设有关大屠杀的课程，并且加强了历史研究，大众媒体经常报道相关历史，包含着许多细节和批评。因此，对于大屠杀的忏悔和致歉（甚至哀悼）长期以来伴随着痛苦与拖延，已经成了德国历史认同的一部分。然而，这在德国的少部分人中不起作用，他们无法忍受祖先犯下的罪行的耻辱和记忆，因此否认这些罪行。作为新法西斯主义者，有些人甚至主张消灭犹太人，他们明确表示："奥斯威辛从来没有发生过；但我们会完成它。"

1915—1917 年奥斯曼帝国对亚美尼亚人的种族灭绝是第一次世界大战的一部分，就像大屠杀是第二次世界大战的一部分一样。其中有 150 万人被杀害，男人被枪杀，女人、孩子和老人死于屠杀、强奸、死亡行军、饥渴。在土耳其输掉战争后建立了法庭，对一些主要责任人提起刑事诉讼，其中很少人被判死刑。但是在 1920 年非常艰难地签订《塞夫尔条约》之后，一场反对苏丹的起义取得了成功，土耳其赢回了许多失去的领土，并在穆斯塔法·凯末尔帕夏"阿塔图尔克"（Mustafa Kemal Pascha，"Ataturk"）的领导下建立了一个世俗共和国。现在，任何反亚美尼亚的"种族灭绝"都被断然否认；甚至任何与之相关的行为都是禁止并被宣布为应受惩罚的（或多或少直到今天）。依照土耳其的描述，在一个种族群体中，只要其有违反叛国罪的实质行动，那么他们的财产仍归新主人所有。最终许多杀人犯在新的民族主义政府中获得了很高的职位。

因此，在后续特大犯罪处理的问题上，土耳其与德国完全不同。另一方面，有充分的证据表明，针对亚美尼亚人的种族灭绝已经成为针对犹太人大屠杀的先例。一开始规模较小并且被否认、不为人知的种族灭绝被希特勒所熟知，并成为他自己计划的原型，他在 1939 年的名言是："现在谁还提亚美尼亚人？"犯罪没有经过分析、"彻底解决"，而且——至少是在最低限度上——受到惩罚（最好是可以得到和解），往往会以一种荒谬的方式重复。的确，自 1917 年以来，土耳其人——更准确地说，他们的政府和代表——还犯下了其他一些严重侵犯人权的残酷行为，例如对库尔德人、阿拉维斯人、希腊人……

从"沉重的历史负担"当中学习是极其困难的，因为它通常意味着"违反"自己社会“舒适”的习俗或传统。如果每个人都相信奥斯曼土耳其人从来没有非法杀害过一百多万亚美尼亚人，那么任何一个土耳其男孩或女孩都将面临巨大的困难来摧毁这一伪造事实，逃离这所精神监狱。一些心理学家（Asch, Milgram, erif, Tajfel）也做了一些重要实验，发现捍卫他或她自己的洞察力和信念对抗大多数人、与偏见和敌意作斗争是多么令人惶恐且少有。人类倾向于承认权威和惯例，即使在集体的明显错误和谎言的情况下也寻求群体的和谐。史学和历史意识问题也是如此。

两句古老而重要的引言可以解释深入学习“沉重的历史”的困难和必要性：“我的记忆说，‘我做过这件事’，‘我不可能做到这一点’。我的骄傲坚持不懈地说，最后，我的记忆屈服了。”（尼采，1968，86）为了保持骄傲和避免羞愧，人们很容易在记忆中压抑自己的罪恶感或失败（使它们变为无意识）。但这种机制的成本和风险非常高：“忘记历史包袱的人，注定要经历或再次引发历史。”（乔治·桑塔亚，1905 年，这里我表达得更精确一些）。我们知道许多例子，包括被压抑（“遗忘”）的历史经验（以修正的形式）的回归，以及支持（“否认”）的历史罪行的重复（可能带有预测）。

环境灾害的两个比较案例
——前现代“瘟疫和荒漠化”与1950年以来“人为破坏地球”

博德·冯·博里斯（Bodo von Borries）

（汉堡大学）

不言而喻，种族灭绝对受害者及其后代来说都是“沉重的历史负担”（尽管是以不同的形式）。但对其他案例历史的追溯，却很少得到反映和研究。我的论文的观点是：许多其他的历史现象也同样繁重而难以研究，至少如果努力和持续地去研究的话。让我们来看看“环境灾难”，我们将比较两起事件以及它们在历史上的作用：大约1350年的“黑死病”（yersinia pestis）和自1950年左右以来的“作为人类生存区的地球被迅速毁坏”(quick destruction of The earth as human biotope)。

“耶尔森杆菌鼠疫”（yersinia pestis）——被称为“黑死病”或“大灭绝”——在过去几十年里，杀死了欧洲三分之一或一半的人口（同样的情况在之前的中国也发生过）。精神、经济、生态和政治方面的影响是巨大的。由于鼠疫在接下来的几个世纪里经常在许多地区卷土重来，整个欧洲社会都遭受了长期的创伤，造成了对死亡的恐惧、对生命的渴望、对天堂的渴望，以及纵欲和狂欢，因此出现了严苛的禁欲主义运动。尽管鼠疫不是人为造成的，而是一场严重的自然灾害。（新品种老鼠和跳蚤的传播？）人们相信“大灭绝”是上帝对人类罪恶和罪行的公正惩罚。由此引发了一场宗教信仰和哲学思想的危机。这是“文艺复兴”“人文主义”和“新教改革”的起源之一。

自20世纪中叶以来，这种情况相当反常。我们非常清楚，人口激增的人类生活在一种完全不可持续的模式中，肯定不会有更长远的未来。很快，土壤、空气和水都被污染了，而且污染还在持续（甚至是海洋的深海部分）。生命进化中最重要的物种一个接一个地快速灭绝；联合国的专家们认为，有100万种物种正处于直接的短时间灭绝危险之中。此外，气候变暖是显而易见的，并得到了证实（冰川融化，海平面上升）。

即使在没有遭受到直接破坏的温带地区，出现极端气象条件的频率（冰雹风暴摧毁房屋和田地的飓风、洪水、干旱、厄尔尼诺现象和拉尼娜现象）也在迅速增加，这明显具有很大的破坏。原始森林被迅速砍伐，腐殖质被暴风雨和洪水侵蚀，很多土壤被混凝土覆盖，原材料短缺。这一切每年都会发生。而且每年消耗完全年所有可再生资源的日期也提前了。显然，我们现在的生活是以未来和子孙后代为代价的。

每个人都能够知道这一点，必须知道，几十年以来我们的环境灾难是人为造成的，至少通常或主要是这样的。但是我们该怎么办呢？有人（如特朗普和博尔索纳罗）否认任何人为造成的气候变化，并加快推进煤炭开采和石油水力开发。这完全违背了科学成果、几乎所有专家的建议、联合国决议和国际条约。由超级富有的企业家们组成的大型游说团体投入数百万美元，开展宣传活动，让人们对有保障的科学成果产生怀疑，以防止出台更强有力的环保法律。人们想知道这些组织是否是更愚蠢，更有能力完全压制科学，还是更具有犯罪性……

与14世纪的鼠疫耶尔森菌相比，我们在21世纪的情况是完全相反的。14世纪的灾难不是人为造成的，但是被（当局）认为和宣传成人为灾难。如今，“人类灭亡的进程”显然是人为的；但重要而强大的团体否认并放弃任何人类的因果关系或责任。这种见解很严肃，但一点也不可笑。

不幸的是，在富裕的欧洲和不那么富裕的亚洲社会，大多数普通人的行为并不比上述政客和商人好多少。大多数人不想改变他们的生活方式和消费习惯。此外，如果你是一个生活在大城市的知识分子或工人，要避免环境破坏并不容易。即使作为一个素食主义者，你也不能阻止使用和滥用大量未经堆肥的塑料，它们最终会进入海洋，进入人类的食物链。事实上，即使是许多聪明、正直和负责任的人，他们也会表现得好像不会有“环境灾难”一样。他们只是把这些事实压制在意识中。科学家们向我们承诺，如果立即采取所有可能的措施，气候变暖可以在上升1.5摄氏度后停止。不幸的是，这并没有发生。

历史上是否有因滥用和过度开发生物圈而导致社会或文化崩溃的例子？是的，有一些！有一个案例值得稍微解释一下。偏远的复活节小岛（的原住民）使用文字，建造船只，竖立神或祖先的巨大雕像。但那时，所有的树木都被砍倒了，最肥沃的土壤也被风吹走了。在第一批欧洲人到达该岛并犯下他们通常犯下的罪行（奴隶狩猎、强奸、强迫劳动、流行病）之前，复活节岛的社会就已经崩溃了。文本记录被遗忘，雕像倒了下来，人口下降；由于缺乏船只，中断了与其他岛屿的联系。

我们记得，规模较小的奥斯曼帝国对亚美尼亚人的种族灭绝是规模较大的德国对犹太人的大屠杀的模板。希特勒没有明智而又可悲地从种族灭绝中吸取教训，而是愤世嫉俗地、病态地将其用于制造更大的版本。当我们听到并想到复活节岛时，我们是如何表现的？难道我们不是再次放大了人为行为造成整个小小的"宇宙飞船地球"的环境崩溃，而不是在最后一刻改变了我们的生活方式吗？这将是一种假设，包括"从痛苦而沉重的历史中学习"。

让我回到我第一堂课的结尾：两句引言可以解释学习"沉重的历史"的困难和必要性。"我不可能做到这一点，我的骄傲坚持不懈地说。最后，我的记忆屈服了。"（尼采，1968，86）为了保持骄傲（或享受）和避免羞愧（或放弃），人们很容易在记忆中压抑自己的罪恶感或失败（使它们无意识）。但这种机制的成本和风险非常高："忘记历史包袱的人，注定要经历或再次引发历史。"（乔治·桑塔亚，1905，这里表达得更精确一些）。我们知道许多被压制（"被遗忘"）的历史经验的回归，以及对被支持（"否认"）的历史罪行（或崩溃）的重复。在环境保护以及对人类保护自己生命的领域中也是如此。

“瓜分非洲和亚洲！”
——瑞士德语历史教材中的（后）殖民叙述评析

菲利普·马蒂（Philipp Marti）

（瑞士西北高师）

历史教科书分析是以缺陷为导向的研究。历史课本的任务不是产生新的历史叙述，而是设定多元主题，联系研究现状，归纳基本结论。历史教材的叙述，既取决于专业性的要求，也受制于众多相互冲突的前提，例如课程标准、历史政策和学生对教育的需求：简明易懂、具体直观和引人入胜。这些要求本身已经相当苛刻。当人们对学校教材提出更高的要求时，教材不但要教育学生，而且应该为教师提供建议，这对于历史课本而言是难以完成的任务。在这一前提下，本文反思瑞士历史教科书中涉及近代早期欧洲的殖民扩张及其影响的章节。虽然结论可能存在值得商榷之处，但是其中概括的挑战依然值得深入思考。

下列研究的基础是：“欧洲视野下的国家历史文化和记忆政策中的殖民化和非殖民化”（Kolonisation und Dekolonisation in nationalen Geschichtskulturen und Erinnerungspolitik in europäischer Perspektive，简称 CoDec）。这一研究项目由瑞士西北高师教育系主持，五个欧洲国家的六所高校参与，试图解答两个问题：“各国历史课程如何呈现殖民史主题”和“殖民史在当代各国的历史文化和记忆政策中具有哪些意义。”项目包括下列组成部分：一方面，分析各国历史教材中的殖民史叙述，另一方面，分析各国史学研究中的殖民史论述。根据学术界的共识，在欧洲的殖民体系中，虽然某些国家没有占据殖民地，但是它们为欧洲的殖民活动提供资本、人力、知识和技术，在一定程度上，它们助长了殖民列强的扩张潜力。在这样的背景下，对于自身没有占据殖民地的欧洲国家，需要以特殊的方式进行历史考察。自然而然，瑞士属于这种特殊的情况。不同于在社会公众心目中占有主导地位的历史印象，对瑞士历史教材中涉及殖民史的内容的调查，主要反思瑞士因素与欧洲殖民压迫间的关系，范围从企业主、定居者、传教士和军人，到瑞士介入奴隶经济的情况。20 世纪 80 年代后，后者才逐渐被学术界发现和认知。

根据上述思考，下文将简要分析瑞士历史教科书中涉及殖民主义和后殖民理论的主题。其中，“后殖民”（Postkolonialismus）的概念包括两个层次：一方面，从时间的角度理解，后殖民是指非洲和亚洲在非殖民化以后的历史阶段；另一方面，从理论方法的层面概括，后殖民是指研究殖民统治的文化后果，即殖民活动对殖民地和欧洲人的身份认同的影响。（关键词：混杂性［Hybridität］）

教材研究的分析方法，由项目组成员集体开发，包括一份详尽的列表，罗列各种问题。利用这一工具，教科书被条分缕析地加以考察，例如：内容的选择和详略；土著形象的描写（是否提及土著人的视角？是否把土著人视为被动的角色？是否体现土著人的主动作用？）；民族国家的历史融入欧洲殖民扩张的历史；最后，对欧洲长期海外扩张历史的评价和总结。

研究对象是 14 种瑞士历史教材。除了《现代瑞士的形成》出版于 1989 年，这些课本出版于 20 世纪 90 年代到 21 世纪初期，而且是传统教科书品牌的新版或修订版。为了避免误解，这里首先需要明确：本研究的重点不是瑞士德语区的历史课程的总体面貌，而是瑞士现有历史教材的基本情况。鉴于德国出版的历史课本在瑞士中小学教育中的传播，本研究对研究范围进行了显著缩减。如果人们把历史教科书视为理解国家历史文化的镜子，这样的限制在认识论上也是必要的。

瑞士历史教材如何呈现殖民史和后殖民史的课题呢？个别案例无法解答这一宏观问题。不过，这些案例可以提供初步的结论，为后续研究提供契机。它们也可以指出当前的挑战，未来瑞士历史课本在处理相关内容时必然遭遇这些问题。我的观察可归纳为下列三项要点：

1. 瑞士历史教科书尚未触及后殖民争议

过去十年中，在欧洲和欧洲以外的世界各地，围绕殖民时代的文化和思想影响的讨论，不但成为历史学内部的蓬勃发展的研究领域，而且成为各种人文学科共同关注的重要议题。但是中小学历史教科书几乎没有谈到关于所谓“后殖民争议”的内容。这一现象并不意味着历史教材没有讨论欧洲殖民统治的影响，相反，历史课本普遍提及：前殖民地对前宗主国的长期经济依附、内政问题、内战和移民运动等，这些内容通常被安置在冷战的背景下叙述。不过，相关叙述的解释框架往往略显随意松散，并局限于社会政治变迁的讨论范畴。其中，形式上的历史转折点被赋予重要意义，例如欧洲国家的殖民统治在非洲国家正式宣告结束。通过这种方式，教科书建构了一种简化的历史叙述：（独立）前——（独立）后思维方式。

“殖民统治改变了土著人的生活。欧洲的诸多技术成就成为亚洲和非洲各民族的榜样。殖民统治结束后，他们不再盼望恢复殖民化前的生活方式。他们更多渴求，作为独立国家，能够分享更多既有的经济和技术进步。”

在上述课文叙述中，没有提到或只是简单提及，殖民统治带来的文化冲突和文化交换，对社会思想体系带来的重大影响，这一长期复杂的历史过程，不但影响非洲、亚洲和美洲，而且波及后殖民时代的欧洲社会，在此过程中又引发了多种现代历史现象，例如种族主义。在当代青少年身上，社会认同的争议性清晰可见。在多元文化背景下，对此进行深刻阐释，不但在历史教学上具有重要意义，而且符合多元化民主社会对个人教化的整体要求。由此，引出了与这一点关系密切的另一个要点。

2. 对殖民和后殖民的描述以欧洲为中心

在概念和语义的层面，殖民主义可以被归纳为一种以欧洲为基础的意义体系。在被研究的历史教科书中，这一现象在两方面得到强化：其一，固定的视角选择；其二，评价的具体化或者线性化。

课本缺乏对土著视角的关注（叙述可归纳为“出现在那个时间和空间的人”）。这种做法不是偏向殖民者的立场，而是把殖民地的人民描述为手无寸铁和匿名状态。虽然教材不会忽视批判欧洲征服者的野蛮残暴的行为，但是这些叙述往往流于笼统，例如《瓜分非洲和亚洲》这一节的课文所示：

“遭到帝国主义统治的民族通常没有能力展开有效反抗。大多数抵抗为时已晚，在军事上处于劣势。”

面对欧洲的先进地位被呈现为痛苦但却不可避免的历史经历。在冷战的背景下，欧洲的退却被描绘成潜在危险的根源，例如法国在东南亚的情况：

“战争让法国损失惨重。否则它不会迅速放弃（印度支那）。法国不愿意彻底地失去在印度支那的影响，特别是不能让这片土地落入胡志明的共产主义政权之手。”

大多数情况下，当历史教科书在呈现历史事件和社会结构时，较少立足于当地的视角、较少深入探索土著人的社会背景和政治背景，这些当地因素往往会削弱欧洲势力的影响力。反之，历史课本更多把历史事件解释为各种殖民罪行的结果或者

8. Christentum statt Sklaverei:

Nur durch die Gründung von Kolonien können wir die Sklaverei unterdrücken, die Kämpfe unter den Eingeborenen unterbinden und diese zum Christentum bekehren.

只有通过建立殖民地，我们才能抑制奴隶制度，停止土著人之间的战争，最终促使殖民地人民皈依基督教。

图 9　基督教而不是奴隶制！[1]

1　《基督教而不是奴隶制！》：一位传教士解救了被枷锁禁锢的土著人奴隶。通过图片的形式，呈现欧洲征服殖民地的合法性，见于历史教材《从历史到现实 2》，第 249 页。评价的缺失增大了历史归纳的难度。

欧洲内部变动的外部影响。例如，19世纪后期，贸易保护政策引发欧洲列强对新市场的渴望，导致瓜分殖民地竞赛。于是，通过比较各国走向帝国主义的道路，可以分析它对于欧洲的国际体系的影响。最终，帝国主义构成第一次世界大战的历史背景。表面上，瑞士似乎完全没有介入殖民主义进程。这个国家看上去几乎没有受到殖民时代的影响。这一结论需要进行单独的讨论。

12.33 «Im Schlaraffenland» (1912)

[Hero-Archiv, Lenzburg]

12.34 Ernährungstips während des 2. Weltkriegs

Hülsenfrüchte: Bohnen, Erbsen, Linsen spielen in der Volksernährung infolge ihres verhältnismässig niedrigen Preises eine bedeutende Rolle. Sie gehören zu den Nahrungsmitteln, die in grossen Mengen eingeführt werden. Die zu erwartenden Ausfälle in der Zufuhr werden, wenigstens teilweise, durch Ausdehnung des inländischen Anbaues auszugleichen sein. Hülsenfrüchte sind Nahrungsmittel von hohem Sättigungswert, doch kann ihr Eiweiss solches tierischer Herkunft nicht vollständig ersetzen.
Die notwendige Ergänzung wird jedoch schon durch den normalen Milchgenuss erreicht. Zur Einsparung von Brennmaterial und zur Vermeidung von Nährstoffverlusten empfiehlt sich mehrstündiges Einlegen in lauwarmes Wasser und Mitkochen des Einweichwassers. Hülsenfrüchte benötigen eine lange Kochzeit; darum nehme man den Selbstkocher (Kochkiste) zu Hilfe.
Fleisch ist infolge seines hohen Eiweissgehaltes (16–25%) ein sehr wertvolles Nahrungsmittel. Für den einfachen Haushalt wirkt sich die vorwiegende Verwendung von Rindfleisch (Mastrinder, Kühe, Stiere, Ochsen) am sparsamsten aus. [Schweizer Frau 20]

12.35 Von der Kutsche zum Automobil

Wagen und Pferde zu besitzen, war für den Basler Herrn, ursprünglich zum Teil für die Geschäftsreise und wegen des lebhaften Verkehrs mit dem Landgut, eine Notwendigkeit. Sie wurden beibehalten, auch nachdem die Eisenbahn eingeführt war; denn die Vorliebe für schönes und elegantes Fuhrwerk blieb. Sie lässt sich schon in früheren Zeiten feststellen und ist erklärlich; denn durch Gespann und Wagen wurden Ansehen und Würde des Hauses nach aussen vertreten…
An schönen Tagen pflegte man allabendlich in den schattigen Alleen der «Langen Erlen» spazierenzufahren, und dort entwickelte sich ein wahrer Corso von prächtigen Wagen…
Gegen 1912 kamen allgemein die Autos auf. Aber anfangs entschloss man sich nur zögernd zu dem neuen Verkehrsmittel, und es dauerte bis 1914, bis es sich einigermassen eingebürgert hatte. Auch dann schaffte man ein Auto nur an, um Zeit zu sparen oder für das Geschäft. Man behielt nach wie vor den Wagen für alle andern Zwecke, und besonders für alle Vergnügungsfahrten, bei. [Von der Mühll 53 ff]

12.36 Zeitungsinserat (1920)

[Neue Zürcher Zeitung 22.10.1920]

288

图 10[1]

1 带有殖民主义意识形态的图像史料，无意识地出现在关于20世纪瑞士日常生活的变迁的历史描述中，见《现代瑞士的形成2》，第288页。

3. 瑞士历史教科书尚未充分融入殖民主义和后殖民主义

上述课文出自历史教科书《现代瑞士的形成 2》。这本教材中只有一个章节用几页篇幅引述了涉及 20 世纪的日常生活变迁的史料。左上角的插图是 1912 年一家食品商人的广告。产品的宣传中使用了一个当时大众喜闻乐见的虚构场景。一个黑人坐在一个果酱罐头里面。黑人形象源于当时人们的刻板印象。同一页上还罗列了其他史料，彼此之间关系并不密切。

历史课本并没有对这幅广告展开评论。根据历史教材本身的章节设置，这一部分的内容讨论的历史主题是“繁荣和消费”。教材没有归纳史料中显而易见的种族主义，殖民主义被置于附带性的位置。事实上，这幅图片恰恰是当时人们的日常生活中典型的种族主义的表现。这种形式的种族主义被称为“商品种族主义”，它混合了人们对异域的想象中的刻板印象和公众进行消费的意愿。这是一种种族主义思维方式的变异，它综合了消费活动和殖民进程。20 世纪广泛流行的“殖民地商品”的说法也印证了这种现象。商品种族主义在中欧社会的影响不亚于当时学术界中的“学术殖民主义”。后者在历史教科书中经常占有较多篇幅。

类似的情况也出现在其他一些案例当中，但是我们并不能够对一切历史教材一概而论。不过，历史课本分析确实表明：教科书没有在瑞士和涉及殖民主义的历史现象间建立联系，其中包括：殖民主义及其后遗症的关系、日益增长的全球互动，例如贸易或种族主义兴起。历史教科书只是把这些现象和个别殖民地联系在一起。大多数情况下，历史课本更关注欧洲列强之间的竞争，例如：非洲地图上的空白区域彻底消失，历史教材传播的是这样的印象：殖民主义是个别民族国家的活动，瑞士国家与殖民活动无关。因此，19 世纪的瑞士历史是典型的中立小国和非殖民国。瑞士周围的列强以扩张为国策。个别情况下，教材以几页篇幅提及瑞士涉足欧洲国家扩张的情况，但是其中描述的是瑞士人惠及殖民地的善行，无法扭转其他殖民强国的野蛮行为。这里需要指出的案例是：来自瑞士东部的工程师阿尔弗雷德·伊尔克（Alfred Ilg）。19 世纪末，伊尔克被聘为埃塞俄比亚皇帝孟尼利克二世（Menelik II）的顾问。孟尼利克二世征服周边地区，建立政权，通过与欧洲国家进行外交博弈，实现本国的独立，借助外国的援助，推动本国的现代化。虽然埃塞俄比亚以征服和压迫周边地区的方式崛起，但是教科书主要突出了伊尔克的贡献。

“伊尔克的目标是推动埃塞俄比亚走向近代化，促使这个国家独立自主，摆脱殖民列强（意大利、法国和英国）。他实现了埃塞俄比亚军队的近代化。1896年，意大利入侵被击退。这场战争是当时非洲国家反侵略斗争中仅有的胜利之一，埃塞俄比亚的独立地位得到维护。近代化的另一块拼图是走向海洋。伊尔克联合法国的投资者，建立了一家铁路公司，铺设了长达780公里的铁路干线，连接红海沿岸的吉布提和埃塞俄比亚的首都亚的斯亚贝巴……工程支出远超过预算。1907年，铁路尚未竣工，伊尔克已失去皇帝信任，黯然返回瑞士。他没有追求个人的权力和地位，但是他为埃塞俄比亚的独立和发展做出了巨大的贡献。”

在“帝国主义时代的职业生涯”这一章节的结尾，鲜明地对比了欧洲各国人和瑞士人：

“英国人塞西尔·罗德斯迫使南非臣服于英国的统治。瑞士人阿尔弗雷德·伊尔克推动了埃塞俄比亚的近代化，并确保了这个国家的独立自主。”

虽然瑞士历史教材无法令人满意地系统归纳瑞士在殖民主义总体框架下的历史定位，但是它显然表明：历史课本描述的“殖民主义”和“帝国主义”的概念，几乎完全无法体现殖民主义在瑞士历史中的特殊地位。无论如何，瑞士在后殖民时代的世界中扮演重要角色，例如瑞士公司的投资和援助对前殖民地的影响。

最后，有必要明确指出：前文历史教科书分析的结果和相关的具体案例只是具体案例，因此不能根据这些对于瑞士历史课本对殖民主义和后殖民主义的阐述，作出整体性的批判。学生需要接受多层次的历史诠释，从而促使他们理解欧洲扩张的各种原因；比较殖民统治的不同形式；理解殖民活动对土著社会产生的政治、社会以及经济后果；理解去殖民化作为政治进程在20世纪历史中的重要地位。在历史课本编写的时期，学界关于欧洲中心主义和种族主义的讨论已广泛出现，但是历史教材的论述却流于表面或完全忽视，这种情况需要受到批判。在更高的层次上看，未来必须考虑的是：通过新文化史（Neue Kulturgeschichte）的视野，对殖民史进行反思。殖民史教学不是诠释过去的罪恶，而是在学术研究范式转变的前提下，认知人们对特定历史时代的常态的适应过程。

通过历史传统教授19世纪下半叶南非的群际关系史：时间旅行方法

马胡内莱·托策（Mahunele Thotse）

（林波波大学）

19世纪下半叶见证了白人当局长期剥削黑人群体的过程。在今日南非所有地区，1899年布尔战争爆发之前，所有独立的黑人群体要么被英国人征服，要么被布尔人征服。这一过程往往伴随着冲突，产生了对历史和传统教育、文化研究甚至旅游业具有重要意义的纪念碑、纪念馆和其他遗产。利用不同群体之间关系留下的历史传统和遗产意味着历史教育工作者必须采用历史遗产各种的元素来应对当今社会的挑战，这样也有助于利用当地的历史和遗产遗址以及提升社会建设和社会凝聚力等等。

在大多数情况下，这一过程涉及当地社区中的当地人、学校和组织，包括利用当地的网站和故事，与当地社区的发展和学习进行交流和互动等等。通常，这一过程需要能力培养、学校准备、事后跟进以及利用新的知识和经验展望未来的道路。这个过程通常是在本地准备"时间旅行"事件，包括识别地点和主题，让利益相关者参与，进行研究，发掘故事及其关键问题，并为事件编写场景。

这种方法为学习者提供了高质量的学习体验，使他们能够了解历史事实，理解、掌握技能并深入了解过去。此外，人们还发现，它可以为学习者在日常生活和生活场所中创造意义，使其可以洞察民主、环境、平等、宽容和多样性等基本原则，并为其提供历史视角。因为它将人们与过去联系起来，并加强对当地的认同。最重要的是，这种方法也有助于实施课程和学校的目标，它是非常有趣的，并且具有社会收益。

纳粹历史在德国历史文化中的意义

斯蒂凡·鲍卢斯（Stefan Paulus）
（奥格斯堡大学）

一　引言

自 1945 年第三帝国垮台和第二次世界大战结束以来，东德与西德史学家通过不同方式和视角对纳粹历史和希特勒暴行进行了研究，为 1949 年建立的新政权奠定合法性。同样，对于自 1990 年实现统一的德国而言，对第三帝国灾难的纪念及其影响是纪念文化和历史文化的主要决定因素，它对政治和社会发展有着深远的影响。

二　历史背景与发展

1. 联邦德国纪念文化中的纳粹历史

自 1949 年 5 月成立以来，联邦德国承认纳粹的历史，它认为自己是德意志国家的合法继承者，承担所有的法律责任，包括国际唯一代表权主张，赔偿以色列等。同时西德也和希特勒独裁统治彻底决裂，并把自己视为西方典型民主制的新开端。尽管联邦德国明确承认纳粹历史，但对纳粹历史的讨论却经历了几个不同的历史阶段。继非纳粹化措施和纽伦堡审判之后，联邦德国自初建及巩固阶段到

20 世纪 50 年代历经了重建、东西德冲突、西方一体化以及所谓的经济奇迹。在当时的“历史政策”（Norbert Frei）影响下，大多数西德人认为自己是纳粹独裁统治的“受骗者”和“受害者”，而不是绝对的“肇事者”。阿道夫·希特勒及其罪恶的统治应该负主要责任，这段经历被解释为德国历史上的“意外事故”。20 世纪 50 年代的西德纪念文化主要包含纪念碑、公墓、纪念场所或针对士兵，平民和抵抗团体受害者的纪念活动。相比之下，对于欧洲犹太人的屠杀并未在纪念文化中占主导，或者说它实际上被压制了。直到 20 世纪 50 年代末，纳粹暴行逐渐成为联邦德国关注的焦点。原因除了反犹事件的增加，还有众多纳粹传记被披露。对纳粹罪行的调查与起诉、1958 年在路德维希堡成立了国家司法行政中央办公室、在学校教学中对于纳粹问题的新方针值得关注。1960 年，由于媒体对于乌尔姆“行动队审判”（1958）、在以色列的艾希曼审判（1961）、在法兰克福对奥斯威辛集中营中下层管理人员审判（1963—1965）的报道，社会意识进一步被激化。例如联邦议院关于纳粹罪犯追诉时效期限的辩论（1965）。西德作家和知识分子推动了关于纳粹历史和犹太大屠杀的社会讨论，例如罗尔夫·霍赫胡特（Rolf Hochuths）的《代理人》（*Der Stellvertreter*, 1961）。由于世代更迭和学生运动，在 20 世纪 60 年代社会意识进一步激化。战后一代向父母一代问责。在 20 世纪 60 年代到 70 年代的过渡时期，联邦德国纪念文化发生变化。犹太遇害者和大屠杀的真实地点，特别是集中营（集中营纪念馆）逐渐成为纪念场所。出现纪念被驱逐和被屠杀的犹太人的纪念碑（例如斯图加特的纳粹遇害者纪念碑，1970 年）。随着美国电视连续剧《大屠杀》的播出，关于纳粹时期犹太大屠杀的媒体与社会政治辩论达到高潮。1985 年 5 月联邦总统魏茨泽克（基民盟）关于“纪念‘二战’结束与纳粹暴政结束 40 周年”的讲话是联邦德国纪念文化的一个重要转折点。战争的结束最重要的不是“战败”，而是把德国从纳粹暴政中“解放”出来。1986 至 1987 年在所谓的“历史学家之争”中发生了一场关于所谓应适当处理纳粹历史的激烈争论。导火索是柏林历史学家恩斯特·诺尔特（Ernst Nolte）把纳粹罪行相对化的观点：他将纳粹大屠杀看作是对布尔什维克危险（《古拉格群岛》）的“回应”。随着 1990 年两德统一以及随之而来的对民主德国垮台的讨论，“新”德国如何正确处理纳粹遗留问题又显得尤为重要了。统一后德国新的纪念文化之机构或者说是场所包括纽伦堡帝国党代会会址文献中心（2001），柏林欧洲被害犹太人纪念碑（2005），慕尼黑纳粹档案中心（2015）。

2. 民主德国纪念文化中的纳粹历史

和联邦德国不同的是，民主德国强调自身政权与纳粹统治的不连贯性。东德政府把自己视为一个全新的、明确反法西斯的德国，与联邦德国不同的是，民主德国对纳粹罪行概不负责。与联邦德国相反，民主德国盛行一种反法西斯主义的英雄主义历史观，宣扬共产主义对抗纳粹独裁统治的精神。在民主德国，1949 年这个社会主义国家的成立就被视为对“军国主义”和“法西斯主义”的彻底根除。东德的唯物主义史学对法西斯主义理论的诠释认为，纳粹的兴起是资本主义社会制度的结果。把德国的纳粹主义归纳在“法西斯主义”的宏观概念下，使纳粹独裁外化为一种国际现象。宣称第三帝国法西斯主义的残余渗入了其竞争对手——西德。例子有处理格罗布克事件，将东西德边界（柏林墙）命名为“反法西斯防护墙”。1990 年民主德国解散前不久，人民议院在东德发起一项决议，即民主德国也承认对第三帝国的后果承担共同责任。

三 （联邦）德国纳粹史学研究

自 20 世纪 50 年代以来，所谓当代史研究的主题主要围绕魏玛共和国灭亡的原因、第三帝国的统治、“二战”进程和大屠杀问题。（Hans Rothfels: “Geschichte der Mitlebenden”）从机构的角度看，当代史在 1945 年以后才能称为历史学的一门分科。德国当代史研究中，高校以外最重要、最知名的研究机构是慕尼黑当代史研究所，它成立于 1949 年，最初作为纳粹历史研究所在慕尼黑成立，并于 1952 年更名为当代史研究所（Institut für Zeitgeschichte）。1951 年，联邦议会还启动了更具跨学科导向的议会和政党历史委员会（Kommission für Geschichte des Parlamentarismus und der politischen Parteien）。在第二次延迟的制度化浪潮背景下，在德国大学里出现了许多研究当代历史的教职或研究机构。在制度化和职业化的过程中，“当代史”已经成为学科体系中的一门常规学科。从 20 世纪 80 年代开始，当代史研究的主题发生变化。现有的研究机构和专职研究者更多地致力于研究战后西德历史，1989 至 1990 年民主德国瓦解后，东德历史也成为当代史研究的重要课题。自 1995 年以来（直到今天），有关 1945 年以来纳粹历史的德国纪念文化史越来越成为当代史研究的焦点。

参见以下学者的研究：Norbert Frei, Peter Reichel, Konrad Jarausch, Heinrich August Winkler, Aleida Assmann.

进一步阅读：

- Aleida Assmann: Der lange Schatten der Vergangenheit. Erinnerungskultur und Geschichtspolitik, München, München 2006.
- Rudolf Augstein, Karl Dietrich Bracher (Hg.): Historikerstreit. Die Dokumentation der Kontroverse um die Einzigartigkeit der nationalsozialistischen Judenvernichtung, München 1997.
- Richard J. Evans, Jürgen Blasius: Im Schatten Hitlers? Historikerstreit und Vergangenheitsbewältigung in der Bundesrepublik, Frankfurt am Main 1991.
- Norbert Frei: Vergangenheitspolitik, Die Anfänge der Bundesrepublik und die NS-Vergangenheit, München 1996.
- Norbert Frei (Hg.): Hitlers Eliten nach 1945, Frankfurt am Main 2001.
- Norbert Frei: 1945 und Wir. Das Dritte Reich im Bewusstsein der Deutschen, München 2005.
- Konrad Jarausch: Die Umkehr. Deutsche Wandlungen 1945－1995, Stuttgart 2004.
- Horst Möller, Udo Wengst (Hg.): Einführung in die Zeitgeschichte, München 2003.
- Peter Reichel: Vergangenheitsbewältigung in Deutschland. Die Auseinandersetzung mit der NS-Diktatur von 1945 bis heute, München 2001.
- Hans-Ulrich Wehler: Entsorgung der deutschen Vergangenheit. Ein polemischer Essay

zum “Historikerstreit”, München 1988.

- Heinrich August Winkler: Auf ewig in Hitlers Schatten. Anmerkungen zur deutschen Geschichte, München 2007.

不让奥斯威辛主宰我的生活

赫尔穆特·莫洛克（Helmut Morlok），克里斯托夫·莫洛克
（Helmut Morlok），多丽丝·格拉内特（Doris Graenert）

赫尔穆特·莫洛克先生（Helmut Morlok）是奥斯威辛会议中心的首席建筑师。7 月 4 日，应奥格斯堡大学历史教育教席和奥格斯堡大学天主教联合会的邀请，莫洛克先生访问奥格斯堡大学。他长期致力于德国和波兰建筑师之间的对话。他的著作《不让奥斯威辛主宰我的生活》展现了集中营幸存者阿尔弗雷德·普里别斯基博士（Dr. Alfred Przybylski，1994 年逝世）跌宕起伏的一生。

建筑师莫洛克先生今天生活在阿尔戈伊地区伊斯尼。在 1994—2005 年之间，他是德国驻奥斯威辛——比克瑙纪念馆保护工程的负责人。他以自己的波兰同事阿尔弗雷德·普里别斯基博士为例，解释所谓的“（指挥建立奥斯威辛集中营的）建筑办公室（Kommando Baubüro）”之历史。这处设施是奥斯威辛集中营和灭绝营中的第一座“工作营”。

根据大量档案、信件和访谈，莫洛克研究了这位建筑师的生平及其历史背景。这部生动的传记没有在 1945 年 1 月盟军解放集中营幸存者以后就告一段落，而是挖掘出众多战后时代和重建工作的历史，把重点放在建筑师对纳粹大屠杀的记忆上。

莫洛克叙述了 1985 年他与普里别斯基教授的相识，他们如何在青年中心的设计和建设中结下友谊。基于莫洛克的设想，两位建筑师一起开发了一系列重要概念，这些理念对于当代欧洲社会反思纳粹大屠杀至关重要。

在集中营的环境下，视频和音频素材不是塑造历史纪念的基础。为了不打断“肃穆的比克瑙”之意境，建筑师创造一系列新概念，例如以透明的玻璃栈道覆盖囚徒的道路，既让今人贴近当时的环境，也让今人与历史情境保持距离。

今天人们想到奥斯威辛，都会想到“劳动带来自由”的标语和无尽的电网，成千上万受害者在其中被迫害致死。同时，人们也会想到奥斯威辛的原貌保护。两位设计师共同负责修复奥斯威辛的老化和损毁之工程。

1994 年，普里别斯基博士去世。他的努力使莫洛克先生的设计成了现实。时至今日，他们之间的个人交往，已经成了德国波兰双边合作的模范。目前，莫洛克先生担任奥斯威辛国际青年会议中心的名誉主席，并获得其他许多荣誉，例如因推动德波和解而获得的联邦十字勋章（2004）和新教洛萨克雷西和平奖（2013），波兰共和国颁发的嘉奖。讲座的另一位主讲人是多里斯·格拉内特，她长期担任青年会议中心董事会成员。此外，主讲人还包括莫洛克先生的儿子，摄影师克里斯托弗·莫洛克。

来自东亚的新的世界秩序
——1895—1945年间的中日关系

马克·马滕（Marc Matten）
（埃尔朗根—纽伦堡大学）

一 19世纪以中国为中心的世界秩序之崩溃

——传统中国对外关系（费正清）；

——由文明与野蛮之标准界定的对外关系（华夷之辨）；

——朝贡制度：塑造国际关系的传统方式；

——19世纪中国的世界秩序解体，由于“中国传统文化中知识分子的异化”（列文森），中国的世界秩序从“天下”转变为民族国家；

——后果：政治制度受限，闭关锁国，必须通过谈判才能将国际法引入亚洲；

——中国和日本的第一个现代欧洲国际法概念：“主权”（译自亨利·惠顿的《万国公法》）；

——1864年（中国），1865年（日本）。

二 国际法作为世界秩序的新范式？

日方很快就对国际法失望：

——福泽谕吉（Fukuzawa Yukichi）：《通俗国权论》，1878 年；

陆羯南（Kuga Katsunan）：《原政及国际论》，1893 年；

梁启超（Liang Qichao）：《日俄战役关于国际法上中国之地位及各种问题》，1904 年；

胡汉民（Hu Hanmin）：《排外与国际法》，1906 年；

——自 19 世纪 90 年代以来，国际法失去了说服力：国际关系不受规范或价值（理想主义）的支配，而只遵循权力逻辑（现实主义）。

三　美国在太平洋崛起和门罗主义（简称 MD，1823）——“美洲是美洲人的美洲”

——门罗主义自 19 世纪 90 年代以来进入亚洲传播，尤其是在美西战争后。

——门罗主义很快成为美国扩张的借口，并使美国在单方面干预国际事务上发挥作用而不受国际法的限制。

——门罗主义改变地缘政治空间（空间 vs. 领土；国家领土 vs. 跨界空间）。

四　一个新的空间秩序：泛亚洲主义

——小寺谦吉（1877—1949）于 1916 年出版《大亚细亚主义论》，日本的最高使命：通过接管地区和领导其他国家，使东亚免遭“白祸”的入侵；声称第一次世界大战最终破坏了国际法和国际道义；结果：康德所寻求的永久和平是不可能的（绝对平和の不可能）。

——日本对战后世界秩序的贡献是打破中日之间的隔绝，并且模仿门罗主义，建立一个基于亚洲主义的新联盟。

——1919 年东亚国际法的短期复兴：

伍德罗·威尔逊和他的十四点原则：权力支配暴力（参见 1917 年威尔逊演说

“没有胜利者的和平”)。

中国参与世界大战得到了实现民族自决的承诺，结果是：东亚威尔逊热。

——胡汉民认为，威尔逊提出的门罗主义之全球扩张意味着：民族自决，军事裁军和海权自由。

胡汉民将门罗主义和国际法混为一谈：国际法是根据基于法律形式的规范和价值观，而门罗主义恰恰是一种不遵循普遍法律规范的区域性原则。

原因：威尔逊希望实现所有国家真正的平等，使门罗主义成为国际法的一部分(寻求普遍性)。

五　东亚门罗主义的问题

——对于日本的扩张泛亚主义：亚洲门罗主义(AMD)针对欧洲帝国主义(白祸 vs. 黄祸)。

——亚洲门罗主义的核心弱点：日本在中国的干预没有法律基础：无论是经济的、政治的还是军事的。

——事实上日本占领了亚洲的主要城市，使中国不可能接受亚洲主义：民族国家的消解。

六　国际法不适用于超国家领域?

——参照卡尔·施密特和安井郁(1907—1980)的争论：认为国际法不具普遍性，仅适用于欧洲。

——安井郁基于大空间理论于 1942 年提出《大东亚国际法》。

——国际法失去了它的权威，与此同时，东亚国际法被确立为欧洲草案(被视为欧洲中心的)的可行替代方案。

——1943 年：罗梦册（1906—1991）提出了具有中国特色的世界秩序：以道德替代法律。

（1）他的著作《中国论》针对日本在东亚地区的霸权地位，探究日本现代化进程。

（2）“天下”作为一个旧的概念再次被重提，中国自视天朝上国并且认为欧洲的国家秩序是末流的，坚持特殊性和民族自治不能解决冲突和战争；正如中国封建王朝经历的那样，这只有通过废除所有边界才能实现。

（3）历史的反讽：天下体系从 2005 年开始重新被推崇为典范，如赵汀阳等人将天下视为一种新的世界观念：

首先，天下作为一个地理概念，是传统的天、地和人三位一体中的地。

第二，从精神角度理解，天下指的是民心。对地理天下拥有最高权力不仅仅是得天下，而是得民心。

第三，天下在伦理政治意义上，意味着它被概念化为一个乌托邦，大家都像家庭成员一样相互对待。这是伟大的社区（大同）的中国传统，当然也包括想象的“世界政府”。

戴进贤：
中国宫廷的耶稣会士和天文学家

费迪南·洪（Ferdinand Höng）

戴进贤（Ignaz Kögler, 1680—1746）出生于德国兰茨贝格（Landsberg）。这个小镇位于奥格斯堡市以南100公里处。他是天主教耶稣会修士。16世纪，耶稣会成立。他们认为自己是反对宗教改革的先驱者，既防止原有的信徒倒向路德宗，也吸收新的信众皈依天主教会。他们不但在欧洲对抗新教，而且开始向海外发展。耶稣会与穆斯林竞争，向异教徒传教，特别是在南美、非洲和印度。此外，耶稣会建立学校，创办大学，期望以教育为手段，在日本和中国推动基督教的发展。在中国，耶稣会既引入科学知识，又融合本地文化，在历史上留下了独特的印记。

戴进贤是耶稣会科学家的杰出代表，后来成为中国官方天文机构的首脑（钦天监正）。自古以来，中国就有先进的技术。数百年间，中国古人贡献了众多领先于欧洲的发明创造。由此看来，中国宫廷雇佣西方科学家为御用学者，显得比较特殊。

事实上，中国皇帝与耶稣会合作由来已久。戴进贤接替的前任钦天监正也是耶稣会士。耶稣会士利用当时欧洲的最新发现，不但传播基督教宗教信仰，而且引入科学的天文知识，改进当时中国历法的完善性和准确性，其中包括融合阳历和阴历、预测日食和月食以及计算播种和收获的时间等。

起初，戴进贤是一位天文学家和数学家，但他认为自己的本职不是科学家，而是传教士。他希望，自己的努力能够促使中国皇帝认同基督教。他相信，只要中国的皇帝信奉天主教，那么中国的民众就会皈依天主教。相继执政的康熙帝、雍正帝和乾隆帝对戴进贤礼遇备至，为他加官晋爵并提供庇护。不过，中国皇帝皈依基督教始终只是戴进贤的一厢情愿。

整体而言，耶稣会和传教士在中国传播基督教收效甚微。在中国文明和欧洲文明之间，存在难以逾越的巨大鸿沟。一方面，当时中国人缺乏皈依新宗教的愿望和需求。另一方面，当时欧洲人对中国文化知之甚少。对于如何在中国传播基督教信仰，欧洲也存在大量争议。耶稣会士对域外文化有一定兴趣，他们试图作出妥协，允许中国基督徒保持原有“礼仪”，包括祭祀祖先和崇拜孔子。这种思想在传教士中不断引起争论。随着保守派逐渐占据优势，罗马教皇敕令禁止中国教会沿袭所谓“礼仪”。

此后，欧洲传教士的活动遭到的阻力日益增加。中国信徒遭到压制，传教士被迫出走，退居澳门或菲律宾。只有戴进贤等科学家获准留在中国，但是他们知道传教使命已经失败。数年以后，戴进贤去世（1746）。他被安葬在北京，其坟墓至今可见。

我们的演出将展示戴进贤生命的不同阶段。早年，他曾经是希伯来文教师和数学教授。1716 年，他到达澳门。1746 年，他死于中国。不幸的是他在北京的经历难以被搬上舞台。他的主要工作是应对其他的欧洲传教士和心怀嫉妒的中国星象家。戴进贤是刻苦的实干者，他把所有精力投入科学和宗教，出版诸多关于天文星象的著作，在欧洲和亚洲都为人所知。戴进贤掌握多种语言，但是他并不精通中文。因此，当俄国使团经过 18 个月到达北京，戴进贤没有成为清朝的官方翻译。耶稣会的语言能力受到公认，中方委托其承担翻译事务。这一点值得关注。在表演中，我们融入了俄国使团访华的剧情，这是耶稣会传教士的枯燥、乏味和紧张的生活中罕见的有趣插曲。

我们试图在这部历史剧中通过融入多种语言，从而展现耶稣会传教士高超的语言能力。戴进贤的捷克同伴名叫严嘉乐，他来自布拉格，这个角色在剧中将会使用捷克语对白。对于没有在台词中融入中文，我们深表歉意。这是难以克服的挑战，我们的尝试并不成功。我们的学校以戴进贤命名，使用多种语言是我们与戴进贤之间的共同财富。

译者注：

（1）戴进贤（Ignaz Kögler, 1680—1746）

戴进贤，耶稣会士和天文学家。1680 年，出生于巴伐利亚兰茨贝格。1696 年，加入耶稣会。1717 年，前往中国。1725 年，官拜钦天监正。1732 年，升任礼部侍郎，1729—1745 年，两度出任耶稣会中国区领袖，1746 年，逝世并葬于北京。参与编著《仪象考成》等多种天文和数学著作。

（2）耶稣会

耶稣会是天主教的主要修会之一。15 世纪，新航路开辟，欧洲传教士开始向其他大陆传教。16 世纪，宗教改革兴起，天主教会受到冲击。1534—1540 年，耶稣会成立并得到罗马教皇的正式认可。在欧洲国家，耶稣会宣传天主教，反对新教势力；在欧洲以外，他们广泛涉足教育、学术和文化领域。

在中西文化交流史上，耶稣会传教士扮演了重要角色。1552 年，耶稣会士沙勿略率先开拓中国教区。明代后期的罗明坚、利玛窦和金尼阁等，清代前期的汤若望、南怀仁与白晋等，都是耶稣会来华传教士。他们结交中国文人、翻译中西书籍、从事学术研究。耶稣会在华活动是戴进贤个人事迹的历史背景。

巧合的是《利玛窦中国札记》（*China Journal*），最早由金尼阁整理，于 1615 年在奥格斯堡出版。

（3）钦天监

钦天监是明清的官方天文机构。明代初期，司天监改为钦天监。明代后期，欧洲传教士进入钦天监。顺治时期，汤若望成为“管钦天监监正事”；康熙初年，发生“康熙历狱”，汤若望获罪入狱，此后平反。康熙时期，南怀仁担任钦天监的汉监正。雍正时期，戴进贤出任钦天监监，正是这种做法的延续。

据《清史稿·职官志》记载：

> 顺治元年设钦天监，分天文、时宪、漏刻、回回四科，置监正、监副、五官正、保章正、挈壶正、灵台郎、监候、司晨、司书、博士、主簿等官，并汉人为之，行文具题隶礼部。是岁仲秋朔日食，以西人汤若望推算密合，大统、回回两法时刻俱差。令修时宪，领监务……

> 先是新安卫官生杨光先请诛邪教，镌若望职。至是以光先为监副，寻升监正，仍用回回法。南怀仁具疏讼冤。八年，复罢光先，以南怀仁充汉监正，更名监修，用西法如初。雍正三年，实授西人戴进贤监正，去监修名。八年，增置西洋监副一人。

（4）中国礼仪之争

在中国传教过程中，耶稣会形成“利玛窦规矩”，主张宽容中国教徒的传统习俗，例如祭祖和祭孔等。道明会等修会反对这种做法。17—18世纪，教会内部数次为此爆发争议，最终教廷禁止耶稣会的中国礼仪。同时，清朝与教廷的关系恶化。虽然康雍乾三帝礼遇耶稣会士，但是他们的传教活动被限制，最终被禁止。欧洲学界通常认为，礼仪之争与中西交流衰退有密切的关系。

《清史稿·汤若望、杨光先、南怀仁传》记载：

> 自是钦天监用西洋人，累进为监正、监副，相继不绝。五十四年，命纪理安制地平经纬仪，合地平、象限两仪为一。乾隆中，戴进贤、徐懋德、刘松龄、傅作霖皆赐进士。道光间，高拱宸等或归国，或病卒。时监官已深习西法，不必复用西洋人，奏奉宣宗谕，停西洋人入监。方圣祖用南怀仁，许奉天主教，仍其国俗，而禁各省立堂入教。是时各省天主堂已三十余所。雍正间，禁令严，尽毁去，但留京师一所，俾西洋人入监者居之。入内地传教，辄绳以法。

（5）严嘉乐（Karel Slavíček, 1678—1735）

捷克籍耶稣会传教士。1717年，与戴进贤同船来华。1735年，逝世于北京。除了天文学的研究以外，严嘉乐对中国音乐有所研究，并与当时的欧洲学者保持通信。

一战中的声与寂：历史课堂的观念与挑战

丹尼斯·罗德尔（Dennis Röder）

一　导入："声音与寂静"作为历史课堂中的主题?

不论是在德国历史教科书中还是在历史课堂上，当我们要进行历史表达时，往往是书面材料或者视频占主导。当然，几十年来，教师对各种音频史料也十分感兴趣，比如歌曲或演讲。但是在过去几年里，历史学和教育学都更加密切地"开放耳朵"，更加明确和系统地见证了"声音史"以及声音在历史课堂中的运用。

自"声音"（乐音、噪音、人声等）可以被录制以来，人们就被音频史料所吸引。声音记录给人一种沟通过去和现在的印象，并使历史"活"起来。互联网和社交媒体让声音档案与资源的访问变得更加容易——当然，这也和历史课程引入"有声"教学有关。历史教师支持将"声音"融入课程中，他们指出这是让学生意识到声音在历史中作用的好机会，并且可以让我们重新审视旧的教学资源和话题。当然，最大的挑战就是如何获得声音史料并将其应用于历史教学的社会、政治背景中。至关重要的是让学生了解这些困难并且防止他们陷入泛泛地将声音史料作为（过去的）事实之陷阱。

二　第一次世界大战中的声音与寂静

每场战争都会产生自己的"音景"。当谈到第一次世界大战的"声音"时，这场1914年至1918年之间的战争经常被视为一个转折点，其特点是由于其新型的工业战争（大量使用火炮、迫击炮、机枪等）造成的“最大的噪声释放”（Sieglinde Geisel）。然而，当时最响亮的战争却发生在“无声”电影的时代，我们只有很少的来自战场的主要声源。我们可获得的与第一次世界大战相关的大部分声音是源于20世纪30年代关于战争的第一部有声电影（例如刘易斯·迈尔斯通的《西线无战事》，1930年）。“一战”的特殊性也体现在它的无声。堑壕战常常被认为是胆魄的较量，坐等并任由敌人或者炮弹的来临。“无声的战争”以及1915年后使用毒气是另一个很重要的话题。声音与寂静的结合对士兵的生活造成了巨大的影响，并引发了对声音研究的新兴趣，以及在战争中可以利用或消除“声音”的方式（例如“耳塞”的改进与成功，声音在宣传中的运用，在小说、诗歌、绘画，同时代的日记等等中的“声音”的感知）。全球范围内的第一次世界大战也为学者提供了更加密切地分析“外国人”“外国”语言和方言的声音，并继续进行西方殖民和帝国研究的机会。在战俘营（例如柏林附近温斯多夫所谓的“半月营”），德国学者记录了外国战俘的声音，并且将“人类种族”的视觉分类与声学分类联系起来。德国历史课程中关于一战的内容仍未收录有关这一段带有德国殖民主义色彩的声音研究的历史。

三　历史课堂的观念与挑战

一般来说，音频史料处理方式与其他类型的材料一样（批判的方法、史料批判等），最好联系多种其他类型的资料。为了在历史中引入“声音”，往往需要寻求书面材料、视觉资源或者其他文本的帮助。有声资料的运用应该被用来阐明旧的材料或者主题。

有关第一次世界大战的历史课程的具体想法：

将第一次世界大战（战场）中的一段音频导入课堂，询问学生能够识别哪些声音以及分别代表什么；让他们调查第一次世界大战中的声音，以便将声音来源置于其社会和政治背景中。

将第一次世界大战的视频史料（战场场景，照片）导入课堂，要求学生列出他们认为可能在此刻听到的声音；让他们研究如何获得这些声音，并让他们知道哪些声音在一战中是可能存在的，而哪些是不恰当的。

将书面材料（例如路德维希·雷恩 1928 年出版的小说《战争》的一段片段）导入课堂，让学生阅读材料并确定所有直接或间接提到的“声音”。让学生寻找“恰当”的声音，让他们表演片段，并将展示成果与关于一战的电视纪录片进行比较。通过关于第一次世界大战中的声音（对这些声音的认识）如何产生（以及如何产生的历史）的一般性讨论结束课程。

重点关注第一次世界大战的“被遗忘的全球、殖民历史”：在所谓的“半月营”中的战俘；关注战俘的录音和他们的历史背景；找到有关战俘经历的信息（例如“红十字国际委员会”的档案），并将（本地区的）德国历史更多地与（德国的）全球史、殖民史联系起来（例如电影《半月文件》）。

更普通的方法：聚焦 20 世纪至今的战争，分析声音和沉默的作用（战争、宣传和歌曲、动刑等）。

四　结论、进一步的评论

总结：历史课堂中引入“声音史”的挑战。在历史教学中，可以讨论将此课题融入历史课程的更多路径，及其如何应对全球史导向的历史教学路径之挑战。

参考德语书目与文章：

- Missfelder, Jan-Friedrich: Der Klang der Geschichte. Begriffe, Traditionen und Methoden der Sound History, in: GWU 66 (2015), S.633–649.

- Morat, Daniel/Blanck, Thomas: Geschichte hören. Zum quellenkritischen Umgang mit historischen Tondokumenten, in GWU 66 (2015), S.703–726.
- Paul, Gerhard/Schock, Ralph: Sound des Jahrhunderts. Geräusche, Töne, Stimmen — 1889 bis heute. Bonn 2013.

“一百年前”：双语历史教学中的第一次世界大战

丹尼斯·罗德尔（Dennis Röder）

一　导言和要点

2016 年 5 月 29 日，法国总统奥朗德和德国总理默克尔共同纪念凡尔登战役一百周年。凡尔登战役造成 30 万人阵亡。如果 30 万人列队行进，那么这场“灵魂阅兵”（南德意志报）将持续 28 个小时。凡尔登战役是消耗战的标志和现代战争残酷性的象征。在历史解释中，这场战役发生在 100 年前德国眼中的西线战场，它成为德国和法国历史课程的共有主题。虽然德国部分联邦州（例如下萨克森州）减少了历史课程的课时，删减了课程标准的内容，但是“凡尔登”依然在德国历史教育中被列为教学对象中的关键概念之一。教学的目标是：呈现第一次世界大战的特点，归纳战争的时代背景，并结合时代背景理解第一次世界大战。现有历史解释仍然遵循民族国家的基本框架，人们可以通过“西线”和其他概念一窥端倪。[1]

2014 年是第一次世界大战爆发 100 周年。此后，一系列史学著作和词典出版。这些著作通过全球史的角度，重新诠释第一次世界大战，在空间上拓展了历史诠释的视野。这些视角在历史教学中长期受到忽视。由此，以民族国家为导向的历史教学在内容和方法上都得到了新的补充。

1　以德国为基准，凡尔登战役发生在“西线”。——译者注

在9年级的双语历史课程中，我们尝试把全球史的方法引入学校教学概念，提出“百年以后”（“100 Jahre danach”）概念。如何以全球史框架诠释凡尔登和西线战场？如何解释第一次世界大战的世界史维度？如何更多联系“我们的”和“他人的”历史议题？如何建构20世纪全球化的历史背景？

在双语教学中，有很多机会可以实现上述目标。通过以相应语言和历史概念进行分析，学生可以在教学中训练视角转换能力：把一种历史解释与其他历史解释联系起来加以比较，例如对比德语“第一次世界大战”（Erster Weltkrieg）和英语“伟大战争”（The Great War）、英语“坦克”和德语“装甲”（Panzer）、《凡尔赛和约》与《巴黎和平协议》等。

二 概念：教学模块的建构

1. 创造全球史的框架

（1）1914年6月28日：一个事件引发全球连锁反应。

（2）研究世界地图：1914年7月的世界。

（3）战争爆发如何改变全世界的人类？追踪历史见证者四年的经历（以瑞典作家 *Peter Englund* 的著作《美和恐怖》[*Schönheit und Schrecken*] 为模板）。

2. 通过前线明信片，对比战时生活和战时宣传

（1）比较英国和德国的前线明信片：战时宣传和战时生活。

（2）在全球战争进程的视野下归纳战争事件。

（3）联系现实：过去和现在的战时生活、媒体报道和重大事件。

3. 1917：全球史的重大转折？

（1）史料分析：“齐默尔曼电报”[1] 和它的全球史意义。

（2）展示1917年世界不同地区的事态发展。

（3）利用世界地图：归纳具有全球影响的历史事件。

---

1 1917年，德国外相致电德国外交官，要求拉拢墨西哥对抗美国，电报被英国截获，加速美国参战。——译者注

4.《凡尔赛和约》及其国别史维度和全球史维度

（1）角色扮演：从法国、德国、英国、日本、中国、朝鲜和纳米比亚等国的视角，比较各国对战争结果的期望与各国通过《凡尔赛和约》取得的成果。

（2）归纳《凡尔赛和约》在民族历史叙事中的意义。

5. 反思：第一次世界大战对当下来说有何意义？

（1）"标靶"方法：在标靶上归纳"意义重大""相关"和"不太相关"的概念和内容。

（2）比较和讨论事件及其可能的解释。

三 结论和讨论

在双语历史课程中，通过全球史方法，对上述概念的演绎有许多选择。在讲座的末尾，我将归纳基本要点、列举和讨论其他选择。

将世界史和全球史观点
引入历史课堂的不同方法

菲利普·伯恩哈德（Philipp Bernhard）
（奥格斯堡大学）

波普教授是德国历史教育学会“历史教学中的世界史与全球史视角”工作组的负责人。工作组每年在奥格斯堡大学召开一次会议。我们的目标是将世界史和全球史视角引入德国历史课堂。与中国和美国不同，我们没有将世界历史作为单独的分支学科。在我看来，德国的历史课程是一种以欧洲为中心的民族国家历史的延伸。

对此，我想谈三点内容：

首先，我想谈一下目前以欧洲为中心的德国历史课程。我们认为，欧洲中心课程的主要问题在于，“西方崛起”和“欧洲扩张”并没有被视为具体的历史现象。这就很容易造成学生认为欧洲与“西方”优于除此之外的世界“其他部分”。然而，课程设计误导他们认为那些历史课没有提及的地区和社会与历史没有“关联”。

其次，我想谈谈我们“历史教学中的世界史与全球史的视角”工作组如何理解将世界史与全球史观引入历史教学。在我们的工作组中，我们试图将世界史的路径与全球史的思路之优势相结合，以应对历史教学中的欧洲中心主义。德国历史学家于尔根·奥斯特哈默（Jürgen Osterhammel）将全球史定义为互动与交流的历史，1500 年以后，整个世界日益成为一个整体，我们才可以称其为全球体系。当我们教授 1500 年前的历史时，奥斯特哈默对全球史的定义很重要，但是也有不足之处。更早的“世界史范式”对我们也有重要意义。我将解释我们不分别设置本国史和全球史，而是开设一门历史课程的优势——为了达到我们将全球史观引入历史教学的目标并挑战欧洲中心观。

第三，我想介绍一下我们奥格斯堡历史教育教席现在和未来可能的计划，这也是一些将世界史和全球史观引入历史课堂的例子。这三个计划的想法如下：

（1）“交流（Entanglements，亦有学者译为相互纠缠的历史）”课题（参考于尔根·奥斯特哈默的理论，更多遵循全球历史路径的例子）。

（2）我们工作组 2019 年会议计划的主题是：“1989 年：全球划时代的一年”（遵循全球史路径）。

（3）未来一个可能的项目是从跨区域角度讲述奥格斯堡的历史（参考于尔根·奥斯特哈默的理论，更多遵循全球历史路径的例子）。

以学生为中心的教学
——迪多夫高中的教育理念

安德烈亚斯·瓦格纳（Andreas Wagner）

迪多夫文理中学（Gymnasium Diedorf）位于奥格斯堡市区以西 10 公里处。2015 年 9 月，这里建成了德国最新的教学设施。新建筑使实践“开放式学习空间”的教育概念成为可能。其目标是让学生以自主的方式学习大部分知识。

首先，本次讲座对“以学生为中心的教学”之教育理念和相应建筑环境进行总体介绍。接着，我将重点介绍以“开放式学习空间”为基础的历史教学。此外，除了理论概括外，我将结合教学实践，阐述一个具体教学实例。

迪多夫文理中学毕业生可以获得“通用大学入学资格”（allgemeinen Hochschulreife）。这是德国学生可能获得的最高层次中学毕业文凭，超过常规的“中学毕业资格”（Abitur）。学生可以借助这种文凭进入大学和其他高等教育机构接受本科教育。德国小学为 4 年制，文理中学为 8 年制。6—12 年级开设专门的历史课程。

迪多夫文理中学还处于建设中。学校建立 6 年以来，临时使用迪多夫小学场地的教室。2015 年 9 月，从新学期开始学校搬进新的教学建筑。

新校舍为德国和欧洲的学校设置了新标准。它完全按照环保和可持续建筑理念设计。学生将在德国最大的木制建筑里上课。它的环保性能出色，光伏设备产生的电能供大于求。此外，建筑在技术上满足教学需求：温度、照明和声音都契合日常教学的需求。

新校舍提供了丰富和灵活的空间，包括一座大型图书馆、三座体育馆和其他户外设施（包括沙滩排球场）。活动厅设有大型舞台，外墙可完全展开以举办夏季的露天音乐会。此外，还有一系列独立的专业教学场地，包括生物、物理、化学和美术教室等。

教室仍然是学校的核心。教学法和教育学都强调在课程中使用多元化方法的必要性。新建筑考虑到这种需求。教室布局既能以教师为中心设置，也能兼容开放式教学。

迪多夫文理中学的教学重点是在所有学科进行开放式的和以学生为中心的教学。不过，教师只在必要时进行开放式教学。开放式课程基本内容如下：

（1）学生应该自主学习教学的内容。教师需要提供材料，通过渐进性和协作性解释和任务，推动学生掌握新知识。

（2）教师成为建议者，为学生提供个性化帮助并监督学生的进展。教师为学生提供讲解，学生根据固定的体系进行练习，这并不是教学的目标。学生需要自行归纳知识并持续吸收。这一理念可以通过数学课的一个案例进行解释：在毕达哥拉斯定理（勾股定理）教学中，教师不会为学生介绍公式，学生需要在循序渐进的任务中，通过测量和计算归纳知识：直角三角形的直角边和斜边的平方存在对应关系。

（3）在完成学习任务的过程中，学生可以选择自己独立学习，或者以小组的形式合作学习。通过这种方式既可以促使学生在学习过程中互相帮助，也可以推动学生独立寻找答案。恰当的学习活动规则有助于提供合适的学习氛围。

（4）学生需要接受独立解决问题的训练。教师需要时刻成为学生学习的伙伴。学生可以利用电脑和网络，使用数字化参考书。他们首先自行探索未知知识，然后向教师寻求建议。有必要让学生了解，教师扮演支持者的角色，但是他们必须先尝试自行解答。

（5）教师的职责是监督学生学习进度并提供指导。根据作业和发言判断学生是否理解知识。

（6）为了检验学习过程的效果，学生需要独立完成任务，自主验证答案。在这一过程当中，教师的义务是为学生提供帮助，在必要时对学生进行指正。

（7）教师可以根据学生的能力，进行区别对待：能力强的学生可以单独进行额外学习任务，能力弱的学生在教师帮助下进行深入练习。当每一个班级完成一个单元的教学活动时，确保每个学生形成自己的学习计划，包括在哪些时间内完成哪些任务。

教室的设计体现了这些教育概念。每一个年级占据一个楼层，师生不受阻碍一起活动。每个年级的四个教室围绕一个被称为“市场”的公共区域。这里提供教学材料和解决方案。学生可以根据教师的安排自主选择学习场地。这里的书桌可以移动，另有坐垫可供使用。教室之间有门分隔，也可以与公共区域和其他教室连为一体。每个教室都有白板和投影仪。学生和教师可以随时通过两个网络平台联系，可以传输文件，也可以利用电子课件。

在以学生为中心的教学框架下，历史课程需要应对特殊的挑战。历史教学以专题为主。不同于数学或外语等学科，历史课程只有较少步骤是纯粹的练习。历史课学习大量事件、历史背景和历史关系。在原则上，历史教学不灌输“唯一的历史真相”。历史课程的目标是：学生学习以史料为基础观察历史事件的方法，从而促使他们对历史进行自主的思考和认识。其基础是对历史学的学科方法进行全面介绍。历史课程从一开始就要求利用史料进行学习，培养方法能力和认知能力以对历史进行分析。在此背景下，德国的历史课程标准重视方法性。各年级学生逐步学习各种能力，循序渐进开展历史学习。史料分析为学生提供开放性思维，帮助他们理解历史。历史教学还包括：比较多种史料和分析历史描述（对历史进行诠释）。由此，学生审视彼此冲突的史料，认识史料的矛盾性，避免教师照本宣科地灌输固定知识。这些是历史教育学的核心概念。

教师评估与历史写作相关的反馈策略：经典案例研究

菲利普·马蒂（Philipp Marti）
（瑞士西北高师）

中学历史课堂的历史书写实践有着自相矛盾的特点。一方面，书写的方式是成绩评定的核心途径；另一方面，在课堂上，历史的教学却主要以口头方式进行。因此，哈尔通在他的开创性研究中断定："书写和叙述在课堂上很少被当作一个主题，但在书面的成绩测试中始终需要。"（Hartung 2008: 157）但是，有趣的是，关于这一现象的原因和结果，几乎没有任何科学研究，例如教师对历史书写实践的普遍看法（de Oliveira 2011），对历史文本的评价以及对历史课程中书面叙事能力的切实促进，这些都是历史教学法的未开发领域（Van Drie, Braaksma, van Boxtel 2015）。本文及其源项目的探索性部分对其进行了着重阐述，并考察瑞士德语区中学历史书写的实践。在专业语言的跨学科辩论中（Schleppegrell 2008; Handro 2013），在历史书写的英语语言研究中（Monte-Sano, De la Paz 2012; De la Paz et. al. 2017），在基于材料的历史争论之意义上，关于叙述能力的讨论中（Voss, Carretero 1998; van Drie, J., van Boxtel, C. 2008; Mierwald, Brauch 2015; Waldis, Marti, Nitsche 2015; Waldis, Nitsche 2016），以及在教学或学习领域的教育者主观之理论和观点中（Reusser, Pauli, Elmer 2011; Nitsche, Waldis 2017），这一工作都具有理论意义。

我们对瑞士德语区的中学历史教师进行了有条理的半结构化专访。随着引导，教师们首先讲述了近期进行的历史考试之结构，然后将其纳入历史书写的实践中，最后对历史课堂更远大的个人目标进行了评论。本文介绍了四个特定的代表性案例，说明了历史书写的功能范围及其与考试实践和评估的相互作用及其支持性措施。以下是具体问题：

（1）历史书写在瑞士德语区的中学是怎么促进和评判历史学习过程的?

（2）在历史书写的教师陈述中，有哪些信念或主观理论以及历史教学、学习过程的目标得到反映?

作者团队对访谈进行了定性的解释分析（Kuckartz, 2016）。这一分析给出了整体情况，四个例子的选择，以及最后从成绩单中选择合适的定位进行经验强化。

研究结果指向了历史书写的不同实践。然而，总的来说，已知案例表明，历史书写作为一个独立的教学参考点，迄今为止在历史课中都没有找到确切的定位。教师们渴望鼓励学习者使用历史书写，与过去的历史进行独立的批判性互动。然而，历史书写缺乏实际的概念作为基础（例如写作过程中认知潜力的预期用途），相反，书写本质上是情境性的，从教学方法因素出发，以教师的陈述为根据，并且受到时间短缺这一外部条件的限制。不同的教师，对于历史文本的评估，具有非常相似的标准，特别是内容、语言以及文本结构和一致性方面。但是，这些标准的权重似乎存在相当大的差异。

欧盟研究项目（EMEE）和
博物馆的视角切换

苏珊娜·席琳（Susanne Schilling）

本次讲座主题是国际跨学科研究项目“欧洲视野——博物馆展现的欧洲”（EuroVision Museums Exhibiting Europe, EMEE, 2012—2016）。项目的资助者是欧盟文化计划，领导者是苏珊·波普教授和尤塔·舒曼博士以及奥格斯堡大学历史教育教席，参与者包括三家欧洲博物馆（保加利亚索非亚国家历史博物馆、葡萄牙里斯本国家考古博物馆和斯洛文尼亚卢布尔雅那当代史国家博物馆）、三家大学（巴黎第十二大学、罗马第三大学和奥格斯堡大学）以及两家文化创意企业（维也纳单色媒体艺术社和斯图加特的布吕克纳设计事务所）。通过四年研究，EMEE项目开创了一系列博物馆展览的新概念，形成了超过100家博物馆组成的合作网络，创建了七座理论结合实践的“欧洲视野实验室”，并且出版了大量相关著作。通过项目网站（http://www.museums-exhibiting-europe.de/），公众可以免费分享相关的成果。

一　EMEE项目“学习型博物馆”的基本理念

EMEE项目的理念主要是：当历史博物馆保存地方性、地区性以及民族性的文化遗产时，需要有意识地提高经常被埋没、低估或忽视的跨区域和跨文化历史维度。同时，项目谋求促进挖掘同一件展品的地方史、地区史、民族史以及欧洲史意义，理解历史意义之间的相互联系。通常，博物馆历史展品只呈现出单一的视角，即证实地方史、地区史以及民族史的相关内容。因此，EMEE 的座右铭是：一件展品、多元视角以及欧洲视野。

上述理念源于历史教育学的学术研究。通过使用这些原创性概念，项目组激发了大量灵感：通过跨区域和跨文化视角，重新诠释地方博物馆的展品，揭开文化遗产隐含的多层次内涵，借助原创性的传播方式，吸引参观者和所谓对博物馆缺乏兴趣的群众，积极参与博物馆活动。

此外，为了从人们熟知的博物馆展品中发现并呈现全新的跨区域、欧洲史和全球史视角，项目为博物馆开发了新的文物展览形式和启发性的参与活动。

二　EMEE 项目的核心概念：视角切换是理解博物馆文物跨区域意义的关键

根据项目组的研究，促进人们理解地方史、地区史以及民族史文物的欧洲史意义，主要是依靠三元化的视角切换（Change of Perspective）。

1. 第一层次的视角切换：通过欧洲和跨区域的视角，重新诠释文物

重新诠释博物馆藏品的目的是揭示馆藏文物蕴含的多层次的历史意义：文物如同被放置于一系列焦点不同的镜头下，参观者受到邀请自主探索发现：一件藏品可置于地方史、地区史、民族史、欧洲史以及全球史等一系列不同的历史视角之下，文物的历史意义也随之发生变化。"视角的切换"成为"历史理解的学校"，促使观众能够洞察单一文物前所未见的多元内涵，进而领会地方史、地区史、民族史、欧洲史和全球史彼此之间深刻的相互关联。

2. 第二层次的视角切换：专家视角和观众视角的切换

博物馆使用多种策略尝试把布展者进行历史诠释的传统套路，转化成为参观者提供全新的文化和社会视角。具体步骤包括：以场景布置主动呈现展品；调动多种感官进行展示；旨在吸引所谓对博物馆缺乏兴趣之群众的相关文化活动；此外还有允许博物馆观众成为参与者，把自身的文化认同、历史经验、个人期待以及个人能

力都融入博物馆的工作。

3. 第三层次的视角切换：国际比较研究

通过建立国际性的和跨学科的合作网络，为博物馆文化遗产的“视角切换”提供支持，从而克服狭隘的单边视角（例如地方史、地区史和民族史等）。

译者注：与中国博物馆相比，欧洲博物馆的数量较多、规模偏小、分类更细、背景相对复杂（私立、地方或专题博物馆）、国际性特别强（例如文物产自甲国，归属乙国，藏于丙国），在欧洲融合和全球化背景下，发掘文物多元内涵的意义日益增加。

荷兰公众史学：传统、机遇与教训

保罗·克内维尔（Paul Knevel）
（阿姆斯特丹大学）

美国创造了公众史学。至少，这是历史学家卫斯理·约翰逊（Wesley Johnson）的观点，他是20世纪70年代末美国公众史学运动的创始人之一。20世纪80年代初，他参加了各种欧洲会议，深信自己见证了“现代公众史学在旧大陆上的诞生”；他所说的现代是指“美国式”。他在全国公众史学委员会（1982）的通讯中写道，公众史学“进行了她到欧洲的处女航行”。新大陆已经学会了如何实践公众史学。

然而，现实是不尽如人意的。直到最近几年，伴随着国际协会、面向国际的期刊、世界各地的会议和专题讨论会以及欧洲、拉丁美洲、非洲和亚洲大学的学术学士和硕士课程的出现，公众史学才不仅成为一种欧洲的现象，乃至成为一种世界性的现象。如此，卫斯理·约翰逊在20世纪80年代所宣讲的福音，似乎终于在国际上找到了受众。

但真的是这样吗？最近在国际上日渐兴起的公众史学作为一门学科在其研究者中也产生了大量的讨论：关于它的定义和起源，它的目标和方法，关于最佳实践方式，甚至是这个术语本身。的确，怎么去处理一个很难被翻译成荷兰语、德语、法语和中文，并很容易产生模糊的术语呢？毕竟，在不同的国家背景下，我们所说的“公共”到底是什么意思？在这篇论文中，我想回答一些更大的问题：这种对公众史学的新兴趣从何而来？哪些灵感来源可以记录下来？公众史学在21世纪能扮演什么角色？很明显，我的荷兰背景对我看待这些话题的方式有着深远影响。

乍一看，公众史学作为一个术语是令人费解的。毕竟，在公众面前，历史有什么新鲜之处呢？至少自19世纪以来，各种各样的专业人士——博物馆馆长、档案保管员和教师——一直在努力把历史知识传授给非历史学家。而专业历史学家则从未在这样的一个领域中发挥过作用。早在1929年，著名荷兰历史学家约翰·惠辛加就把历史定义为“一个社会对其过去的解释所采用的精神形式”。最近，澳大利亚历史学家伊恩·蒂勒尔（Ian Tyrrell）从另一个角度对其进行了不同的表述：“从某种意义上说，历史学家要么是公众史学家，要么他们的理智已经死亡。”历史学家确实一直试图以各种形式向更多人展示他们的研究成果。换句话说，公众史学早在卫斯理·约翰逊传播这个“词”之前就有了。作为历史学家，我们应该承认这一传统。

然而，20世纪70年代和80年代的美国公众史学运动创造了这个词，并在强调学术界以外历史学家的重要性方面发挥了极为关键的作用。卫斯理·约翰逊和他的同事们面临着接受过新学术教育之历史学家中出现的工作危机，受到新社会史学成功的启发，他们将历史学从一门学问重新定义为一门可以在学术界之外实践的专业。“从最简单的意义上说，”罗伯特·凯利（Robert Kelley）在《公众史学》（*the Public History*）杂志的第一期上写道，“公众史学是指历史学家的工作，以及学术界以外的历史研究方法：在政府、私人企业、媒体、历史学会和博物馆，甚至在私人实践中。”公众史学家随时都在工作，以他们个人的身份，他们是公共进程的一部分。当时，这是一个有用的定义，强调了该学科对外部世界的市场性和应用能力（一些人也称它为应用历史学），以及它的学术根源和在学术界同行中的严谨研究方法。但这也是对这一领域一种一维的看法，没有过多考虑公众史学的旧传统或公众本身的意愿。公众是否真的在等待历史学家和他的历史方法很少被问及。

口述史学家罗纳德·J. 格雷（Ronald J. Grele）在1981年发表的一篇经典文章中，批评了现代公众史学自上而下的定位，以及对公众史学旧传统的盲目追随性。受历史工作坊激进运动的启发，格雷和其他人致力于创造一个更加“民主”的历史进程。从它的名字来看，公众史学意味着对历史学家角色的重新定义。它向我们承诺了一个广大公众参与其自身历史建设的社会。为了真正成为公众，公众史学家必须与公众分享他们的专业知识和权威。

从一开始，公众史学就包含了两种不同的方向。一种是把公众史学看作是一种职业，公众史学家（通常是有任务的）扮演着主要角色，他（她）对过去提出批判性问题，并与特定读者分享他（她）的发现。另一种强调历史是一种社会活动，是许多人的劳动成果。从后一个角度看，重点不在于转移历史知识，而在于人们如何与历史联系起来，并试图赋予过去以意义。因此，实践公众史学通常发生在两点之间：向更广泛的受众展示历史，组织和指导公众史学活动。换句话说，公众史学可以是“民有民治民享的历史”。

然而，第一代公众史学家很快发现，在公共场所实践历史很容易产生新的挑战。公众史学家经常卷入所谓的“历史战争”，争论应该展示什么样的历史和/或谁的历史。在实践中，公众史学离不开对公共、历史实践与政治、文化、社会、制度语境之间复杂关系的反思。正是在这里，我们可以找到第三个灵感来源：文化史及其研究——至少在荷兰，文化史及其研究对最近的公众史学至关重要。

荷兰的公众史学并没有从20世纪70年代和80年代的美国公众史学运动或历史工作坊可供替代的历史实践等早期榜样中有机地成长起来。这两种传统并非不为荷兰学术历史学家所知，而是它们在大学里的代表性很弱，很少在学术期刊上被讨论或评论。根据大多数荷兰专业历史学家的说法，公众史学充其量是通俗的历史，将历史研究普及给更多的读者。但更常见的情况是，它代表了学术历史创造的对立面：它是主观的、工具性的、政治性的、粗俗的。简而言之，在很长一段时间里，公众史学等同于一个实际存在的过去，应该通过认真研究历史的过去来揭开它的面纱。

但实际上，这种区别被证明是极其人为的，特别是在处理战争、大规模暴力和镇压等创伤和破坏性经历时。在意识到20世纪历史事件的长期影响（以及由此产生的记忆热潮）和20世纪80年代以来历史兴趣和历史叙述方式的惊人扩散（历史繁荣）的影响下，越来越多荷兰（欧洲）历史学家开始意识到过去学术界以外对历史研究多种多样的处理方式。由于新的研究主题和概念（之出现），如“纪念的文化”“记忆的场所”和“传统的发明”，更广泛的历史文化成为流行的研究兴趣。但与第一代美国公众史学家不同的是，这些欧洲历史学家一开始就对如何将历史最好地传播给更广泛的受众不感兴趣。相反，他们关心的是公开呈现的是什么样的历史分析：由谁、为谁、以何种形式、在何种社会和政治环境中、以何种议程呈现？因此，从这个角度来看，公众史学意味着对历史文化运作和特定时期过去与现在的主导关系之批判性研究。事实证明，历史文化比历史学家通常意识到的要广泛得多：一个由个人和集体记忆、通俗历史、遗产遗址和博物馆、历史照片以及更多官方形象和纪念活动组成的复杂网络。

因此，从远处看，公众史学似乎是一个混乱的、没有被很好定义的领域。然而，通过展示两个具体的荷兰例子，一个是关于奴隶制与人民之间历史关系的栏目，另一个是备受人民好评的历史叙述例子——荷兰版电视剧《你以为你是谁》（*Who Do You Think You Are?*）。我想说的是，公众史学是一个如此令人兴奋的领域，因为它将所有这些传统汇集在一起，并向历史学家提出了挑战，要求他们实践“行动中的反思”（Donald Schon），重新思考什么是历史创造，以及它与过去的互动关系。丹尼丝·梅林戈洛（Denise Meringolo）曾经将公众史学描述为一种公共服务的形式：“公众史学家通过与不同的合作伙伴（观众、博物馆专业人士、文物保护主义者、商业领袖等）分享学术权威来帮助创造历史理解。”在这样做的过程中，公众史学家被迫就他们的出发点、惯例、资料来源、传播手段以及公众和主流历史文化的关系提出问题。我们还能期望更多什么呢？

附录Ⅱ 暑期学校剪影

第二届历史教育海外研修暑期学校通讯[1]

夏辉辉

2016 年 7 月，笔者有幸随华东师大历史系师生赴德参加“奥格斯堡大学—华东师范大学”历史教育海外研修暑期学校的学习，历时半个月，学习的主题是“学校历史传授和公共历史传播”。回来后发现，似乎一夜之间，几乎所有的教师都在谈论“核心素养”。

如果说 21 世纪第二个十年，是一个新的时代，以核心素养的出台作为课程改革的新阶段，那么，作为历史教育人应该思考，我们需要怎样的历史教育？需要怎样的历史教育视野和历史意识？有学者呼吁：“我们痛心疾首地承认，我们以素质教育、课程改革的名义向知识本位宣战，但是，知识本位赢了。因为我们除了知识，没有提出任何更具体清晰的目标。今天，我们将以核心素养向知识本位宣战。”[2] 如果这一呼吁确实切中了当前中国教育的要害，那么，近十年来我国历史教育专家提出的“以历史教育促进人的发展”[3] 的呼声在新一轮课程改革中会不会得到深化与落实？德国学习的经历与中国学生核心素养及历史学科核心素养的出台，给了我一个深入思考的契机。

1　原题为《我们需要怎样的历史教育视野和历史意识——2016 年历史教育海外研修暑期学校学习与思考》，刊于《中学历史教学参考》2017 年第 1 期。作者夏辉辉，广西教育学院教研部历史教研员。

2　石鸥：《核心素养的课程与教学价值》，《华东师范大学学报（教育科学版）》2016 年第 1 期，第 9—11 页。

3　关于以历史教育促进人的发展，参见任鹏杰主编、赵亚夫教授、齐健教授等诸多专家学者的论述。

一　我们需要怎样的历史教育视野

在德国学习与交流期间，我们初步了解了德国同行在历史教育中关注的是什么，从中学教师、中学课堂到大学的历史教育，德国同行对历史教育的思考走到了哪个层面。这次学习的主题“学校历史传授和公共历史传播”为我们理解历史教育打开了一扇窗，使我们清晰地意识到，德国同行已经有了更广阔的历史教育视野。

1. 全球视野下的中学历史教育

是教育的全球化推动着我们对教育的思考，中国学生核心素养的提出与构建也是在这一背景下产生的，也即我们要思考学生在未来社会生存与生活中所必备的能力和必需的品格有哪些。这个未来社会，必将是一个面向全球流动的社会，如果各个学科在构建核心素养时，没有考虑到这个背景与前景的话，我们所说的核心素养那根“支柱”可能是虚的，如果是这样的话，不如不要所谓的“核心”会更好。

德国奥格斯堡大学教授、国际历史教育学会主席苏珊娜·波普教授认为，历史学科与国家教育、国家历史故事、国家历史文化是紧密相关的。但是，全球化使得我们对他国历史文化的关注不断增强，尤其关注他们在学校及其他机构中，如何向他们的下一代讲授他们的历史理解、自我认知和对自己国家以及其他国家的形象化描绘。[1] 全球化的历史视野可以增进我们对全球化背景下的历史理解。

在德国学习期间，我们了解到波普教授领导了一个国际跨学科研究项目“欧洲视野——博物馆展现的欧洲”（2012—2016）。项目的资助者是欧盟文化计划，参与者包括三家博物馆、三家大学以及两家文化创意企业，这项被称为“EMEE”（Eurovision-Museums Exhibiting Europe）的项目，包括七个欧洲国家，八个合作单位，开发了一系列博物馆展览的新概念，形成了超过 100 家博物馆组成的合作网络，创建了七座理论结合实践的“欧洲视野实验室”，并且出版了大量相关著作。[2] 该研究项目通过三个层次的视角切换，促进人们理解地方历史、地区史以及国家史文物的欧洲意义，三个层次的视角切换分别是欧洲和跨区域的视角切换、专家视角

1　苏珊娜·波普：《全球范围历史教学论的总趋势》，《中学历史教学参考》2015 年第 12 期，第 8—11 页。

2　该项目可以通过网站 http://www.museums-exhibiting-europe.de/ 分享相关成果。

和观众视角的切换、国际比较研究。这项研究正是运用了欧洲博物馆数量多、分类细、背景复杂、国际性特别强等特点，把博物馆教育置于欧洲融合和全球化背景下，发掘文物多元内涵。[1]

在德国学习期间，我们看到，不独博物馆教育与研究非常注重国际视野，欧洲各国在中学历史教材及历史课堂也有很多基于欧洲与国际视野的研究。瑞士西北高师菲利普·马蒂老师给我们介绍了《“瓜分非洲和亚洲”——瑞士语历史教材中的（后）殖民叙述评析》，研究者根据对14种瑞士历史课本的分析，认为它们普遍没有认识到殖民主义是一种文化现象，也没有阐述瑞士在殖民主义体系和殖民史事件中的作用。瑞士一直被作为一个中立国来看待，为什么会有这样的研究方向？原来这是由瑞士西北高师教育系主持的“欧洲视野下的国家历史文化和记忆政策中的殖民化和非殖民化”研究项目中的内容，共有五个欧洲国家的六所高校参与。通过对研究的介绍，使我们感受到，欧洲各国并不满足于从国家记忆的层面去认识历史，而是要把国家记忆置于更广阔的欧洲或国际的背景中去理解，置于更长时段去理解。远离殖民主义的瑞士师生，也可以通过这一研究认识到过去历史教学的缺失，在回答“殖民主义与现在有关吗？”“殖民主义与我们有关吗？”等问题的过程中，人们认识到殖民主义不但是一个过去的现象，不仅仅是其他地区的历史，殖民主义也是欧洲的历史，对它的研究有助于建立历史与现实、他者与我者的联系。

此外，来自德国汉堡阿森瑙姆文理中学的丹尼斯·诺德老师为我们介绍了一节具有国际视野的课例《“一百年前”：双语历史教学中的第一次世界大战》，本课以2016年5月29日法德两国共同纪念凡尔登战役一百周年为导入，在9年级的课堂里，尝试把全球史的方法引入教学，提出“百年以后（100 Jahre danach）”的概念，即如何以全球史框架诠释凡尔登和西线战场？如何解释第一次世界大战的世界史维度？如何更多联系“我们的”和“他人的”历史议题？如何建构20世纪全球化的历史背景？通过双语教学（德语和英语），以相应的语言和历史概念进行分析，学生可以在教学中训练视角、转换能力，把一种历史解释和其他历史解释联系起来加

1 本文中涉及的关于欧洲公众史学及学校历史教育的相关资料均来自“奥格斯堡大学—华东师范大学”历史教育海外研修暑期学校，译者为沈辰成，德国奥格斯堡大学博士候选人；孟钟捷，历史学博士，华东师大历史学系教授。

以比较。例如对比德语中“第一次世界大战”和英语中“伟大的战争”，对比英语中的“坦克”和德语中的“装甲”，对比《凡尔赛和约》与《巴黎和平协议》等不同说法等。

分享了欧洲同行的历史教学研究与实践后，我们深深体会到，任何人都逃脱不掉全球化的命运，只有把对历史的理解放在国际视野里去观察、审视，历史教育才获得了它的深刻性与交互性。但是审视我们当前世界史教学，只是世界其他国家知识的教学，而不是全球史观念的引导。正如王雄老师所说，（当前）“世界史”与“国家史”彼此分离，互不结合；受民族国家影响的“世界史”并不拥有一种全球史的观念，而是把地区史与国家史依次相互叠加的结构；名义上称为世界史，实际上还是国家史的教材，遥远的国家或地区只是自己国家事务的延伸。应该说，我们的历史教育，在“促使青年一代理解本国历史和本民族文化，同时推动他们把自身融入世界史和人类史的总体中”[1]的过程中，还有很长的路要走。

2. 公共史学[2]背景下的学校历史教育

当波普教授在谈到历史教育的变动时，谈到学校里的孩子们并不是只在历史课上邂逅历史，也不是只在科学知识的形式中邂逅历史。他们以很多方式触碰历史——家族记忆，公共空间中的历史性遗存，诸如历史遗迹、周年庆典、博物馆、公共话语；也会在历史故事、书籍、杂志、电视、电影甚至电脑游戏中发现历史话题。她认为历史不仅仅是“由专业的历史学者提出，而后在学校传授的具体知识”，她解读的核心思想是：历史就在我们周围，在我们每天的生活中。[3]历史的普遍性也意味着历史教育的普遍性，教授的这番话促我思考公共史学与学校历史教育的关系问题。

一直以来，我们都认为公共史学与学校历史教育还是有一定距离的，无论是理论上，还是实践上，都有一道鸿沟。随着教育改革的推进，学校历史教育又不得不

1　王雄：《全球人类史：历史教育学的新趋向——评国际历史教育协会会长苏珊·波普报告（二）》，《中学历史教学》2016 年第 2 期，第 26—30 页。

2　公共史学，public history，有的也译为“公众史学”或“大众史学”，此处取“公共史学”，指的是相比于传统史学而言，更加注重发掘史学的现实性，力求直接服务于社会的历史研究与教育思潮。

3　苏珊娜·波普：《全球范围历史教学论的总趋势》，《中学历史教学参考》2015 年第 12 期，第 8—11 页。

与公共史学发生这样或那样的联系，或者是与博物馆教育联系在一起，或者是与各种媒体联系在一起，或者是与地方历史课程联系在一起。比如说，曾经我们把学生走出校园，去博物馆、纪念馆和社区接受历史教育，乃至于学生自己写家史等活动，都当成是“第二课堂活动”，后来又称为地方课程或校本课程，在性质上作为国家课程的补充，但是这些校本课程或地方课程在历史教育中的地位并没有得到确认。

关于公共史学与学校历史教育之间的关系，学界有两种观点，陈新教授认为，公共史学是对学校历史教育的有效补充。甚至更多的人认为，学校历史教育已死，孩子们在历史课堂上对历史和历史学习毫不感兴趣，但是在社会上，公众对历史的热情却从来就没有停止过。另一派观点则认为，如果我们认为基础教育中历史教育的主要目的是培养国民的基本素养的话，那么学校的历史教育应该也是一种“公共史学”，因为它的对象也是“大众”，只不过是成长中的青年大众。如果这样来理解它们之间的内在联系，前面所谈到的诸课程之间的关系就打通了：在课堂里上历史课和在博物馆进行历史教育，都是公共历史教育的有效组成部分，或者说，两者都属于广义的公共历史教育。

在学习期间，我们看到公共史学背景下的德国博物馆展开“公共历史传播”中做了许多卓有成效的研究和实践。前面谈到的 EMEE 研究项目便是基于博物馆展开的公共历史教育研究。此外，我们还参观了纺织博物馆、交通与通讯博物馆等专门博物馆，感受到了博物馆作为一种特殊的机构，在多文化和多元性的当代社会可以拥有持久的文化传播的导向。在与德国柏林自由大学的公共史学专业教授、学生交流过程中，我们也感受到了公共史学在公共历史教育中的地位与作用。

二 历史意识的培养

正如波普教授所说，学生并不是只在历史课上邂逅历史，也不只是在科学知识的形式中邂逅历史，因此，她认为，历史课堂教学要培养学生普遍的技巧和能力，使学生独立地用历史方式去思考，以评价他们在日常生活中所接触的历史文化的性质和信息。[1]这一认识，与我国新课程改革以来历史教育发展的目标有契合之处。王雄老师说，历史教育的目标首先是让每个公民具有这样一种意识和能力：将过去、现在与未来联系起来思考，审慎地思考他自己的生活，充分认识到今天的选择或行动将对未来产生重要影响。[2]但是历史意识的具体内涵有哪些？应该如何培养？我们在德国学习期间，与德国同行交流了这些具体操作性问题。

1. 历史意识的维度

历史意识到底应该包含哪些内容？在奥格斯堡大学学习期间，我们聆听了米歇埃尔·沃布林教授关于历史意识和历史文化的相关讲座。他从三个层面（维度）来解读历史意识，第一个层面是从描述层面（维度）来解读，也就是"扫描"影响历史意识的角度到底有多少种可能性，比如小朋友虽然没有学过历史，但他可能从玩具、童话、游戏里形成了初步的历史意识，虽然这些历史意识可能是不科学的；第二个层面是从理论层面（维度）来解读，他认为应该包括时间意识、事实意识、历史性意识以及政治意识、经济社会意识、认同意识，道德意识等，前三者属于历史范畴，后四者属于社会范畴；第三个层面是从规范性层面（维度）来解读，这是指学校历史教育要培养的目标，在这一维度里，在教学原则上要遵循史料来源、联系当代、多重因果、多元视角、争议、视角转移等原则。

笔者有幸进入奥格斯堡实科中学听了几节历史课，其中一节是六年级《史前的日耳曼史》，在这节课里，我们强烈感受到了历史意识多个维度的培养。为了让学生了解史前的日耳曼人是如何生活的，教师给学生提供了三组材料，第一组是地下文物（图 11），第二组是罗马历史作家塔西佗的相关论述，第三组是沼泽体（图 12）。

第一组材料：地下文物

考古学家对日耳曼时期做了不同的发现，从中他们也制作了文物修复图，

1 苏珊娜·波普：《全球范围历史教学论的总趋势》，《中学历史教学参考》2015 年第 12 期，第 8—11 页。

2 王雄：《全球人类史：历史教育学的新趋向——评国际历史教育协会会长苏珊·波普报告（一）》，《中学历史教学》2016 年第 2 期，第 26—30 页。

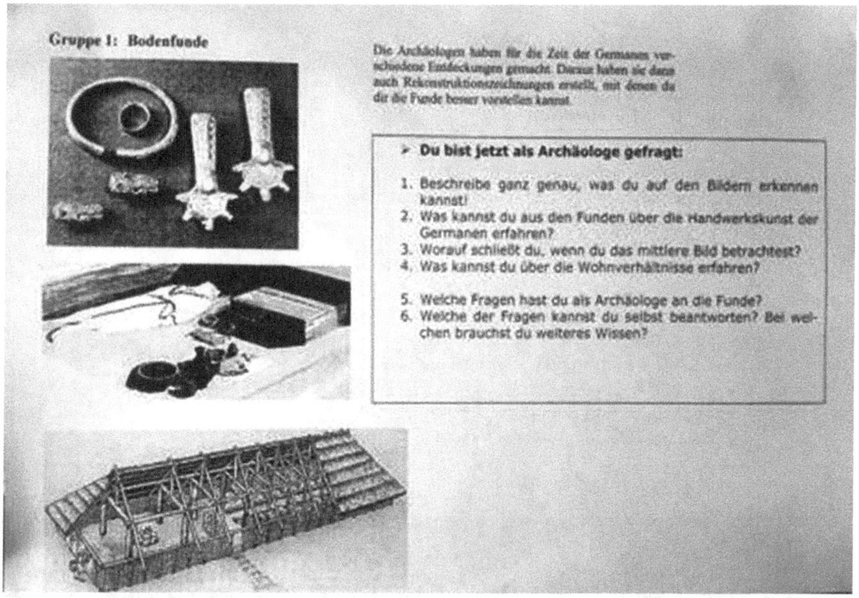

图 11 地下文物

以便你能对这些发现有更好的想象。现在你作为考古学家，请您回答：

1. 准确描述你能从这些图片辨认出来的物件。

2. 从这些发现中，你能获知关于日耳曼人手工业的哪些信息呢？

3. 观察第二张图片，你能得出什么结论？

4. 对于这样的居住条件，你能得出什么结论？

5. 作为考古学家，你对这些发现提出了什么问题？

6. 对你提出的问题，哪些你能自己回答呢？哪些问题需要更进一步的知识呢？

第三组：沼泽体

沼泽体是指人的遗骸或者完整的尸体在非常长的时间内一直得以保存。很有可能是因为沼泽的酸性保存了人的尸体。虽然不同的时期都有沼泽体，但是在公元100到400年间的日耳曼地区，沼泽体的数量是最多的。

由于身体得以完好的保存，关于当时人们的情况，科学家能够得到令人迷恋的知识，比如：

1. 这个人是在哪一个年龄段死亡的？

Gruppe 3: Moorleichen

Moorleichen sind menschliche Überreste oder vollständige Leichenfunde, die über sehr lange Zeit erhalten bleiben. Möglich ist das, weil der Säuregehalt in Mooren den Körper des Menschen konserviert.

Zwar gibt es Moorleichen aus verschiedenen Zeitepochen, die meisten erhaltenen Menschenkörper stammen aber aus der Zeit von 100 v. Chr. bis etwa 400 n. Chr. aus dem Gebiet der Germanen.

Weil die Körper so gut erhalten sind, können Wissenschaftler faszinierende Erkenntnisse gewinnen über den jeweiligen Menschen:

- Zu welcher Jahreszeit ist der Mensch gestorben?
- Woran ist er gestorben?
- Was aß er zuletzt?
- Welche Kleidung trug der Mensch?

...

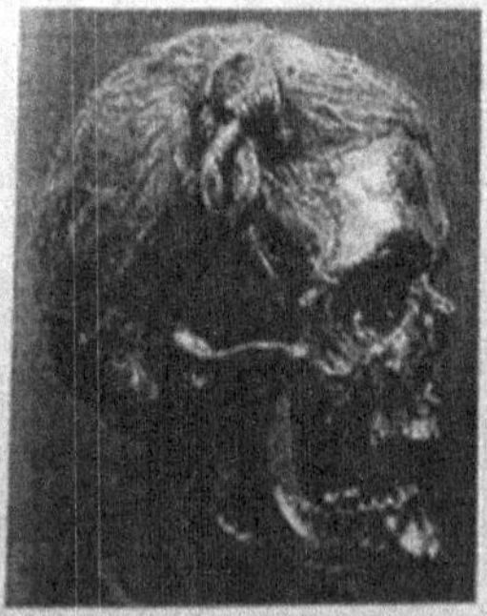

➢ **Du bist jetzt als Moorleichen-Experte gefragt:**

1. Erkläre deinen Klassenkameraden, warum Moorleichen so wichtig sind, um etwas über die Germanen zu erfahren!
2. Beschreibe ganz genau, was du auf den Bildern erkennen kannst. Achte auf Details.

3. Welche weiteren Fragen hast du an die Überreste?
4. Welche dieser Fragen kannst du selbst beantworten? Stelle Vermutungen an.

图 12 沼泽体

2. 他因什么而死？

3. 他最后吃的是什么食物？

4. 他穿的是什么衣服？

……

现在你作为沼泽体专家被问及：

1. 向你的同学解释，为什么沼泽体对于获取关于日耳曼人的信息尤为重要？

2. 准确描述你能从图片中辨别出什么，请注意细节。

3. 对于这些遗骸，你还有什么别的问题？

4. 这其中的哪些问题你能自己回答？请做出假设。

在整个教学过程中，教师引导学生回到考古现场，指出关于史前的日耳曼人并没有留下语言和文字，今天我们是如何知道他们的生活的呢？通过对考古发现的再学习，同学们学会像历史学家那样去思考问题，尽可能地还原史前日耳曼人生活的事实，并在这个过程中充分地意识到时间的跨度、还原历史的难度以及进一步补充知识的必要性，现场学生学习非常踊跃。

2. 反思与批判意识的培养

德国人乃至欧洲的历史教育具有强烈的反思性，培养反思性历史意识和批判性历史意识几乎是德国历史意识不可推卸的责任。除了从前文中提到的瑞士语历史教材中的（后）殖民叙述研究、双语历史教学中的第一次世界大战等案例中可见一斑外，我们还在奥格斯堡实科中学听了两节九年级历史课，分别是“第三帝国时代的青少年”与“第三帝国时代的妇女生活”两个内容，教师都采用不同方法对希特勒时代的极端政策进行了批判，并引导学生反思。

德国的“Abitur 考试”类似于我国的高考，试题也是统一命制，分析这些试题，[1] 也有助于我们理解德国历史教育中反思与批判意识的培养。

1. 材料一：如果时间会自吹自擂，那是因为它能把今天不可能的事情在明

1　资料来自“奥格斯堡大学—华东师范大学”历史教育海外研修暑期学校，译者为吴朝阳，旅德华人，原上海市西中学历史教师。

天变成可能；如果在很多年前，一件需要很大勇气去做的事情，那么在今天变得习以为常，甚至不会引起一点关注，毫无疑问，女性的生活也是如此，女性的生活随着时间的推移而变得越来越好。

——路易丝·奥托，法国女权主义者，1876 年

问题：根据这一节选，请探讨在 19 世纪女性的权利是否因工业社会的出现而得以改善和提高？

2. 材料二：欧洲的建立，不是由一场欧洲面对敌人或赢或输都仍能保存自己身份的战争而决定的。

——乔杰米·高克在 2013 年 2 月 22 日一次针对欧洲观念的演讲

问题：请在 5 月 9 日欧盟的欧洲日为学生报写一篇文章，从节选出发，并从中世纪到近代初期引用一个合适的例子来找到欧洲身份的历史根源。

3. 材料三：在一个关于中东争端的论坛里有一篇帖子：

Timo Historicus（网名）：谁能帮我？我要申请一个去耶路撒冷交换生的位置，我在网上找到的有关以色列和巴勒斯坦两国解决争端方案的观点相互矛盾，两国解决争端的方案能不能有一个让人满意的结果？

问题：请运用你的历史知识，细致总结并阐述你的观点，回答 Timo 提出的问题。

以上试题均要求以论述的方式对材料提供的观点进行反思、质疑、举证，这不仅要调用大量所学的历史史实，还要有相当强烈的反思意识和批判意识，除了判断观点的意图外，还要对设问的意图有所明了，并要求有较强的文字组织能力，较为系统地阐述自己的观点。这样的试题给我们很大的提醒，我们一直以来惯用的试题“知识导向”“采点给分”的评价方式，已经不适应培养学生面向 21 世纪所必备的能力与必需的品格了。

短短半个月，虽不能了解德国历史教育的全貌，但是对于我们来说，这已是非常难得的中德历史教育比较的实地考察机会了。未来的竞争是孩子们的竞争，孩子们的成长很大程度上都是在课堂上实现的，怎样的历史课才能使学生成为能面向 21 世纪挑战的主人，这样的话题对中德历史教师来说都是难以回避的课题。

第三届历史教育海外研修暑期学校通讯

任小奇

2018年7月1日至15日，华东师范大学第三届历史教育海外研修暑期学校在德国举行。本次暑期学校由华东师范大学历史学系、华东师范大学历史教育比较研究中心与国际历史教育协会（International Society for History Didactic, ISHD）及德国奥格斯堡大学人文历史学系联合主办。参加此次暑期学校的学员有四川师范大学和福建师范大学的历史教育研究者、广东的一线中学教师、华东师范大学历史系在读本科生、研

图13　7月2日暑期学校开幕式合影

图 14 孟钟捷教授在暑期学校开幕式致辞

究生。暑期学校的领队是历史学系葛君博士和思勉高等研究院范丁梁青年研究员。

7 月 2 日，暑期学校于奥格斯堡大学 I 楼演讲厅召开。奥格斯堡大学：学术研究与国际交流副校长彼得·维泽教授（Peter Welzel），奥格斯堡大学人文历史系副系主任格雷格·韦伯教授（Gregor Weber），奥格斯堡大学外事办主任萨比娜·塔姆博士（Sabine Tamm），奥格斯堡大学历史教育教授、国际历史教育学会主席苏珊·波普教授（Susanne Popp）以及中国驻慕尼黑总领事馆教育领事黄崇岭教授，华东师范大学历史系主任孟钟捷教授先后致辞，介绍了本期暑期学校的主题、组织内容、形式，以及华东师范大学历史学系与奥格斯堡大学人文历史学系建立长期工作站的共同意愿。全体学员参加了此次开幕式，并与致辞教授们合影留念。

一 全球历史教育之趋势

7 月 2 日下午，奥格斯堡大学人文历史系历史教育教授、国际历史教育协会主席苏珊·波普教授为大家带来的第一场讲座题为《历史教育的全球趋势》，从历史教育学的国际化、历史热（history boom）与“历史文化”（historical culture）的各

图 15　苏珊·波普讲授历史教育的全球趋势

类实践、建构式的历史教育方法：历史思维（historical thinking）、对历史课程的综合讨论四个方面展开介绍，她认为国际历史教育最重要的目标之一是消除民族之间的偏见和促进国家之间的和平共处，她将历史教育暑期学校视为推动国际历史教育研究趋势转变的一次契机。茶歇过后，来自埃尔朗根-纽伦堡大学的夏洛特·比尔-格哈默教授（Charlotte Bühl-Gramer）就历史教育中存在的一些挑战带来了题为《德国历史教育的当下趋势》的讲座。就“历史能力”“历史文化”、媒体与历史等历史教育的新概念、新手段与学员进行了讨论，学员们对如何培养历史能力、德国历史教育的现状等问题非常感兴趣。

二　德国与中国的历史教学

为了回应学员们对德国教育体系与教学现状的求知欲，此次暑期学校的主办人米歇埃尔·沃布林博士（Michael Wobring）详细为大家介绍了德国的学校体系和历史教育现状。他向学员们介绍，巴伐利亚州的教育系统包括为期四年的小学教育，之后由低到高分别有综合中学（Mittelschule）、实科中学（Realschule）、高级文理中学（Gymnasium），德国各个州的学校体系不尽相同，但是总体而言三个等级的系统却是一样的。为了更直观地向中国学员介绍德国的教育体系和学校制度，沃布林博士请曾在中国学习考察过的研究生西尔维亚·格罗斯尼克（Sylvia Großnick）为学员讲解对不同层次学校的教师培养与教师教育。

图 16 沃布林博士（右）与研究生格罗斯尼克介绍德国的教育体系

为了加深中德双方对彼此历史教育的认知，华东师范大学历史学系杨彪教授作了《中国的世界史教学》讲座，主要以上海的教科书为例，纵向上梳理不同时期历史教科书的变化，横向上分析教科书内容中对各国历史介绍所占比重的不同，为学员们介绍中国的世界史教学的现状与演变。许多德方学生对教科书变革的原因非常感兴趣，一线教师学员借此机会向杨教授请教了许多历史教学方面的问题。

三 历史教学的新观念

此次暑期学校的主讲人不仅有德国高校的历史学者，还包括德国的一线中学教师。他们将自己教学的成功案例拿出来与学员们分享，学员们也深受启发。丹尼斯·罗德尔（Dennis Röder）为学员们带来了一场别开生面的讲座《一战中的声与寂：历史课堂的观念与挑战》，罗德尔先生以声音为切入点，在课堂上为学生们讲授第一次世界大战的历史，取得了很好的反响。此次讲座也引起了学员们的兴趣，四川师范大学历史课程教学研究中心主任陈辉教授对其作出高度评价，认为将声音引入历史课堂的观点新颖，值得我们借鉴。

另一位来自迪多夫高中的历史教师安德烈亚斯·瓦格纳向大家介绍了迪多夫高中“以学生为中心的历史教学”观念。迪多夫高中是一所颇具创新性的学校，它打破传统的常规教学模式，从学校的教学空间设计到课程形式、教学内容安排都遵照“以学生为中心”的核心理念，给在场的学员提供了历史教学的一种新思路。

图 17　安德烈亚斯·瓦格纳讲授以学生为中心的学校观

德国历史教育学会“历史教学中的世界史与全球史的视角”工作组成员菲利普·伯恩哈德（Philipp Bernhard）向大家介绍了其工作组，主要目标是将世界史和全球历史观点引入德国历史课堂。伯恩哈德从当下德国以欧洲为中心的历史课程现状、如何将世界史与全球史观引入历史教学及其可行计划等方面介绍了工作组的研究内容与计划，学员们就其提到的有关中国的例证展开讨论。

四 国际关系视角下的中国

来自埃尔朗根–纽伦堡大学的汉学教授马克·马滕（Marc Matten）带来了《“来自东亚的新的世界秩序”：1895—1945年间的中日关系》，随着19世纪以中国为中心的世界秩序的崩溃，试图作为世界秩序新范式的国际法登上国际舞台，但是日本对于国际法感到失望，而在美国太平洋崛起和门罗主义的影响下，日本试图建立泛亚洲主义的新秩序，但事实上日本对中国主要城市的占领使中国不可能接受亚洲主义，中国的罗梦册则提出了新的具有中国特色的世界秩序：要求以道德代替法律。赵汀阳等学者则再次将“天下”概念作为新的世界秩序之典范。之后范丁梁、葛君老师带领学员就此问题展开了热烈的讨论。

华东师范大学的葛君老师带来了《“北京—潘科夫轴心？”20世纪50年代的中国与东德关系》讲座，重新审视这一段历史。葛君老师从贸易入手，通过对协定额、合同额和执行额三种贸易数据的比对，发现在50年代中国对东德的贸易一直处于出超的地位，打破了以往认为欧洲社会主义国家比中国发达而支援中国的刻板印象。学员认真听讲，讨论气氛热烈。

图18 埃尔朗根–纽伦堡大学的汉学教授马克·马滕讲授1895—1945年间的中日关系

五　历史文化研讨

奥格斯堡大学斯蒂凡·鲍卢斯（Stefan Paulus）博士为学员们讲解了《纳粹历史在德国历史文化中的意义》，梳理了第二次世界大战结束后纳粹历史在东西德纪念文化中的书写与演变，并指出1945年以来有关纳粹历史的德国纪念文化史越来越成为当代史研究的焦点。在场学员在范丁梁与葛君老师的指导下，就纳粹纪念文化出现转变的原因进行提问并讨论，认为民众的代际更替在其中发挥着重要作用。

奥格斯堡大学博士沈辰成和大家分享简报《中德大众历史杂志比较研究》，由于时间限制，他选取了具有代表性的中国和德国的历史杂志，进行定性与定量分析，认为在大众历史传播的浪潮中，大众历史杂志是非常具有代表性的研究对象。他倡议提高历史杂志的质量，使其更符合历史规范，以助于促进读者进行严肃的历史思考。华东师范大学博士黄肖昱向大家分享简报《谁记住了虹口“隔都”？》，通过介绍雅各布·罗森菲尔德等人的在华经历，探讨犹太历史在中国的书写，一种是通过“逃亡–拯救”叙事将犹太大屠杀与中国人拯救犹太人相结合，另一种是通过“共同奋战”将“虹口隔都”的历史嵌入中华民族的抗战叙事，作为世界反法西

图19　奥格斯堡大学斯蒂凡·鲍卢斯博士讲授纳粹历史在德国历史文化中的意义

斯叙事的一部分。简报结束后，学员们与分享人进行了提问与交流。

六 课堂实践与参观游览

本届暑期学校不仅仅局限在理论的研讨，更注重教学的观摩与实践。德方组织者为我们选取了三所中学，分别是 Holbein 高级文理中学、Centerville Süd 中学和 Hans-Adlhoch 中学。学员们可以分组参与听课，并在课后参加教师们的讨论，加深其对德国教育制度和学校体系的理解。

图 20 部分学员参与 Holbein 高级文理中学课程研讨

图 21 部分学员参与 Hans-Adlhoch 中学课程研讨

图 22 部分学员参与 Centerville Süd 中学教研后与教师合影

图 23 部分学员参观国家纺织与工业博物馆

学员们在巴伐利亚的十日可谓收获满满，接下来他们前往柏林和法兰克福，收获更多的知识与经历。柏林自由大学的马丁·吕克教授接待了前来拜访的学员，并向学员介绍柏林自由大学历史教育的主要课程与理论方法，随后中德双方的学员就历史教育的目标进行讨论，并将各自的新发现与大家分享。

图 24 柏林自由大学的马丁·吕克教授主持学员讨论

图 25 与柏林自由大学师生留影

在为期 15 天的行程中，理论学习和课程研讨之外，学员们还参观了谢茨勒宫的市政与国家级的艺术收藏，体验洛可可建筑风格的富丽堂皇；参观国家纺织与工业博物馆，感受德国工业技术的变迁；到当地森林公园远足，体味德国的自然风光。此外，学员们还乘火车至慕尼黑和纽伦堡，参观了达豪集中营纪念馆、日耳曼国家博物馆，以及新天鹅堡、维斯教堂等。柏林的德国历史博物馆、佩加蒙博物馆、欧洲北海犹太人纪念碑，波茨坦的无忧宫，法兰克福的罗马广场、圣保罗教堂……在这里，学员们不仅学习了教育学理论，还体验了中德文化的差异，加深了对德国的了解。

图 26 魏德尔先生为学员讲解谢茨勒宫历史

图 27 学员们参观达豪集中营

图 28 德国国会大厦合影留念

图 29 学员参观无忧宫留影

本届暑期学校共计 15 天，既包括历史教学与教育理论的理论研讨，也包含历史遗迹的实地考察与教学实践，内容涉及全球历史教育总趋势、德国与中国的历史教学、历史教学的新观念、国际关系视角下的中国、历史文化研讨、课堂实践与参观游览等。学员们通过参加各项活动，加深了对德国教育现状的了解，接触到了德国新的教育观念与教学模式，在今后的教学中有所借鉴。此次暑期学校也为德国学者了解中国搭建了平台，促进了中德双方的相互理解与合作，为全球化趋势下的国际历史教育探索了新思路、积累了宝贵经验。

图 30 暑期学校为每位学员颁发证书留念

第四届历史教育海外研修暑期学校通讯

王艳丽

（奉贤致远高中）

2019 年 7 月 1 日至 7 月 15 日，华东师大第四届历史教育海外研修暑期学校在德国举行。本次暑期学校由我校历史学系、历史教育比较研究中心与德国奥格斯堡大学人文历史学系联合主办。参加此次暑期学校的包括东北师范大学的历史教育研究者以及上海、江苏、安徽等地的一线中学教师。我校历史学系范丁梁老师、教师教育学院徐继玲老师担任本次暑期学校的领队，历史学系系主任孟钟捷老师全程跟班指导。

图 31

7月1日，当地时间上午10点，暑期学校开学典礼于奥格斯堡大学A楼礼堂举行。奥格斯堡大学学术研究与国际交流副校长彼得·维泽教授（Peter Welzel），奥格斯堡大学人文历史学院副院长格雷格·韦伯教授（Gregor Weber），奥格斯堡大学外事办公室主任萨比娜·塔姆博士（Sabine Tamm），奥格斯堡大学历史教育教授、国际历史教育学会主席苏珊·波普（Susanne Popp）教授以及我校历史学系主任孟钟捷教授先后致辞，介绍了本期暑期学校的主题、组织形式及内容，并对中国学员的到来表示热烈欢迎。随后，全体学员在奥格斯堡大学外事办的引导下参观校园并共进午餐。

图 32

图 33

下午，苏珊·波普教授为大家带来讲座《全球历史教育的总体趋势》。围绕着历史教育学的国际化、历史热（history boom）与“历史文化”（historical culture）的各类实践、建构式的历史教育方法：历史思维（history thinking）及对历史课程的综合讨论四个方面展开介绍。波普教授认为：国际历史教育最重要的目标之一是消除民族之间的偏见和促进国家之间的和平共处。波普教授也希望将本次中德历史教育暑期学校建设成为推动国际历史教育研究趋势转变的一次契机。

本次学员大多数为中学一线历史教师，为使学员尽可能充分地了解德国历史教育的实际情况，本次暑期学校的主办人米歇埃尔·沃布林（Michael Wobring）为大家详细介绍了德国的学校体系和历史教育现状。以巴伐利亚州为例，学校教育体系包括：四年的基础教育（Basic primary school）、综合中学（Mittleschule）、实科学校（Realschule）及高级文理中学（Gymnasium）。德国各个州的学校体系不尽相同，但是历史教育所强调的教学原则及能力目标等却与中国今天倡导的学科核心素养一脉相承。学员们在范丁梁老师的组织之下展开交流讨论，反响热烈。

7月2日，当地时间上午10点45分，在苏珊·波普教授的主持下，学员们跟随汉堡大学的博多·冯·博里斯（Bodo von Borries）教授“学习痛苦而有负担的历史”。博多·冯·博里斯教授认为：许多历史现象都是沉重而难以学习的。但是对历史的消解却很少得到反映和研究。他先后围绕种族灭绝（纳粹德国对犹太人的“Shoah/Holocaust”和奥斯曼帝国对亚美尼亚人的“Aghete”）和环境灾害（“瘟疫和荒漠化”和“小型航天器造成的地球人为破坏”）两个主题，以比较案例研究的方式引导学员关注“痛苦而有负担的历史”的消解方式。

为增进中德双方对彼此历史教育的认识，在米歇埃尔·沃布林教授的组织下，7月2日下午召开了一次中德两国历史教师教育交流会。首先，沃布林教授向德国教师展示了一段关于华师大和上海城市文化的视频，随后是双方自我介绍和“筷子夹豆”的小游戏。在一片欢声笑语中，现场的气氛逐渐活跃起来。接下来，沃布林教授向大家布置了探讨主题，大家自行选择感兴趣的话题交换、分享意见。学员们通过讨论，对德国的历史教学模式、历史教育现状等有了更为深刻的感悟。

图34

7月3日，当地时间上午9点，学员们兵分两路，一部分学员在华师大研究生吴郑洋和向导恩斯特·魏德尔先生的带领下，参观了国家纺织与工业博物馆。以棉花的加工技术的革新为引，恩斯特·魏德尔先生耐心、详细地向学员们解释了近代奥格斯堡城市的兴起和德国工业革命的进程。

另一部分学员则在范丁梁博士的带领下，拜访了奥格斯堡的柯尼希斯布伦高级中学，由菲利普·伯恩哈德和乌尔里克·沃格尔两位老师负责接待，旁听的课程主题分别是1917年“时代之年”和“二战”后冷战格局的形成。仅就教学器材而言，该校虽为文理中学，却未见如何先进，但教师课堂内的形象亲切随和，且极其关注学生的回答和对问题的引导，在获得结论的同时，更在意学生历史思维的磨炼。课后的交流也展现出

图 35

图 36

一种民主平等的氛围，并不是伯恩哈德和沃格尔两位带领老师的一言堂，而是实习生之间的同伴互助，且评论落于实处，关注细节，这与自小学开始所倡导之教学形式所形成的习惯密不可分，在之后柏林的研究生课堂上，将可再次体验课堂讨论的氛围。

下午，学员们集体回到奥格斯堡大学校园。高中教师安德烈亚斯·瓦格纳先生以他所任职的迪多夫高中为例，向大家介绍了迪多夫高中的学校教育理念和以学生为中心的历史教学模式。学员们围绕议题频频发问，也抓住机遇将这两天听课过程中未解的疑惑以及自己教学中遇到的一些难题与安德烈亚斯·瓦格纳先生一起探讨，收获颇丰。

随后，奥格斯堡大学的斯蒂凡·鲍卢斯为学员们带来讲座《纳粹历史在德国历

图 37

史文化中的意义》。不同主讲人讲解下的纳粹与“二战”历史各有千秋，学员们对这一段的世界历史有了更为鲜活的认识，也为日后的课堂教学提供了诸多思路。

7 月 4 日，当地时间上午 8 点，全团依旧分头学习，一部分学员在范丁梁老师的带领下，拜访了 Heinrich v. Buz 中级中学，汉斯·彼得·艾卡特博士接待了暑期学校学员一行。汉斯·彼得·艾卡特博士、海伦·贡斯特以及勒亚·卡萨尔老师先后为我们呈现了三堂不同主题和风格的历史课。学员们第一次有机会走进德国中学历史课堂，近距离观察德国的历史课堂教学，心情十分激动。

简短的茶歇之后，学员们迫不及待地向三位教师讨教经验。围绕德国历史教学课堂材料选取、课业考核方式、能否带学生外出参观博物馆、是否允许学生使用电子设备辅助学习等问题展开交流。本次的观摩交流，对青年中学历史教师革新教育理念、改进教学方法、提升教学水平大有裨益。

同时，在沃布林博士和孟钟捷教授的带领下，暑期学校 C 组的七位学员来到了位于奥格斯堡郊区的 Centerville Sud 高级中学，进行观课并参与课后研讨。这是一所属于职业预科类型的中学（德文为 Mittelschule，英文为 Secondary modern），五年制，面向 5—9 年级学生，学生毕业后可以直接接受职业教育培训，参加工作。

图 38

抵达校园后，学员们受到了吕迪格·吕赫菲尔老师和马吕斯·维尔德老师的热情接待，双方互赠了礼物。随后在维尔德老师的带领下，学员们参观了校园以及图书馆、音乐教室、剧场、养蜂处等场所，感受了这所中学丰富多彩的校园文化。

图 39

在参观完校园之后，学员们进入教室开始观课。三位实习老师讲授了三节历史课，授课对象是七年级学生，课题分别是《法国大革命中雅各宾派的恐怖统治》《马丁·路德改革》《15—16 世纪德国农民战争》。课堂氛围热烈，学生踊跃发言。教师教学方式多样化，如分组讨论、师生对话、文本解读、运用导学案及影音史料等。三位老师教学风格迥异，各有特色，学员们观摩了三节精彩纷呈的德国中学历史课。观课结束后，进入教学评价环节。首先是作为带教老师的维尔德老师对三位老师的教学进行了点评，接着是沃布林博士和孟钟捷教授的点评，既肯定了三位老师的优点，也指出了课堂中需要改进的地方。最后，学员们就他们在观课过程中的感受及疑惑与三位授课老师进行了充分的交流。三位老师课前准备充分，很好地调动了学生的积极性，学员们不禁感慨德国中学生在课堂上的积极参与度与勇于表达能力。教学目标的基本达成让学生知道了基本概念与史实，而且注重培养学生的文本解读能力、关键信息提取能力及理解诠释能力和由古及今的联系能力。

图 40

图 41

评课结束后，学员们与维尔德老师及三位实习老师道了别，准备离开。走到楼下大厅的时候校方准备了一个特别的惊喜，一群学生整整齐齐地站在那里，在老师的指挥下为远道而来的访客们演奏了一曲悦耳动听的《啊朋友再见》，让学员们十分感动。在优美旋律的欢送下学员们不舍地离开了，沃布林博士在门口为学员们与维尔德老师及三位实习老师留下了珍贵的合影。

当天下午，另一部分学员一起参观了位于奥格斯堡市中心的马克西米利安博物馆。向导恩斯特·魏德尔先生详尽的解说，馆中丰富的奥格斯堡金银器、中世纪纪念石碑、哥特式家具、文艺复兴时期的雕塑艺术等藏品，使学员们对奥格斯堡的历史文化了解更多。

图 42

德国拥有悠久的历史、丰饶的文化与令人沉醉的湖光山色，也拥有见证了岁月变迁的城堡、宫殿和各类博物馆。7 月 5 日至 7 日三天时间里，学员们在沃布林先生的带领下，分别前往参观了达豪集中营纪念馆、慕尼黑的玛利亚广场、新市政厅、巴伐利亚国立歌剧院、纽伦堡日耳曼国家博物馆、老城建筑及新天鹅堡等地。徜徉在巴伐利亚的纯净山水和童话般的小镇之间，高耸入云的阿尔卑斯山和纯美富饶的田园风景、纽伦堡等保存完好的中世纪小镇，学员们在品味厚重历史的同时又感受到一丝德式浪漫的味道。

7月8日—7月9日，奥格斯堡大学学习的最后两天，学员们有幸认识了来自不同地区的历史教育工作者，之后暑期学校的课程由苏珊·波普教授和范丁梁老师担任主持。

7月8日，来自瑞士卢塞恩的菲利普·马尔蒂博士（Philipp Marti）首先为学员们演示《教师评估与历史写作相关的反馈策略：经验案例》，丹尼斯·罗德尔先生的《历史之声—历史课堂的理念与挑战》则以“一战中的声与寂”为例，从中学历史教师的角度和学员们分享如何在历史课堂中引入声音这一史料类型。短暂的茶歇和午休过后，荷兰阿姆斯特丹大学的保罗·克内维尔教授（Paul Knevel）以《荷兰公共历史：传统、机遇与教训》一文，向大家介绍了荷兰自20世纪80年代以来公共史学的发展历程。这一系列讲座为学员们日后的历史教学提供了宝贵的经验借鉴和思维启迪。

7月9日上午，奥格斯堡大学的菲利普·伯恩哈德先生（Philpp Bernhard）和南非林波波大学马胡内莱·托策博士（Mahunele Thotse）的讲座也同样引人入胜。当地时间下午12点，第四届历史教育海外研修暑期学校总结会准时开始，奥格斯堡大学苏珊·波普教授、米歇埃尔·沃布林博士和华东师范大学历史系主任孟钟捷教授共同为学员们颁发了证书并合影留念。

图43

图44

图 45

图 46

7 月 11 日，结束了奥格斯堡大学的研修课程后，学员们离开奥格斯堡来到柏林继续本次的游学之旅。当地时间上午 10 点，学员们来到达勒姆的柏林自由大学，马丁 · 吕克教授（Martin LÜcke）首先对研修团学员们表示欢迎。随后，在马丁·吕克教授的引导下，大家进入德国大学历史课堂体验德式研讨。

围绕着“历史教学的理论与方法”这一主题，柏林自由大学的学生们先后依次上前介绍了自己的研究，涵盖了大学的公共历史专业介绍、K2Teach 教学法、民主德国的博物馆和展览等多项内容。随后，学员们可以选择自己感兴趣的三个话题与主讲者进一步交流，每轮时间 20 分钟。现场气氛一度十分热烈，通过与德国学生的面对面交谈，学员们了解到更多德国大学历史教育的现状，也接触到一些新的教育观念与教学模式，对学员们改进自身教学方式，提升教学水平有一定的借鉴意义。